Frauke Teegen

Die Bildersprache des Körpers

Gesundheit kann gelernt werden

Rowohlt

1. Auflage September 1992

Redaktion Jens Petersen
Umschlaggestaltung Büro Hamburg
Satz Sabon (Linotronic 500)
Gesamtherstellung Clausen & Bosse, Leck
Printed in Germany
ISBN 3 498 06502 5

Inhalt

Erläuterungen, Beispiele und Übungsanleitungen

Vorwort

Seit etwa zehn Jahren nimmt in den USA und allmählich auch in Europa das Interesse an der Erforschung von Fähigkeiten zu, die das Wohlbefinden stärken, uns gesund erhalten und Genesungsprozesse fördern. Über diese qualitative Neuorientierung habe ich in meinem Buch ‹*Ganzheitliche Gesundheit*› (1983) berichtet.

Die Erkenntnisse der Biopsychologie und Psychoneuroimmunologie zeigen uns heute deutlicher, wie seelische und körperliche Regulationen zusammenspielen. Sie geben uns Einblick in die Kommunikation zwischen Zentralnervensystem, Hormon- und Immunsystem, in die Komplexität und «Intelligenz» der organismischen Selbstregulation. Und sie zeigen, wie Körperprozesse auf unsere Gefühle, Einstellungen und Lebenskonzepte mitreagieren.

Es sind vor allem lang andauernde Zustände von Hilf- und Hoffnungslosigkeit, passives Verhalten und die Neigung, Konflikte zu meiden, die unsere Vitalität und Widerstandskraft schwächen. Eine seelische und zugleich körperliche Stabilisierung erfahren wir dagegen, wenn sich unser Verständnis für Zusammenhänge entwickelt und das Vertrauen in den Wert der eigenen Person und in unsere Handlungskraft wächst.

Diese Erkenntnisse weisen unserer Suche nach Möglichkeiten, Gesundheit zu fördern und Krankheit zu bewältigen, eine klare Richtung. Wir können sie in subjektive Erfahrungen verwandeln, wenn wir unsere Vorstellungskraft nutzen und mit unserem Körpererleben Kontakt aufnehmen. Gelingt es uns, die Entfremdung vom eigenen Körper, unsere ablehnende Haltung ihm gegenüber zu überwinden, gewinnen wir ein Gespür für die psychophysiologische Selbstregulation, erkennen Zusammenhänge zwischen Beschwerden, kindlichen Erwartungsängsten und chronisch gewordenen Schutzhaltungen. Wir können lernen, die Art, wie wir uns selbst wahrnehmen und mit Streßfaktoren in unserem Leben umgehen, zu verändern. Wir können lernen, Lebensveränderungen als Herausforderung anzunehmen, uns vertrauensvoll auf sie einzulassen.

Im ersten Teil des Buches gehe ich auf Forschungen ein, die klären, wie seelische und körperliche Regulationen ineinandergreifen, und beschreibe Verhaltensweisen, die unsere Widerstandskraft auch unter widrigen Umständen stärken. Ich erläutere, wie das bildliche Denken dem Bewußtsein unterschwellige Erlebnisinhalte zugänglich macht und wie bedeutsam das Körpererleben für unser Selbstgefühl und den Kontakt zur Realität ist. Beispiele und Übungsanleitungen veranschaulichen, wie körperbezogene Imaginationen in Psychotherapie und Verhaltensmedizin eingesetzt und für die Selbsthilfe genutzt werden können.

Im zweiten Teil beschäftige ich mich ausführlicher mit dem Immunsystem und seiner Bedeutung für Vitalität und Gesundheit sowie mit Forschungen, die klären, wie sensibel seelische und immunologische Regulationen zusammenwirken. Über Anleitungen zur Selbsterkundung und Bildbeispiele zeige ich, wie Imaginationen zum Immunsystem Einblick geben in die Art und Weise, wie wir unsere Widerstandskraft organisieren. Solche Vorstellungsübungen vertiefen das Verständnis für die Immunkraft und spiegeln persönliche Haltungen im Umgang mit Bedrohungen. Imaginationen zur Immunreaktion auf Krankheitserreger, Krebszellen oder bei Autoimmunerkrankungen ermöglichen einen spielerischen Umgang mit Aggressionen und inspirieren kreative Einfälle zur Stärkung der Widerstandskraft.

Wenn sich die Vorstellungskraft mit der körperlichen Eigenwahrnehmung verbündet, können wir über die normale Bandbreite der sinnlichen Erfahrung hinaus unsere innere Anatomie und unser Befinden erkunden. Körperwahrnehmung und Imagination bilden ein Bewußtseinstor, durch das wir in alle Nischen unserer psychophysischen Struktur schauen können. Der Bildschirm unseres Bewußtseins empfängt dabei Bedeutungsmuster, die wir im Verlauf unserer emotionalen Lebensgeschichte gebildet haben. Werden diese Eindrücke aufgemalt, so verbindet uns diese «Bildersprache des Körpers» mit komplexen Haltungen, die dem bewußten Denken nicht direkt zugänglich sind, die jedoch unser Verhalten motivieren und physiologische Prozesse mitbestimmen. Mit der «Bildersprache des Körpers» kann sich das Verständnis für Zusammenhänge erweitern und das Vertrauen in die Kraft zur Selbstverwirklichung und Anpassung an eine sich ständig wandelnde Umwelt zunehmen.

Erster Teil

Die Bildersprache des Körpers

Streß, Angst und Widerstandskraft

Im Leben jedes Menschen gibt es immer auch Phasen, die ihn mit einschneidenden Veränderungen, Krisen oder einer Häufung alltäglicher Belastungen konfrontieren. Wir wissen heute: Ob wir unter solchen Umständen erkranken oder gesund bleiben und seelisch reifen, hängt nur zum Teil von den äußeren Belastungsfaktoren ab. Von weit größerer Bedeutung für Gesundheit und Wohlbefinden ist vielmehr, wie wir diese Situation gefühlsmäßig erleben und wie wir unsere Fähigkeit einschätzen, sie zu meistern. Je nachdem, ob wir uns zum Beispiel hilflos ausgeliefert fühlen, ängstlich und feindselig agieren oder Vertrauen entwickeln, werden wir verschiedene Wege zur Lösung der Probleme suchen und erproben. Im Zusammenhang mit den jeweiligen Gefühlen und Bewältigungsversuchen werden auch unsere Körperprozesse unterschiedlich reguliert.

Anhand neuerer Forschungen zur Gesundheitspsychologie zeige ich zunächst auf, welcher Verhaltensstil als eine Art «Puffer» gegen Streß wirkt und Krankheitsresistenz und Wohlbefinden fördern kann. Anschließend betrachte ich genauer Zusammenhänge zwischen seelischen und körperlichen Regulationen. Diese Einsichten können dazu beitragen, ungünstige Haltungen (die durch unsere Lebensgeschichte vorgeformt wurden) zu erkennen und eine neue Orientierung zur Verbesserung der seelischen und körperlichen Widerstandskraft zu finden.

Das Risiko, krank zu werden, ist immer dann erhöht, wenn die vertraute Lebensroutine einschneidend unterbrochen wird. Als Streßfaktoren werden Ereignisse betrachtet, die im Leben eines Menschen bedeutsame Veränderungen bewirken und eine Anpassung an die neue Situation erforderlich machen, zum Beispiel der Verlust einer wichtigen Bezugsperson oder einer sinngebenden Tätigkeit, Verschlechterungen der zwischenmenschlichen Kontakte, Einsamkeit, nicht verwundene Kränkungen oder auch lang andauernder alltäglicher Ärger. Thomas Holmes und Richard Rahe untersuchten in den siebziger Jahren Zusammenhänge zwischen Lebensveränderungen und dem Risiko, krank zu werden. Sie entwickelten eine Skala zur Einschätzung sozialer Belastungen, in der verschiedene Lebensereignisse nach dem Ausmaß, in dem sie eine Neuanpassung verlangen, aufgelistet sind. Je bedeutsamer ein Lebensereignis ist, um so mehr Zeit und Kraft braucht ein Mensch für die Anpassung an die veränderten Gegebenheiten – und um so größer ist das Risiko, daß er überfordert ist und erkrankt.

Die Vorhersagekraft der Skala für das Eintreten von Erkrankungen konnte in einer Reihe von Forschungsarbeiten bestätigt werden. Ihren Ergebnissen zufolge stellen Skalenwerte von 300 und mehr Punkten ein hohes, Werte zwischen 200 und 299 Punkten ein mittleres und Werte zwischen 150 und 199 Punkten ein geringes Erkrankungsrisiko dar. Diese Werte geben eine allgemeine Orientierung.

In den letzten Jahren hat sich die Forschung nicht nur der Aufklärung von Krankheitsprozessen, sondern vermehrt auch der Frage zugewandt, welche Einstellungen und Verhaltensweisen Menschen unter widrigen Bedingungen gesund erhalten. Sehr aufschlußreiche Untersuchungen zur Klärung seelischer «Puffer» gegen Streß hat die amerikanische Psychologin Suzanne Kobasa mit ihrem Team durchgeführt.*

Die Forscher beobachteten und befragten über mehrere Jahre Mitarbeiter eines Industriekonzerns, der umfassende Umstrukturierungen in den Betrieben vornahm. Durch die Neuorganisation der Arbeitsbedingungen waren die Angestellten lange Zeit hohen Belastungen und starker Unsicherheit ausgesetzt. Im Laufe dieser Veränderungen machten sie wiederholt Angaben zu den Belastungsfaktoren, ihrem körperlichen Befinden und Krankheitssymptomen sowie zu seelischen Einstellungen und Verhaltensweisen. Wie erwartet, erhöhte sich mit dem Anstieg äußerer Belastungen fast zeitgleich die allgemeine Krankheits-

* Kobasa 1979, 1982; Kobasa *et al.* 1981, 1982, 1983, 1985; Maddi *et al.* 1982.

Rangplatz	Geschehnis	mittlerer Wert
1	Tod eines Ehegatten	100
2	Scheidung	73
3	Trennung ohne Scheidung	65
4	Gefängnisstrafe	63
5	Tod eines nahen Familienmitglieds	63
6	Verletzung oder Krankheit	53
7	Hochzeit	50
8	Entlassung	47
9	Wiederversöhnung nach Streit mit Ehegatten	45
10	Pensionierung	45
11	Erkrankung eines Familienmitglieds	44
12	Schwangerschaft	40
13	Sexuelle Schwierigkeiten	39
14	Familienzuwachs	39
15	Berufliche Veränderungen	39
16	Veränderungen im finanziellen Bereich	38
17	Tod eines nahen Freundes	37
18	Wechsel am Arbeitsplatz mit ungewohnter Tätigkeit	36
19	Veränderung in der Anzahl der Auseinandersetzungen mit dem Ehegatten	35
20	Aufnahme einer Hypothek über 100 000 Dollar	31
21	Verfallen einer Hypothek oder eines Darlehens	30
22	Veränderungen in den beruflichen Aufgaben	29
23	Sohn (Tochter) verläßt die Familie	29
24	Schwierigkeiten mit Verwandten des Ehemanns bzw. der Ehefrau	29
25	Außergewöhnliche persönliche Leistung	28
26	Ehefrau fängt mit einer Arbeit an oder hört damit auf	26
27	Schulbeginn oder -abschluß	26
28	Veränderung in den Lebensumständen	25
29	Aufgabe persönlicher Gewohnheiten	24
30	Schwierigkeiten mit dem Chef	23
31	Veränderung in den Arbeitszeiten oder -bedingungen	20
32	Umzug	20
33	Schulwechsel	20
34	Veränderung im Freizeitbereich	19
35	Veränderung in den kirchlichen Aktivitäten	19
36	Veränderung in den sozialen Aktivitäten	18
37	Aufnahme einer Hypothek oder eines Darlehens unter 100 000 Dollar	17
38	Veränderung in den Schlafgewohnheiten	16
39	Veränderung in der Anzahl der Familienzusammenkünfte	15
40	Veränderungen in den Eßgewohnheiten	15
41	Urlaub	13
42	Weihnachten	12
43	Kleinere Gesetzesverstöße	11

Abb. 1: Skala zur Bewertung sozialer Belastungen.
Aus: Teegen 1985.

rate. Ein Teil der Mitarbeiter erkrankte, andere dagegen blieben gesund. Zwischen diesen beiden Gruppen fanden die Forscher keine bedeutsamen Unterschiede in Art und Ausmaß der Belastungsfaktoren, in Alter, Bildungsniveau, Qualifikation, Status und ethnischer beziehungsweise religiöser Zugehörigkeit. Entscheidende Unterschiede zeigten sich jedoch in ihrem Bewältigungsstil, im Selbstbild und im Lebenskonzept.

Mitarbeiter, die häufig und schwerwiegend erkrankten, fühlten sich von den Umstrukturierungen bedroht und den Veränderungen gegenüber machtlos. Sie hatten Schwierigkeiten, sich auf die neuen Anforderungen einzustellen, und litten unter der Ungewißheit der Situation. Sie hatten Angst um ihre Zukunft, waren ärgerlich auf die Firma und fühlten sich betrogen, da man sie unter anderen Voraussetzungen eingestellt hatte. Mitarbeiter, die gesund blieben, hatten eine andere Haltung zu den Ereignissen. Sie akzeptierten (auch unerwartete) Veränderungen als Teil ihres Lebens und empfanden den Umstrukturierungsprozeß eher als Herausforderung und Chance, neue Erfahrungen zu sammeln. So konnten sie auch Zeiten der Ungewißheit ohne größere Angst ertragen und sich flexibel an neue Bedingungen anpassen.

Kobasa faßte Einstellungen, die mit Krankheitsresistenz verbunden waren, unter dem Begriff «hardiness» (= Widerstandsfähigkeit oder -kraft) zusammen. Er beschreibt einen aktiven Bewältigungsstil, der durch drei Merkmale gekennzeichnet ist: Menschen mit starker Widerstandskraft haben *Verantwortungsgefühl* für sich selbst, für Bezugspersonen, ihre Arbeit und gegenüber Werten und Zielen, die ihnen wichtig sind. Sie haben *Vertrauen* in die Wirksamkeit ihres Handelns, das ihnen das Gefühl gibt, Situationen in ihrem Umfeld mit beeinflussen zu können. Sie sind außerdem fähig, Veränderungen als *Herausforderung* und Wachstumschance zu erleben.

Menschen mit geringer Widerstandskraft spüren eher Entfremdung sich selbst und ihrer Umwelt gegenüber. Sie neigen dazu, sich und andere Menschen langweilig und bedeutungslos zu finden. Ein Gefühl der Sicherheit erleben sie überwiegend dann, wenn ihr Leben gleichförmig und ohne Schwankungen verläuft. Durch Veränderungen fühlen sie sich bedroht und unkontrollierbaren Kräften hilflos ausgeliefert. Ihnen fehlt die Überzeugung, daß sie Einfluß nehmen und selbst etwas bewirken können. Daher verhalten sie sich eher abwartend, passiv, mißtrauisch und meiden die Auseinandersetzung mit anstehenden Problemen.

Menschen, die Lebensveränderungen als Herausforderung annehmen, entwickeln einen Verhaltensstil, der es ihnen erleichtert, sich Problemen realistisch und kompetent zuzuwenden. Sie stellen sich Schwierigkeiten und Konflikten und versuchen, aktiv ihre Vorstellungen zu verwirklichen. Sie fühlen sich mitverantwortlich für diese Prozesse und ihr Gelingen. Diese Haltung schützt sie davor, sich als hilfloses Opfer bedrohlicher Umstände zu fühlen. Menschen mit hohem Verantwortungsgefühl sind insgesamt auch neugieriger und interessierter an anderen, neuen Erfahrungen und Problemlösungen. Durch ihr Engagement und Interesse fällt es ihnen leicht, sich selbst wertzuschätzen und ihren Handlungen und ihrer Umwelt Bedeutung zu geben. Da sie davon ausgehen, daß ihre Vorstellungen und ihr Verhalten für den Verlauf der Ereignisse wichtig sind, wirken sie darauf ein und üben so tatsächlich Einfluß aus. Dieser aktive Lebensstil befähigt Menschen, hohen Streß in eine subjektiv geringere Belastung zu verwandeln.

Suzanne Kobasa überprüfte ihre Befunde auch anhand von Prognosen. Mit Hilfe der psychologischen Profile konnte sie vor dem Eintreten massiver Belastungen mit hoher Genauigkeit voraussagen, welche Mitarbeiter erkranken und welche gesund bleiben würden. Die Untersuchungen zeigen auch, daß sich vorhandene Krankheitsdispositionen (zum Beispiel eine Häufung von Arthritis oder Krebserkrankungen in der Ursprungsfamilie) nur im Zusammenhang mit dem passiven, problemmeidenden Bewältigungsstil durchsetzten. In weiteren Forschungen fand Kobasa, daß Streßtoleranz und Krankheitsresistenz um so höher sind, je mehr Hilfsquellen einem Menschen zur Verfügung stehen. Auch angemessene körperliche Bewegung, bewußte Ernährung und gute soziale Unterstützung sind wichtige Hilfen, um sich bei Belastungen zu stabilisieren. Sie verstärken die

Schutzwirkung des aktiven Bewältigungsstils. Ohne diese seelische Haltung sind sie jedoch nur von geringer Bedeutung, da sie grundlegende Gefühle wie Unsicherheit und Angst nicht direkt verändern.

Andere Forscher, die Menschen unter verschiedensten Belastungen befragten, bestätigten Kobasas Befunde (O'Leary 1985; Wiebe & Moehle-McCallum 1986). Die Stärkung seelischer Widerstandskraft (mit den Aspekten: Verantwortungsgefühl und Vertrauen in die Wirksamkeit des eigenen Handelns, Herausforderung) ist auch für Genesungsprozesse und die Bewältigung chronischer Krankheiten von großer Bedeutung (Beutel 1988; Schwarzer 1990). Bei sehr schweren Erkrankungen wie Krebs und Aids wurden auch positive Zusammenhänge mit der Überlebensdauer beobachtet (Solomon *et al.* 1987).

Unabhängig von Kobasa beschrieb der israelische Medizinsoziologe Aaron Antonovsky (1987) ähnliche seelische Haltungen, die Menschen befähigen, Belastungen gut zu verarbeiten. «Kohärenzsinn – Verständnis für Zusammenhänge» nennt er Einstellungen, die mit Wohlbefinden, Krankheitsresistenz und -bewältigung verbunden sind. Dieses Persönlichkeitsmerkmal umfaßt drei Aspekte: «comprehensibility» – der Eindruck der Geordnetheit, Überschaubarkeit und Vorhersehbarkeit von äußeren und inneren Reizen und Entwicklungen, «managability» – das Vertrauen, aus eigener Kraft und mit der Unterstützung anderer Lebensaufgaben meistern zu können, und «meaningfulness» – die Freude am Leben und die Überzeugung, daß das Leben Sinn hat. Als vermittelnde Prozesse zwischen Kohärenzsinn und Gesundheit/Krankheit zieht Antonovsky effiziente Bewältigungsprozesse und positive Beeinflussungen des Immunsystems in Betracht.

Selbstbestimmung und Kompetenz im Umgang mit Belastungen erwirbt man nicht unbedingt durch ein «leichtes» Leben. Eine Untersuchung an der Universität Hamburg (Denecke *et al.* 1987) kommt zu dem Ergebnis, daß diese Fähigkeiten in der Auseinandersetzung mit Lebenskrisen erlernt und gestärkt werden. Die Forscher befragten 38 Menschen, die in den vorangegangenen fünf Jahren seelisch und körperlich gesund gewesen waren. Diese «Gesunden» hatten in ihrer Kindheit überwiegend keine günstigen Bedingungen erlebt und unterschieden sich in dieser Hinsicht nicht von Patientengruppen. Sie hatten Bezugspersonen verloren, waren in Pflegefamilien aufgewachsen, hatten sich sehr einsam gefühlt. Im Verlauf ihres Lebens hatten sie im Mittel drei schwere Krisen durchlebt (Verluste, Trennungen, frühere Erkrankungen, Schwierigkeiten am Arbeitsplatz). Im Vergleich zu Patientengruppen strebten sie jedoch deutlich stärker nach Selbstbestimmung, Eigenverantwortlichkeit und Unabhängigkeit («Ich bin verdammt froh, kein hilfloses Kind mehr zu sein») und ließen ein grundlegendes Vertrauen darauf erkennen, daß es trotz persönlicher Not immer noch Rettungsmöglichkeiten und Hoffnung gibt. Lebenskrisen bewältigten sie vor allem, indem sie sich auf eigene Fähigkeiten besannen, selbstbestimmte Aktivität entfalteten, sich den Herausforderungen stellten und sich auf eine hoffnungsvolle Grundeinstellung stützten («Ich spüre immer noch eine letzte Kraft in mir, auf die ich vertrauen kann, wenn es mir schlecht geht»). Diese zuversichtliche Einstellung wurde immer wieder dadurch gestärkt, daß sie die Effekte ihres aktiven und selbstbestimmten Handelns als positiv erlebten. Ihre Fähigkeit, sich flexibel an veränderte Gegebenheiten anzupassen, wurde auch dadurch begünstigt, daß sie sich seit ihrer Kindheit eine echte Neugier auf unbekannte Situationen und Menschen bewahrt hatten und daß sie keine zu engen (symbiotischen) Beziehungen eingingen, ohne jedoch bindungslos oder -unfähig zu sein.

Wie sich eine positive Neuorientierung auf die Regulation von Körperprozessen auswirken kann, sollen die folgenden Beispiele illustrieren.

Bei einem vierzigjährigen Mann – er hat mir einen Bericht, den er selbst geschrieben hat, zur Verfügung gestellt – wurde eine aplastische Anämie festgestellt, die in eine Leukämie überzugehen drohte – seine blutbildenden Zellen im Knochenmark produzierten nicht genug Blutkörperchen. Mit dieser bedrohlichen Diagnose wurde er ins Krankenhaus eingewiesen und dort von einer Ärztin betreut, die mit ihm auch über seine Ängste sprach. Eines Abends machte sie ihn sehr eindringlich darauf aufmerksam, daß er sich allen Entscheidungen der Ärzte völlig passiv überließ. Sie wies ihn darauf hin, daß es auch an ihm selbst läge, den Mut zum Weiterleben aufzubringen.

Nach diesem Gespräch lag der Patient in der Nacht noch lange wach. «Es kommt auf mich an», ging es ihm immer wieder durch den Kopf. Schließlich rang er sich innerlich zu einer Entscheidung durch: «Ich will leben!» Am nächsten Morgen wurde eine positive Veränderung seiner Blutwerte festgestellt. Die Ärztin berichtete zu diesem überraschenden Befund: «Das war für mich irre, wie die aus dem Labor anriefen und sagten: ‹Die Thrombos sind zum erstenmal erhöht.› Und ich habe gedacht: Das Gespräch hat etwas gebracht. Alle anderen haben nur gesagt, das ist ein Laborfehler.» Eine zweite Blutuntersuchung bestätigte das positive Ergebnis. Für die Ärztin war es zwar «ganz unmedizinisch, dies in Zusammenhang mit unserem Gespräch zu bringen», dennoch wußte sie, daß der Patient begonnen hatte, den Mut zum Weiterleben aufzubringen, und daß die positiven Blutwerte ein erstes Zeichen für diesen Lebenswillen waren.

Für den Patienten begann mit dieser Erfahrung ein langer und schwieriger Lernprozeß, der schließlich zu seiner Genesung führte. Er entdeckte Zusammenhänge zwischen seelischen Haltungen und Körperprozessen und begann allmählich die Entfremdung von seinem Körper und ein grundlegendes Gefühl der Hilflosigkeit zu erkennen und zu überwinden. Rückblickend sagt er: «Im Laufe der Jahre hatte ich viele Signale meines Körpers und meiner Seele verdrängt. Ich hatte ein Verhältnis zu meinem Körper wie zu einem Gegner. Das allmähliche Wahrnehmen meiner Gefühle, das sich entwickelnde starke Gefühl für mich selber war die Voraussetzung dazu, das Zusammenbrechen meines Körpers als Folge meines Lebens zu begreifen. Wie konnte ich lieb zu meinen Organen, meinem Knochenmark sein, wenn ich sie wie Gegner und nicht wie Verbündete behandelte? Das Zentrum meines Lebens, das Blut, war nur zu heilen, indem ich mein Leben heilte. Dazu reichte keine Methode und keine Willensanstrengung. Dazu mußte ich erst durch alle Tiefen gehen, mich selbst und meine Grenzen kennenlernen. Das Wichtigste bei diesem Prozeß war wohl: herauszufinden, wie ich im Zusammenhang mit meiner Krankheit, mit Krisen fühle, denke und handle. Mein zentrales Lebensgefühl, insbesondere in den Jahren meiner Krisen und Zusammenbrüche, ist das der Ohnmacht und Handlungsunfähigkeit gewesen. Und ich vermute, daß meine zunehmende Gesundung mit der Überwindung meiner Ohnmachtsgefühle und der Entwicklung meiner Handlungsfähigkeit zusammenhängt. – Ich habe begonnen zu verstehen, daß ich mich meinen Ängsten stellen muß, wenn ich leben will.»

Der Verhaltenstherapeut Albert Bandura (1985) führte mit zwölf Frauen, die an einer massiven Spinnenphobie litten, ein Angstbewältigungstraining durch. Die Frauen entschlossen sich dazu, weil sie sich durch ihre Angst sehr beeinträchtigt fühlten. Sie mieden Situationen, in denen sie befürchten mußten, einer Spinne zu begegnen. Selbst in ihrer Wohnung konnten sie bestimmte Räume nur in Begleitung betreten.

Bandura führte mit den Frauen Verhaltensübungen durch, die sich für die Überwindung von Angst und Meidungsverhalten bewährt haben. Die Annäherung an das Angstobjekt wird dabei schrittweise und mit abgestufter Schwierigkeit geübt. Jeder Schritt – eine Spinne ansehen, die in einem Glas gefangen ist ... sie mit einem Stab, dann mit der Hand berühren ... sie über den Arm krabbeln lassen – wurde zunächst von einem Modell demonstriert. Das Modell erklärte dabei, wie Spinnen leben, wie sie sich bewegen, wie man sie leicht ergreifen kann. Die Erklärungen und Demonstrationen sollten den Frauen deutlich machen, daß man vorhersagen und kontrollieren kann, was im Kontakt mit einer Spinne geschieht. Das Modell zeigte auch, daß sich alle Aufgaben durchführen ließen, ohne daß etwas Schreckliches eintrat. Dann erprobten die Frauen die Übungen jeweils so lange, bis sie sich sicher fühlten. Vor jeder Übung schätzten sie ihre Fähigkeit zur Bewältigung der Aufgabe auf einer Skala von 0 bis 100 ein. Mit zunehmender Übung stieg das Vertrauen der Frauen in ihre Kompetenz.

Parallel zu den Trainingsschritten wurde bei jeder Frau die Ausschüttung von Streßhormonen im Blut gemessen. Während zu Beginn die Hormonausschüttung schon bei der Vorstellung einer Spinne anstieg, war sie zum Schluß auch beim direkten Umgang mit ihr (Spinne krabbelt über den Körper) annähernd normal. Zusätzlich zeigte sich: Die Ausschüttung von Streßhormonen stand in direktem Zusammenhang damit, wie die Frauen jeweils ihre eigene Kompetenz einschätzten. In dem Ausmaß, in dem die Frauen sich zutrauten, die Übung durchzuführen, normalisierte sich der Hormonspiegel. Mit dem wachsenden Gefühl von Kontrolle und Wirksamkeit des eigenen Handelns in schwierigen Situationen vermindern sich also Gefühle der Gefährdung und Hilflosigkeit und zugleich physiologische Erregungsparameter.

Für Menschen mit Spinnenangst kann es zusätzlich hilfreich sein, die lebensgeschichtlichen Wurzeln der Angst zu erkennen. Die Spinne symbolisiert oft unangenehme Berührungserfahrungen und die Erinnerung, von einer übermächtigen Bezugsperson beherrscht, seelisch eingesponnen und verschlungen zu werden. Die Angst, vernichtet zu werden, und Gefühle von Ohnmacht und Hilflosigkeit lassen sich im allgemeinen erst im realen Kontakt mit vorher gemiedenen Situationen und Objekten und durch das Erleben eigener Kontrolle und Kompetenz überwinden. Die Erfahrung, schwierige Situationen wirksam bewältigen zu können, verbindet sich auch mit den körperlichen Zeichen intensiver und danach abnehmender Erregungsspannung.

Viele Menschen erleben in ihrer Kindheit eine lieblose Behandlung oder auch seelische und körperliche Gewalt. Kinder passen sich an diese Bedingungen an, indem sie eine feine Sensibilität für Gefahrensignale entwickeln, die ihnen hilft, bedrohliche Situationen frühzeitig zu erkennen und zu meiden. Wenn sie der gefährlichen Situation nicht entgehen können, versuchen sie die Wahrnehmung von Schmerz und Verletzung auszublenden und sich an einen geheimen Ort, tief in sich selbst, zurückzuziehen. Dieses Meidungsverhalten wird ihnen oft so vertraut, daß sie es auch dann noch beibehalten, wenn sie längst fähig wären, Konflikte mit anderen Strategien kompetent zu bewältigen. Wird das Meiden vermeintlicher Gefahren chronisch, dann enthalten für sie viele Situationen, die anderen Menschen neutral, unbelastet oder interessant erscheinen, weiterhin unterschwellig Signale, die Bedrohung und Machtlosigkeit anzeigen. Erst wenn ein Mensch überprüft, ob seine angstvollen Erwartungen auch wirklich eintreffen, schafft er eine wirksame Voraussetzung, um die in der Kindheit geprägten Gefühle von Hilflosigkeit und Ohnmacht zu überwinden. Meist erleben Menschen bei einem solchen Realitätstest, daß ihre Befürchtungen gar nicht eintreten oder daß sie durchaus fähig sind, schwierige Situationen aktiv zu bewältigen. Die Aufklärung lebensgeschichtlich gewachsener Ängste und die Überwindung von Mißtrauen und Hilflosigkeit verändert und differenziert das Selbst- und Weltbild. Mit zunehmender Kompetenz überprüft ein Mensch auch seine Annahmen darüber, welchen Wert er hat und welchen Platz er in der Welt beanspruchen darf.

Die Tendenz, auf Schwierigkeiten ängstlich, hilflos, passiv und mit körperlichen Beschwerden zu reagieren, wird im Kindes- und Jugendalter vorgeformt. Kinder, deren Bedürfnisse von den wichtigen Bezugspersonen fürsorglich, sicher, feinfühlig und zuverlässig beantwortet werden, entwickeln ein grundlegendes Vertrauen in ihre Fähigkeit, die Umwelt zu erkunden und Versagungen und Konflikte zu regeln. Zu Störungen dieses Vertrauens kann es kommen, wenn Menschen in Phasen überbelastet und traumatisiert werden, in denen sie biologische, seelische oder soziale Übergänge durchleben. In solchen Entwicklungsphasen (zum Beispiel Schuleintritt, Pubertät, Pensionierung) sind wir besonders verletzlich, und Erfahrungen von Angst, Hilflosigkeit und Mißerfolg prägen sich tief ein. Darüber hinaus zeigen kulturvergleichende Untersuchungen (Seiffge-Krenke 1989), daß sich ungünstige Haltungen, die die Widerstandskraft unter Belastungen schwächen, in einer bestimmten Atmosphäre bilden und verfestigen. Familien, in denen Jugendliche ein ausweichendes und problemmeidendes Verhalten zeigten, waren einheitlich gekennzeichnet durch einen hohen Anteil konfliktträchtiger Interaktionen, wenig Nähe und Verbundenheit zwischen den Familienmitgliedern, geringe Möglichkeiten, Gefühle auszudrücken, und (vor allem in den skandinavischen Ländern und Deutschland) ein hohes Maß an Kontrolle und Entwertung von Individualität.

Betrachten wir nun die Beziehung zwischen seelischem Erleben und körperlichen Prozessen genauer.*

Eine wichtige Voraussetzung für Gesundheit und Wohlbefinden wird durch das störungsfreie Zusammenspiel der verschiedenen körperlichen Regulationen geschaffen. Mit Hilfe eines komplexen Netzwerks biologischer Signale und Kreisprozesse wird immer wieder ein Gleichgewichtszustand angestrebt und neu einreguliert. Die bioelektrischen und biochemischen Kommunikationsmuster des Körpers stehen im Zusammenhang mit sensorischen Informationen, die wir aus der Umwelt und dem Körperinneren erhalten, und sie vermitteln auch unsere psychophysiologische Antwort auf spezifische Situationen.

Informationen, die wir durch Sinnes- und Bewegungsorgane empfangen, gewinnen erst im Vergleich mit einem Grundgefühl körperlicher Homöostase, mit Lebenserfahrungen und Erwartungsmustern Bedeutung. Sensorische Reize werden zu modalitätsspezifischen und multimodalen Feldern der Großhirnrinde geleitet und dort im Kontext der Erinnerungsspuren analysiert. Dann erst dringen sie ins Bewußtsein. Gleichzeitig werden sie auch zum Hypothalamus und – auf einer schnellen Bahn – zum Limbischen System projiziert.

Das Limbische System ist ein entwicklungsgeschichtlich alter Teil des Gehirns und ein funktionales Zentrum, das sich mit der emotionalen Tönung von Wahrnehmungen und der Regelung vegetativer Funktionen befaßt. Werden Teile des Limbischen Systems oder seine Verbindungen zum Kortex gestört, so wird der Betroffene von dem Bewußtsein für seine Gefühle und seine persönliche Identität abgeschnitten. Er verliert dann auch die Fähigkeit, Zukunftsvorstellungen zu bilden und sich in andere hineinzuversetzen, und entwickelt eine Art Seelenblindheit. Im Limbischen System werden Sinnesreize schnell und sehr global auf ihre emotionale Bedeutung hin abgetastet. Damit gewinnen wir Menschen ein unmittelbares Gespür für die jeweilige Situa-

* Bei dieser Darstellung stütze ich mich vor allem auf: Ader *et al.* 1991; Birbaumer & Schmidt 1990; Degen 1991; Lazarus & Folkman 1984; Le Doux *et al.* 1988; MacLean 1976; Miketta 1991; Pelletier & Herzing 1988; Pert 1986; Vincent 1990; Walschburger 1990.

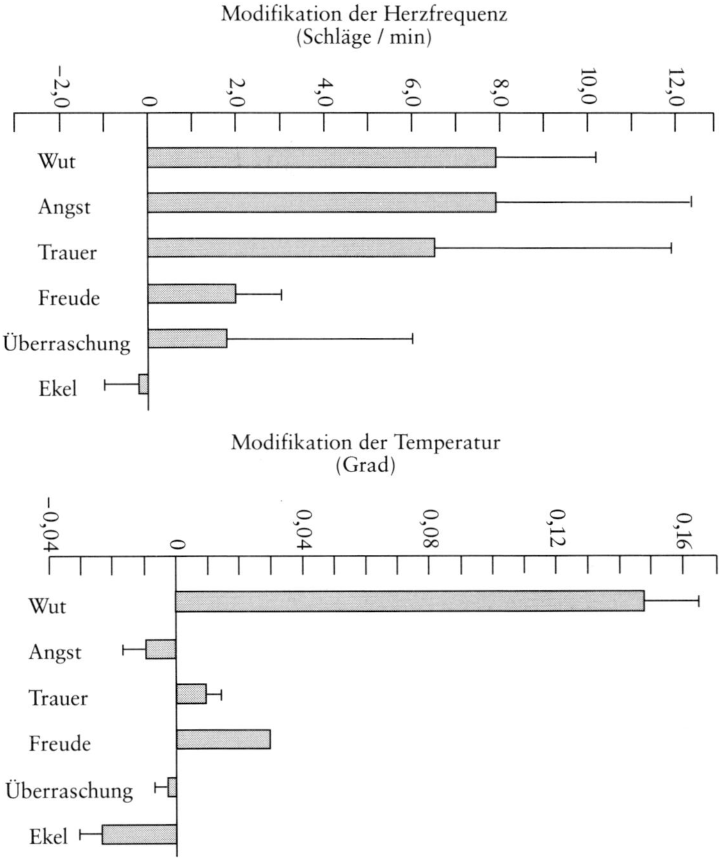

Abb. 2: Vegetative Reaktionen beim Ausdruck verschiedener Grundemotionen. Nach Vincent 1990.

tion. Auf die globale Gefühlstönung werden auch die vegetativen Funktionen eingestimmt. Abbildung 2 zeigt, wie sich vegetative Funktionen mit dem Ausdruck verschiedener Grundemotionen verändern.

Die emotionale Bewertung sensorischer Botschaften erfolgt zeitlich *vor* der genauen kortikalen Analyse und – vor allem bei starken Affekten – nicht im Austausch mit der bewußten Verarbeitung. Der «Kurzschluß» zum Limbischen System erklärt, warum Gefühl und Verstand manchmal so unterschiedlicher Meinung sind.

Der Vorteil dieses «Gefühlskurzschlusses» – so der Neurologe Joseph Le Doux – liegt in den Sekundenbruchteilen, die das Gehirn durch präkognitive Bewertungen gewinnt. Elementare Gefühle wie Angst und Wut können so, unbeeinflußt vom bewußten Verstand, das Verhalten in Notsituationen bestimmen. «Wenn Sie beispielsweise aus den Augenwinkeln ein schlangenartiges Objekt wahrnehmen», erläutert Le Doux, «kann das Limbische System Sie veranlassen aufzuspringen, noch ehe der Kortex in vergleichsweise zeitraubenden Analyseprozessen abklären konnte, ob nun tatsächlich eine gefährliche Schlange oder nur das Ende eines Seils in Ihr Blickfeld geraten ist.»

Der «Kurzschluß» zum Limbischen System erklärt auch, warum Menschen manchmal mit spontanen Affektausbrüchen auf Situationen reagieren, die ihnen vom Verstand her harmlos und unwichtig erscheinen: Die sensorischen Informationen enthielten einen Reiz, der in den Arsenalen der Erinnerung als bedrohliches Signal eingeschrieben ist. So reagierte ein Mann mit heftiger Angst, Zittern und Schweißausbrüchen auf den Vorschlag seines Analytikers, sich zu Beginn der Therapiestunde auf die Couch zu legen. Seine Reaktion erschien dem Patienten zunächst ganz widersinnig, da er den Analytiker als kompetent und vertrauenswürdig einschätzte und ihm die Bedingungen der psychoanalytischen Behandlung bekannt waren. Sie wurde ihm jedoch verständlich, als er sich erinnerte, daß er als Kind von seinem Vater sexuell mißbraucht worden war und die sexuelle Mißhandlung sich fast immer auf einer Couch zugetragen hatte. Mit der Anweisung «Legen Sie sich bitte auf die Couch» wurde somit ein hochbedeutsames Gefahrensignal aktiviert. Angst und körperliche Erregung ergriffen den Patienten, bevor seine kognitive Analyse klären konnte, daß der Therapeut nicht der Vater war und in der therapeutischen Situation keine unmittelbare Bedrohung lag.

Die schnelle emotionale Bewertung sensorischer Informationen und die bei Gefahrensignalen (über die Aktivierung des sympathischen Nervensystems) einsetzende körperliche Erregung können bei realen Bedrohungen das Leben retten. Sie begünstigen energische Maßnahmen wie Gegenwehr und Flucht. Eine Alarmreaktion setzt jedoch genauso automatisch in Situationen ein, die an früher erlebte Bedrohungen erinnern. Die zeitliche Verzögerung zwischen der globalen emotionalen Bewertung der Situation und genauerer kognitiver Analyse erklärt, warum es so schwer ist, unangemessene Angstreaktionen zu überwinden. Das Meiden vermeintlicher Gefahren trägt nicht zur Differenzierung erlernter Gefühlsassoziationen bei. Spontan fühlen wir uns zwar erleichtert und entspannter, wenn wir einer erwarteten Bedrohung ausweichen, doch die vegetativ empfundene Entspannung verfestigt unsere Vorannahmen und wird uns bei der nächsten kritischen Situation verstärkt hemmen, diese realistisch zu überprüfen. Intellektuelle Einsicht allein reicht nicht aus, um erlernte Erwartungsängste zu überwinden. Sie kann allerdings dazu beitragen, spontane Affekte im Kontext der Lebenserfahrungen zu verstehen. Übertriebene Angstreaktionen können wir nur dann überwinden, wenn wir uns den kritischen Situationen – in der Umwelt oder mit Hilfe der Vorstellung – freiwillig aussetzen und sie unter der erhöhten Erregung erkunden und neu bewerten lernen.

Bedrohungen können unterschiedliche Gefühle und Körperreaktionen auslösen. Im allgemeinen werden die Körperprozesse zunächst auf ein erhöhtes Aktivierungsniveau eingestellt, das uns hilft, der Gefahr mit Kampf oder Flucht zu begegnen. Das Limbische System löst die körperliche Aktivierung über Hypothalamus und Hypophyse mit Hilfe spezifischer Signalstoffe aus. Im Gehirn übertragen sie neuronale Erregung, im Körper wirken sie über die Blutbahn als Hormone (Abb. 3). Von besonderer Bedeutung für die Auslösung und Aufrechterhaltung der körperlichen Alarmreaktion sind die von den Nebennieren ausgeschiedenen Streßhormone. Adrenalin und Noradrenalin bewirken unter anderem eine Beschleunigung des Herzschlags, die verstärkte Zufuhr von Blut und Sauerstoff zu den Muskeln, eine Verengung der Gefäße in der Haut; sie lassen das Blut schneller gerinnen und mobilisieren Zuckerreserven in der Leber. Da-

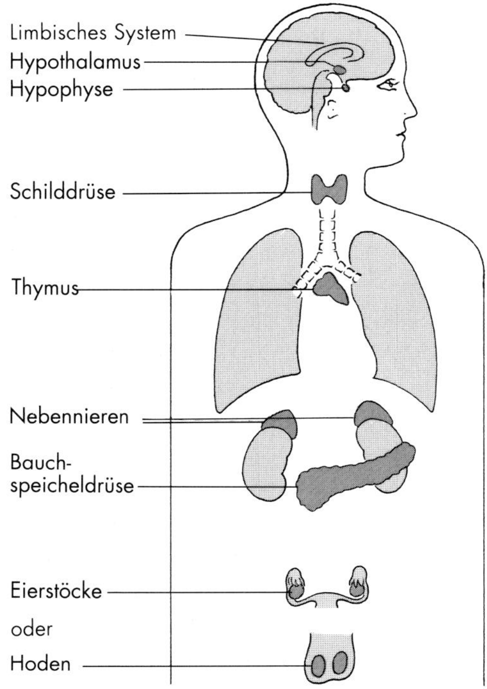

Abb. 3: Das Hormonsystem besteht aus Drüsen im Körper, die von Hypothalamus und Hypophyse im Gehirn gesteuert werden. Der Hypothalamus im Limbischen System gibt Peptidhormone an die Hypophyse ab. Diese bildet daraufhin Hormone, die in den Kreislauf gelangen und verschiedene Drüsen zur Produktion von Hormonen stimulieren. Aus: G. Miketta, *‹Netzwerk Mensch›*, Trias / Thieme Verlag, Stuttgart 1991 (Zeichnung Friedrich Hartmann).

durch erhöht der Körper das Energie- und Leistungsniveau vor allem der Muskulatur und trifft Vorsorge gegen mögliche Blutverluste bei Verletzungen. Je nach emotionaler Einschätzung des Konflikts werden diese Streßhormone zu unterschiedlichen Anteilen freigegeben. Der Neurobiologe Jean-Didier Vincent geht davon aus, daß Adrenalin stärker mit Angst und Fluchtimpulsen, Noradrenalin eher mit Wut und Kampfgeist verbunden ist. Adrenalin, schreibt er, wird vermehrt ausgeschüttet, wenn das Gefühl der Unsicherheit zunimmt, so daß Fluchtimpulse begünstigt werden. Diese vegetativen Prozesse spüren wir als Empfindungen und bringen sie mimisch und gestisch zum Ausdruck.

Nutzen wir die bereitgestellte Energie zur Streßbewältigung, entäußern wir sie in Handlungen, körperlicher Bewegung und dem Ausagieren der Emotionen, so kehren wir anschließend seelisch und körperlich zu einem Gleichgewicht zurück, und die verbrauchte Energie wird (über die Aktivierung des parasympathischen Nervensystems) wiederhergestellt. Wenn wir die Erregungszeichen hingegen ignorieren, Handlungs- und Ausdrucksimpulse durch Muskelverspannungen unterbinden oder die Belastung mit vertrauten Strategien nicht bewältigen, kann das Aktivierungsniveau chronisch erhöht bleiben. Langfristig führt ein erhöhtes Aktivierungsniveau zur Dysregulation vegetativer Funktionen, zur Erschöpfung der Körperreserven und Schädigung von Organstrukturen. Ein chronisch erhöhtes Erregungsniveau wird häufig bei psychosomatischen Erkrankungen beobachtet.

Die erhöhte Aktivierung wirkt auf die zentralen Strukturen zurück und bewirkt Gegenregulationen. Das Nebennierenhormon Cortisol dämpft die Erregung, so daß die Energiereserven des Körpers nicht restlos ausgeschöpft werden können. Diese Gegenregulation ermöglicht es, in Notsituationen zu überleben, sich an Bedingungen wie Niederlage und Verlust anzupassen, unter denen wir uns mit Flucht und Gegenwehr nur sinnlos verausgaben würden. Cortisol wird immer dann in erhöhtem Maße freigesetzt, wenn wir subjektiv den Eindruck haben, daß unsere Handlungen unwirksam sein werden. Ein chronisch erhöhter Cortisolspiegel korrespondiert mit Gefühlen der Hilflosigkeit,

Depression, Resignation, schwächt die Immunabwehr und erhöht das Erkrankungsrisiko erheblich. In einem solchen Zustand kann jede Möglichkeit zu handeln – selbst wenn die Handlung gewalttätig ist oder nicht direkt auf die Belastung einwirkt – Erleichterung bringen und den Cortisolspiegel senken.

Ich habe die psychophysiologischen Prozesse sehr vereinfacht beschrieben, um die Bedeutung emotionaler Erwartungsmuster für vegetative Regulationen und Verhaltensreaktionen aufzuzeigen. Eine direkte Gleichsetzung von Gefühlszuständen mit spezifischen Hormonen allerdings wird den differenzierten biologischen Antworten nicht gerecht. Lebewesen reagieren immer auf der Grundlage ihrer Gesamtverfassung mit hochkomplexen Mustern. So kann zum Beispiel die Injektion von Adrenalin in einer Laborsituation ängstliche wie auch wütende oder euphorische Reaktionen hervorrufen. Zusammenspiel und Wirkung der Streßhormone werden durch zahlreiche andere Signalstoffe moduliert. Von der Geschlechtsreife an spielen – vor allem unter sozialen Motivationen – die Keimdrüsenhormone eine bedeutsame Rolle. Bei Kindern, die unter Belastungen (zum Beispiel andauernder Mißhandlung) Verhaltensstörungen entwickelt hatten, wurde eine verminderte Ausschüttung des Wachstumshormons festgestellt; als sich die Betreuungsbedingungen verbesserten, normalisierten sich die Werte.

Insgesamt zeigen die sozialwissenschaftlichen und verhaltensbiologischen Forschungen, daß sich intensive und lang andauernde emotionale Zustände von Verwirrung, Angst, Ärger und Hoffnungslosigkeit störend auf die psychophysiologischen Regulationen auswirken und seelische und körperliche Störungen begünstigen. Es ist wichtig, diese Zustände wahrzunehmen und, selbst unter einer solchen Belastung, Handlungskompetenz und Vertrauen in die eigene Stärke zu entwickeln. Wirksame Trainingsprogramme zur Förderung dieser Fähigkeiten wurden in den letzten Jahren im Rahmen der Verhaltensmedizin entwickelt. Anleitungen zur Bewältigung von Streß, Angst, chronischen Schmerzen und anderen Erkrankungen vermitteln konkrete Hilfen für den Umgang mit belastenden Situationen; sie verbessern die soziale Kompetenz und das Befinden. Solche Anleitungen zur Gesundheitsförderung werden meist zeitlich begrenzt und in Gruppen durchgeführt. Sie schulen das Verständnis für psychosomatische Zusammenhänge, sensibilisieren für Körperempfindungen und Gefühle und vermitteln einfache Selbsthilfetechniken.

Die Wirksamkeit solcher Angebote beruht darauf, daß die Teilnehmer durch gezielte Informationen, positive Erfahrungen bei der Klärung von Lebenszusammenhängen und schrittweisen Übungen oder auch durch das motivierende Beispiel anderer erleben, daß sie selbst Einfluß auf ihr Befinden nehmen können. Mit der Überwindung von Angst, Passivität und Hilflosigkeit entwickelt sich eine neue Orientierung, die sich auf das seelische Befinden und die biologischen Regulationen günstig auswirkt.

Wie wichtig eine positive Neuorientierung für die Bewältigung von Krisen und Krankheiten ist, unterstreicht eine Untersuchung von Elmer und Alyce Green (1978). Sie analysierten vierhundert Fallstudien von Krebskranken, bei denen eine sogenannte Spontanremission eingetreten war, das heißt ein Heilungsprozeß, der nicht durch die medizinische Behandlung erklärt werden konnte. Die Forscher kamen zu dem Schluß, daß der einzige gemeinsame Faktor bei all diesen ungewöhnlichen Fällen in der veränderten Haltung der Patienten zu ihrer Krankheit lag. Die Patienten hatten eine neue Einstellung zum Leben gefunden, die ihnen half, Depression und Hoffnungslosigkeit zu überwinden. An die Stelle passiven Erleidens waren positive Gefühle wie Vertrauen und Zuversicht und ein fester Glaube an die Heilung getreten. Wie wir heute vor allem durch Erkenntnisse der Psychoneuroimmunologie wissen, wirken sich diese seelischen Haltungen günstig auf die vegetativen Prozesse, das hormonelle Gleichgewicht und den Immunstatus aus.

Belastungen, Krankheiten und Krisen führen uns in Grenzsituationen, in denen wir zu starre und einseitige Annahmen über die Welt zu spüren beginnen und aufgeben können. Im allgemeinen sind wir erst dann bereit, unsere Annahmen und Erwartungen zu überprüfen, wenn vertraute Handlungskonzepte nicht mehr den gewünschten Effekt haben oder uns schaden. In solchen Krisen können wir – wenn wir einmal innehalten und zur Ruhe kommen – entdecken, daß wir körperlich und seelisch nicht auf eine objektive Wirklichkeit reagieren, sondern immer nur auf ein subjektives Bild der Welt. Dieses Bild haben wir in inneren Landkarten – psychophysiologischen Mustern – niedergelegt. Die inneren Landkarten zeichnen wir im Kontext unserer Lebensgeschichte entsprechend den Bedeutungen, die wir unseren Erfahrungen geben. Gebiete, die wir als Kind unter großer Bedrohung durchschritten haben, sind daher als gefährdend markiert und abgegrenzt worden.

Wegweiser in dieser inneren Landschaft, Gefühle, die bestimmte Verhaltensweisen hervorrufen, müssen immer wieder auf ihre Angemessenheit überprüft werden. Anhaltende Erregung und Angst signalisieren, daß wir in eine Gefahrenzone geraten sind und Wege suchen müssen, die uns eine neue Lebensperspektive erschließen. Statt in der Situation passiv zu verharren, ist es sinnvoll, zuverlässige Informationen zur Orientierung einzuholen und zu prüfen, ob die Abgründe, die wir früher vorfanden, immer noch so gefährlich oder vielleicht mit Hilfe einer besseren Ausrüstung, solider Brücken und guter Weggefährten zu überwinden sind. Die Erkundung psychophysiologischer Bedeutungsmuster und die Neuordnung innerer Bilder sind nur im Kontakt mit dem Körperempfinden, der Vorstellungskraft und der bewußten Analyse von Zusammenhängen möglich. Wie diese Fähigkeiten gezielt zur Klärung und Verbesserung des Befindens eingesetzt werden können, werde ich im folgenden genauer aufzeigen.

Bildliches Denken und Imagination

Ich gehe zunächst auf die Bedeutung des bildlichen Denkens ein und zeige, wie Bilder helfen können, die innere Welt eines Menschen zu verstehen, und wie Gestaltungsmerkmale Hinweise auf das seelische und körperliche Befinden übermitteln. Die Vorstellungskraft kann auch zielorientiert eingesetzt werden, um Konflikte zu klären, Einstellungen zu modifizieren und neue Verhaltensweisen zu erproben. Durch verschiedene Beispiele veranschauliche ich, wie geleitete Vorstellungsübungen in der Psychotherapie und Verhaltensmedizin sowie zur Selbsthilfe genutzt werden können, um Behandlungen zu erleichtern und Genesungsprozesse zu unterstützen.

Zu Beginn unseres Lebens strukturieren wir unsere sensomotorischen Erfahrungen intuitiv und metaphorisch. Wir entfalten zunächst ein vorlogisches bildliches Denken, das die Fülle der sinnlichen Eindrücke zu Mustern verdichtet. Das integrative, bildliche Denken äußert sich überwiegend nonverbal; es verfügt nur über eine sehr begrenzte archaische Sprache. Im Laufe der Sprachentwicklung wird es durch analytische, logische Fähigkeiten ergänzt. Dieser Denkmodus arbeitet mit linearen Strategien und erschließt uns die Möglichkeit zu abstrakter Begriffsbildung, schlußfolgerndem Denken und grammatischen Operationen; er führt uns zur Verallgemeinerung von Erfahrungen und zur Formulierung von Prinzipien und Direktiven. Über den bildlichen Denkmodus sind wir jedoch weiterhin im Kontakt mit der Fülle sinnlicher Erfahrungen, mit Gefühlen, Körperempfindungen und vorsprachlichen Erinnerungen. Die besonderen Fähigkeiten des bildlichen und des logischen Denkens stehen in Verbindung mit den beiden Großhirnhemisphären, die sich für diese unterschiedlichen Aufgaben gewöhnlich im Laufe der ersten zehn Lebensjahre differenzieren. Einige Untersuchungen deuten an, daß die Hemisphärendifferenzierung – und damit die Trennung zwischen analytischer und integrativer Verarbeitung der Erfahrungen – bei Männern ausgeprägter ist als bei Frauen (Ornstein & Thompson 1986).

Die beiden Denkmodi bereichern einander und arbeiten im allgemeinen zusammen, um Aufgaben zu bewältigen. Bei bestimmten Tätigkeiten, die das abstrakte Denken besonders fordern, oder in Konflikten, bei denen in hohem Maße angstbesetzte Erinnerungen aufsteigen, kann das bildliche Denken jedoch auch gehemmt werden. Metaphorische Botschaften werden dann nicht mehr in sprachliche Einheiten übersetzt und können sich nur noch in der nonverbalen Körpersprache oder mittels zeichnerischer Gestaltungen, Formungen in Ton, Tanz oder Pantomime äußern. Wird der bildhafte Denkmodus chronisch gehemmt – zum Beispiel zur Kontrolle angstbesetzter Empfindungen –, so verliert ein Mensch den Kontakt mit einer inneren Quelle, aus der Lösungen für Probleme logischer wie emotionaler Art angeboten werden. Die unterdrückten unterschwelligen Empfindungen und vorlogischen Bedeutungsmuster üben einen enormen Druck auf das Bewußtsein aus. Wird er zu stark, bricht die Kontrolle zusammen, und das Bewußtsein wird mit Bildern, Schmerzempfindungen und Angstphantasien überschwemmt.

Auch psychosomatische Symptome können als metaphorische Äußerungen des vorlogischen Denkens verstanden werden. Ihre Sprache und die spezifische Bedeutung, die sie für den einzelnen haben, können – im Gegensatz zu den oben angesprochenen psychotischen Zuständen – recht leicht mit Hilfe des bildlichen Denkens erkundet werden. Dazu ist ein behutsames Vorgehen notwendig, das letztlich die vertrauensvolle Kooperation zwischen logischem und bildlichem Denken wiederherstellen soll, so daß metaphorische Botschaften wieder angenommen und mit Hilfe der Wortsprache direkt ausgedrückt und in Handlungen umgesetzt werden können.

Die Aussagekraft des bildlichen Denkens läßt sich leicht anhand von Kinderzeichnungen verdeutlichen. Kinder haben für viele Erfahrungen noch keine Worte. In ihren Bildern malen sie jedoch wichtige Aussagen über sich selbst und zeigen, was sie bewegt oder auch verstört. So zeichnen Kinder, die mißhandelt wurden, auf die Aufforderung hin, einen Tag darzustellen, «wie er mir gefällt», häufig schwere Niederschläge, die oft bis in ihr Inneres vordringen, und signalisieren auf diese Weise ihre Notlage. Unsichere und ängstliche Kinder nutzen die Bildfläche oft nur zögernd und stellen sich schüchtern und klein am Bildrand dar. Andere Kinder zeichnen riesige Genitalien – die in Kinderbildern normalerweise keine Rolle spielen – und machen so auf sexuelle Mißhandlung aufmerksam; oder sie streichen Teile ihres Bildes durch, übermalen sie, kreisen sie ein und weisen damit auf Angst, erlebte Bedrohung oder auch Verbote hin (Schuster & Wickert 1989). Die Inhalte der Bilder geben einen Hinweis darauf, mit welchen Erfahrungen sich das Kind auseinandersetzt. Die Bildgestaltung veranschaulicht, wie das kindliche Bewußtsein ihnen Bedeutung gibt, sie zu ordnen und zu integrieren sucht. Wichtige, konflikthafte Erfahrungen kommen überdeutlich oder an zentraler Stelle zum Ausdruck. Erlebnisse, die das Kind als zu belastend empfindet und nicht integrieren kann, werden ausgegrenzt, oder es versucht sie zu löschen. Über Konflikte, die Kinder in ihren Bildern andeuten, kann man mit ihnen auch behutsam sprechen und so genauer aufklären, was sie erlebt haben und welche Unterstützung sie brauchen.

Leider wird die Verbundenheit mit der intuitiven Vorstellungs- und Gestaltungskraft in der Erziehung oft durch wertende Beurteilungen unterbrochen und muß dann später – in Krisen und Grenzsituationen, unter therapeutischer Anleitung – wiedergefunden werden. Wie kreative Gestaltungen Kindern helfen, extreme Lebensbedingungen und grausame Erfahrungen zu verarbeiten, zeigt eine ständige Ausstellung des Jüdischen Museums in Prag. Sie macht Kinderzeichnungen aus dem Konzentrationslager Theresienstadt zugänglich, die im Rahmen des gegen ausdrückliches Verbot durchgeführten Schulunterrichts entstanden. Die Künstlerin und Pädagogin Friedel Dicker-Brandejsova regte die Kinder vor allem zum freien Malen und Gestalten an. Aus den Bildern las sie auch den seelischen Zustand der Kinder ab und versuchte, ihren Unterricht auf eine innere Stabilisierung auszurichten. Die Gestaltungen der Kinder sind sehr anrührend. Sie zeigen, wie sie aus der Erinnerung an eine heile Welt Kraft schöpfen, um sich mit Elend, Gewalt und Tod in ihrer Umgebung auseinanderzusetzen. Fast alle Kinder kamen später mit ihren Lehrern in Auschwitz um. Einige ihrer Bilder deuten an, daß sie sich innerlich darauf vorbereiteten: Sie zeigen einen Weg in die Dunkelheit und Schmetterlinge, die der Düsternis entfliegen (Abb. 4).

Auch Erwachsene geben mit Bildern Hinweise auf Erfahrungen, die sie sprachlich nicht fassen können. Die Tiefenpsychologin Susan Bach beschäftigte sich viele Jahre lang mit Zeichnungen schwerkranker Menschen, die in therapeutischen Gruppen, psychiatrischen Anstalten und Krankenhäusern entstanden (1952, 1966). Sie beobachtete, daß das Malen den Patienten oft eine unmittelbare Erleichterung brachte. Kranke, die im Gespräch schwer zugänglich waren, konnten sich in ihrer Bildersprache leichter mitteilen; belastende Gefühle, angstvolle Phantasien, innere Spannungen, zum Beispiel Warten auf eine Diagnose, vor einer Operation oder unter dem Druck von Depressionen und Zwangsgedanken, konnten so ausgedrückt werden. Die Bilder der Patienten erwiesen sich als hilfreich für die Diagnose und Prognose von Erkrankungen; mit ihnen ließen sich frühzeitig suizidale Tendenzen oder bevorstehende schizophrene Schübe erkennen. Bach entdeckte darüber hinaus in den Zeichnungen typische wiederkehrende Farben, Farbkombinationen und Motive, die spezifischen Krankheitsbildern entsprechen. Die Zeichnungen reflektieren also nicht nur den seelischen Zustand, sondern liefern zugleich Informationen über das körperliche Befinden.

Solche psychosomatischen Hinweise, die sich aus den Zeichnungen kranker Menschen ergeben, untersuchte Susan Bach systematisch auf einer neurochirurgischen Station der Universitätsklinik Zürich. Sie und ihre Mitarbeiter interpretierten über dreitausend Zeichnungen von sechshundert schwerkranken Patienten. Die Kranken wurden zum Malen und Gestalten ange-

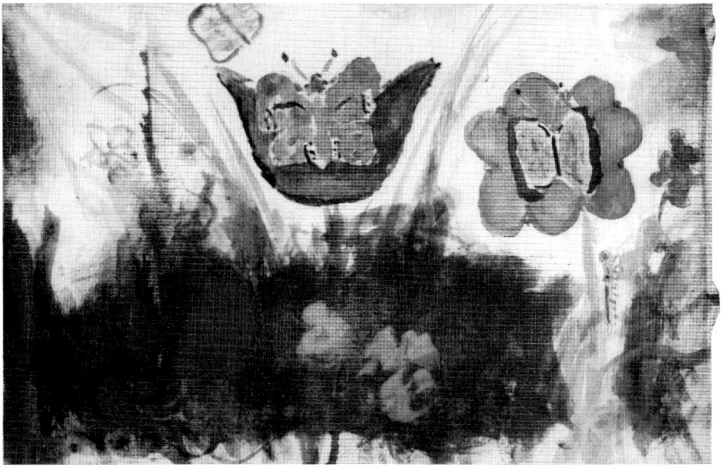

Abb. 4: Kinderzeichnung aus dem Konzentrationslager Theresienstadt: Margit Koretzová (8.4.1933 bis 4.10.1944). Foto Dana Cabanová / Pressfoto Praha / Jüdisches Museum Prag.

regt. Sie malten spontan, ohne daß ihnen bestimmte Themen vorgegeben wurden. Die Zeichnungen wurden sehr sorgfältig ausgewertet: Für die psychologische Bildinterpretation lagen zunächst nur Angaben über Alter und Geschlecht (gegebenenfalls auch über Linkshändigkeit) des Patienten vor. Ein Vergleich mit der Krankengeschichte und der medizinischen Diagnose erfolgte erst anschließend. Die Vergleichbarkeit der Zeichnungen war durch ein standardisiertes Angebot von Farben und Papiergrößen gewährleistet.

Die Auswertung der Bilder zeigte: Kranke Menschen haben ein inneres Wissen über Art und Schwere ihrer Erkrankung. Manche Schwerkranke drückten in ihren Bildern sogar ihr Wissen darüber aus, wann sie zum Beispiel bewegungsunfähig und wann sie sterben werden. Oftmals gaben die Patienten in ihren Bildern genaue Hinweise auf eine beginnende Verbesserung oder Verschlechterung ihres Befindens oder auch auf die Wirksamkeit medizinischer Maßnahmen. Bach hat zahlreiche Grundlagen erarbeitet, die den Zugang zu Bildaussagen erleichtern. Die von ihr gefundenen Aspekte, Ergänzungen anderer Forscher und eigene Beobachtungen habe ich auf Seite 55 ff zusammengestellt. Diese psychologischen Interpretationshilfen lenken die Aufmerksamkeit auf wichtige Gestaltungsmerkmale, die mit vorbewußten Bedeutungsmustern verbunden sind.

Im kreativen Gestalten geben wir Bewußtseinsinhalte frei, die nur begrenzt durch intellektuelle Kontrolle gefiltert sind. Darin liegt der Wert solcher Bilder für die Selbsterkundung, doch machen wir uns zugleich durch sie verletzlich. Für den Umgang mit eigenen oder fremden Bildern und eine Bildinterpretation bedeutet das: Wir müssen mit diesen vorbewußten Inhalten besonders achtsam und feinfühlig umgehen und sie ohne vorschnelle Wertung erkunden. Dies gilt vor allem auch für Gespräche über Bilder. Anregend sind sie immer dann, wenn die Bedeutung geachtet wird, die man seiner Gestaltung selbst gibt, und wenn Beobachtungen, Ideen und Interpretationen angeboten, aber nicht aufgedrängt werden. Erkundet man Vorstellungen und Bilder mit sensiblem Interesse, dann wird man mit zunehmender Faszination erleben, wie analytische und intuitive Denkfähigkeiten zusammenspielen, erstaunliche Einblicke in die innere Welt eröffnen und neue Perspektiven zur Konfliktlösung, zur Veränderung von Einstellungen und Verhaltensmustern freigeben.

Fast alle therapeutischen Schulrichtungen haben imaginative Verfahren entwickelt, um Menschen zur Vertiefung ihrer Eigenwahrnehmung und der Kommunikation mit sich selbst zu führen. Vorstellungsübungen lockern eine übermäßig rationale Ausrichtung und bahnen den Kontakt zu spielerischen, intuitiven und kreativen Fähigkeiten. Sie können auch gezielt zur Klärung von Konflikten und Beschwerden eingesetzt werden. In der Vorstellung kann man neue Verhaltensmöglichkeiten frei durchspielen, ohne direkte Konsequenzen zu befürchten. Bei Vorstellungsübungen wird die Aufmerksamkeit von der Beschäftigung mit äußeren Vorgängen zum inneren Erleben verlagert. Das gelingt leicht, wenn der Körper ruhiggehalten wird, wenn man die Augen schließt und sich entspannt. In diesem Zustand werden unterschwellige Wahrnehmungen und Bedeutungsmuster aktiviert, die sich bildhaft und symbolisch äußern und das bewußte Denken mit einer Fülle von Anregungen versorgen. Sie wirken daher unmittelbar belebend.

Therapeutisch geleitete Vorstellungsübungen geben einen Rahmen vor – ein Motiv, das Symptom –, um die Aufmerksamkeit bei der Selbsterkundung zu leiten. Der Rahmen schützt auch davor, sich in den unbegrenzten Assoziationen zu verlieren, die sich lösen, wenn man den Schutz der rationalen Orientierung weitgehend aufgibt. Die therapeutische Unterstützung kann in unterschiedlichem Ausmaß strukturierend und leitend sein. Wichtig ist, persönliche Vorstellungen zu fördern und darauf zu achten, daß sie auch sprachlich gefaßt werden können und daß in der Auseinandersetzung mit bedrohlichen Bildern das Gefühl von Selbstvertrauen und Handlungskompetenz gestärkt wird. Die folgenden Beispiele zeigen unterschiedliche Vorgehensweisen und Möglichkeiten imaginativer Verfahren in der Psychotherapie und Verhaltensmedizin.

Das katathyme Bilderleben ist eine von Hanscarl Leuner (1985) entwickelte Tagtraumtechnik. Unter körperlicher Entspannung werden dem Klienten verschiedene standardisierte Szenen vorgegeben. Mit geschlossenen Augen verfolgt er, wie sich im Kontakt mit dem jeweiligen Motiv seine persönlichen Bilder entfalten. Im Zusammenhang mit der psychoanalytischen Traumdeutung entwickelte Leuner verschiedene Motive, die sich in der Direktheit unterscheiden, mit der sie konflikthafte Erlebnisinhalte anrühren. Grundmotive, die zu Beginn einer Therapie vorgegeben werden, sind zum Beispiel eine Wiese, ein Bach, einen Berg sehen und besteigen, ein Haus erkunden, einen Waldrand betrachten. (Genauere Hinweise zu diesen Grundmotiven gebe ich auf Seite 65 f.) Motive für Fortgeschrittene führen zur Begegnung mit wichtigen Bezugspersonen und Einstellungen zur Sexualität und Aggression und schließlich zum Kontakt mit sehr frühen und stark verdrängten Bewußtseinsinhalten.*

* Viele der populären Anleitungen zur Imagination, die auch als Tonkassetten angeboten werden, übernehmen Motive, die Leuner erarbeitet hat, oft ohne die von ihm jeweils angegebene Schwierigkeitsstufe zu beach-

Die vorgegebenen Motive wirken wie ein sensibler diagnostischer Test. So beschreiben Menschen mit einem höheren Anspruchsniveau in ihren Vorstellungen auch höhere Berge. Depressive entwickeln im Vergleich zu nichtdepressiven Menschen «unfreundlichere», «schmutzigere» Bilder zu den Grundmotiven. Ihre Vorstellungen enthalten weniger Menschen und Tiere und drücken mehr Angst und Unsicherheit aus. Untersuchungen zur Entwicklung der Vorstellungsbilder zeigen, daß die Hinwendung zu belastenden Erfahrungen unter therapeutischer Anleitung heilend wirkt. Einstellungs- und Verhaltensänderungen lassen sich zusätzlich durch «Operationen am Symbol» fördern: Vorstellungsinhalte (Tiere, Menschen, Symbole), die geschwächt wirken, können beruhigt, geschützt und genährt werden. Mit Gestalten, die ängstlich oder feindselig wirken, kann man ins Gespräch kommen, ihnen die Hand reichen (Tiere kann man berühren und streicheln). Eine bedrohliche Gestalt kann man aber auch bekämpfen und jagen, bis sie erschöpft ist, und sie so entmachten.

In solchen Auseinandersetzungen mindern sich meistens Angst und Aggressionen. Mit der Wandlung der emotionalen Energie wandeln sich auch die inneren Bilder und Symbole – Landschaften werden freundlicher und fruchtbar, bedrohliche Gestalten schrumpfen und zeigen sich versöhnlich.

Der Verhaltenstherapeut Akter Ahsen entdeckte Anfang der fünfziger Jahre, daß mit der Erinnerung an bedeutsame, oft weit zurückliegende Lebensereignisse sehr klare Vorstellungsbilder aktiviert werden können. Er erforschte diese prägnanten Erinnerungsbilder und stellte fest, daß sie die persönliche Bewertung der damaligen Lebenssituation wachrufen können. Wenn es gelingt, deutliche Erinnerungen hervorzurufen, dann schaffen sie ein umfassendes psychosomatisches Erlebnis: Das visuelle Bild bahnt den Zugang zu Körperempfindungen, Gefühlen und Be-

ten. Bei solchen Selbsterkundungen ohne therapeutische Unterstützung kann es deshalb relativ schnell zu Angsterlebnissen, starker Regression oder auch innerer Ablehnung gegen Vorstellungsübungen kommen.

deutungsmustern, die mit ihm verbunden sind; der sich erinnernde Mensch wird von dem Erlebnis in ähnlicher Weise ergriffen wie zum Zeitpunkt des ursprünglichen Geschehens.

Ahsen hat genaue Anweisungen für die diagnostische und therapeutische Arbeit mit Erinnerungsbildern entwickelt. Aus seinem Buch ‹*Psycheye*› (etwa «Seelenauge», 1977) möchte ich den sogenannten «Altersprojektionstest» aufgreifen und in den wichtigsten Schritten darstellen. Diese Anleitung ist hilfreich, um seelische Erlebnisse und Lebenserfahrungen aufzuspüren, die mit der Entwicklung von körperlichen Symptomen verbunden sind. Das Vorgehen ist klar strukturiert; es werden bestimmte sprachliche Mittel eingesetzt, um die Vorstellungskraft emotional auszurichten und an bedeutsame (das heißt oft auch frühe) Erinnerungsmuster anzuknüpfen. Der Altersprojektionstest ist ein effektives Verfahren, um psychosomatische Symptome in relativ kurzer Zeit zu klären und heilungsorientierte Einstellungen zu stärken.

Zunächst wird der Klient gebeten, über seine Beschwerden, Sorgen und Ängste zu sprechen; der Therapeut hält die wichtigsten Beschreibungen in den Worten des Klienten fest. Dann erfragt der Therapeut alle Namen, mit denen der Klient je gerufen oder beschrieben wurde: Familiennamen, Vornamen, Kosenamen, Spitznamen. Alle diese Namen werden abwechselnd während der Übung benutzt, so daß sich der Klient nicht nur mit den ihm besonders vertrauten Rollen, wie sie durch Vor- und Familiennamen vorgegeben sind, identifiziert. Wenn er mit seinen verschiedenen Namen genannt wird, werden zugleich Erfahrungen aus verschiedenen Lebensphasen wachgerufen.

Nun wird der Klient angeleitet, sich zu entspannen und die Augen zu schließen. Der Therapeut wiederholt in den Worten des Klienten alle Angaben zu den Beschwerden. Er spricht ihn abwechselnd mit seinen verschiedenen Namen an. Dabei gerät der Klient zunehmend in Kontakt mit der direkten Erfahrung seiner Beschwerden. Dann spricht der Therapeut über die Zeit, in der der Klient glücklich, gesund und beschwerdefrei war. Er spricht ihn wieder mit seinen verschiedenen Namen an und beschreibt einen Zustand von Wohlbefinden in all den Bereichen, in denen der Klient an Beschwerden leidet. Während der Therapeut über Wohlbefinden und Gesundheit spricht, formt der Klient spontan und unterschwellig ein inneres Selbstbild. Es ist verbunden mit dem Zustand, in dem er vor der Erkrankung lebte. Das Bild steht einerseits in Verbindung mit der kritischen Lebensphase, andererseits ist es noch außerhalb der Ereigniskette, die mit der Entwicklung des Symptoms verbunden ist. Der Klient wird gebeten, das Selbstbild genau zu beschreiben, sein Alter, seine Kleidung, den Ort, an dem es erscheint. Damit wird das Bild zunehmend lebendig. Dann wird der Klient nach wichtigen Ereignissen vor und nach diesem Lebensalter gefragt. Mit den Erinnerungen, die jetzt aufsteigen – und die zum Teil in die Kindheit zurückführen –, enthüllt sich meist der Beginn und die Bedeutung des Symptoms, und zugleich offenbaren sich neue Bewältigungsmöglichkeiten.

Brigitte, eine fünfunddreißigjährige Frau, die seit fünfzehn Jahren unter verstärkter Körperbehaarung litt, sieht in einer solchen Erinnerung ihr achtzehnjähriges Selbstbild. Sie erlebt erneut das Gefühl von Kraft und Freiheit, das sie hatte, als sie aus dem Elternhaus auszog, und dann Erinnerungen an sexuelle Gewalt und eine traumatische Abtreibung. Mit der Belebung der Erinnerungsbilder versteht sie die verstärkte Körperbehaarung als Versuch, sich zu schützen «vor dem Kontakt mit Männern, von denen ich mich bei erotisch-sexuell getönten Anfragen schnell überfordert fühlte». Gleichzeitig symbolisiert die Behaarung eine Abwehr gegenüber ihren eigenen Gefühlen und Triebkräften und «die Angst, davon überrollt zu werden».

In der Begegnung mit dem jüngeren Selbstbild klärt Brigitte eine kritische Lebenserfahrung auf, die die Bedeutung des Symptoms enthüllt. Brigitte hatte damals gelernt, Erotik und Sexualität mit Gefühlen von Hilflosigkeit, Schmerz und Feindseligkeit zu verbinden. In der kritischen Situation hat sie sich als schwach und schutzlos erlebt und nach einer Möglichkeit gesucht, sich in Zukunft vor solcher Gefährdung zu bewahren. Eine verstärkte Körperbehaarung kann unsensible Bewerber abschrecken und helfen, sich selbst gefühlsmäßig zu distanzieren. Das körperliche Signal gibt für eine Übergangszeit Schutz. Wird es beibehalten, so verhindert es aber auch Nähe und Intimität und führt zur Meidung von Situationen, in denen positive Erlebnisse angeboten und differenzierte Verhaltensformen entwickelt werden können. Im Kontakt mit dem jüngeren Selbstbild erlebt Brigitte aber auch, daß sie als Jugendliche viel Mut, Selbstsicherheit und Kraft besaß. Mit diesen Fähigkeiten kann sie sich erneut verbünden, die schwierigen Erfahrungen neu bewerten und das Meidungsverhalten überwinden lernen.*

Mit dem Einblick in wesentliche Lebenszusammenhänge und der Erinnerung an die Zeit vor der Symptomentwicklung wird auch das Vertrauen in die eigenen Fähigkeiten und den persönlichen Wert belebt. Das Gefühl von Kraft, Freiheit und Wohlbefinden läßt hoffnungsvolle Einstellungen und Möglichkeiten zur aktiven Bewältigung der Angst entstehen. Damit wächst auch die Bereitschaft, einen selbstbewußteren und kompetenteren Umgang mit den heutigen Lebensschwierigkeiten zu entwickeln. Das ist im allgemeinen ein längerer Lern- und Übungsprozeß, der allmählich den Schutz körperlicher Symptome überflüssig macht.

Das bildliche Denken ist auf die Vervollständigung von Erlebnissen und Erinnerungsmustern ausgerichtet und verbindet sie mit Gefühlen und Körperempfindungen. Es ist nicht mit der Klärung von Ursachen, der kausalen oder zeitlichen Abfolge von

* Eine dem männlichen Typ entsprechende verstärkte Sexual-, Gesichts- und Körperbehaarung bei Frauen vor dem Klimakterium (Hirsutismus, abgeleitet vom lateinischen Wort *hirsutus* = stachelig) wird zum Teil durch eine vermehrte Bildung männlicher Geschlechtshormone erklärt. Ein erhöhter Androgenspiegel liegt jedoch nicht bei allen betroffenen Frauen vor. Die Frauen leiden häufig sehr an dem empfundenen Makel und an ihrer Geschlechtsrolle. Dieses subjektive Leiden vermindert sich unter medizinischer (Hormon-)Behandlung nicht. – In Beratungsgesprächen zu Folgeschäden von sexueller Gewalt berichteten mir einige Frauen auch über verstärkte Behaarung. Sie hatte sich – oft nach einer unglücklichen Liebesbeziehung – an den Körperbereichen entwickelt, die in der Erinnerung hochintensiv mit der Überwältigung, dem Verlust von Kontrolle und mit Hilflosigkeit verbunden waren. Die Frauen beschrieben das Symptom als «Stacheldraht, der mich schützt», «Haß, den ich gegen meinen eigenen Körper wende», «ein Zeichen, um abzuschrecken».

Ereignissen beschäftigt. Deshalb ist es für das bildliche Denken und seine Wirkung auf physiologische Prozesse, auf Gefühle und Verhaltensweisen unwichtig, ob die Vorstellungen mit «vergangenen» oder «zukünftigen» Erlebnissen befaßt sind oder ob sie sie «unlogisch» verknüpfen. Um ängstliche Erregung zu überwinden und Selbstsicherheit und körperliche Genesung zu fördern, ist es nur wichtig, die Aufmerksamkeit so auszurichten, daß Erinnerungs- und Phantasiebilder und Fähigkeiten zur Überwindung von Angst und Schwäche prägnant visualisiert werden können. Je intensiver positive Vorstellungen werden, um so stärker wirken sie auf die physiologischen und seelischen Selbststeuerungsmechanismen.

Eine wichtige Hilfe, um die Projektion von Angstphantasien in die Zukunft zu unterbrechen, bietet das sogenannte Ruhebild. Es enthält vitale und sinnliche Erinnerungen an eine Situation, die mit Wohlbefinden und innerer Ruhe verbunden ist. Diese Empfindungen sind mit Angstgefühlen unvereinbar. In der Verhaltenstherapie wird das Ruhebild eingesetzt, um Klienten auf ein Angstbewältigungstraining vorzubereiten, und als effektive Möglichkeit zur Selbsthilfe in schwierigen Situationen geübt. Eine Anleitung zur Erkundung Ihres Ruhebildes finden Sie auf Seite 67f. Mit Hilfe dieser Vorstellung kann man nicht nur ängstliche, sondern auch aggressive Impulse verändern, körperliche Schwäche überwinden und schmerzhafte Behandlungen durchstehen.

«Ich will nicht schneller gehen als eine langsame Schildkröte», stellten sich Kinder einer Sonderschulklasse vor, die mit ihrem hyperaktiven und aggressiven Verhalten ständige Bestrafungen und endlose Frustrationen erlebt hatten. Ihre Lehrerin erzählte ihnen die Geschichte von einer Schildkröte, die sich immer, wenn sie sich bedroht fühlt und die Kontrolle zu verlieren beginnt, erst einmal in ihren Panzer zurückzieht, überlegt und dann klug und besonnen handelt. Das Bild sprach die Kinder an; es machte ihnen Spaß, die Schildkröte zu imitieren und ihre Problemlösungsstrategie zu übernehmen, wenn sie sich bedroht fühlten und wütend wurden. Die Vorstellungsübung wurde durch ein einfaches Entspannungstraining und die Bearbeitung individueller Probleme ergänzt. So gelang es der Lehrerin, in drei Wochen mit einem fünfzehnminütigen Training täglich den Kindern zu helfen, ihr Aggressionsverhalten und damit auch die Frustrationserfahrungen zu verringern (Schneider 1972, zitiert nach Meichenbaum 1977).

«Ich habe starke Beine, ich kann wieder aufstehen und herumlaufen», stellte sich ein achtjähriger Junge vor. Er war nach einer Streptokokken-Infektion so geschwächt, daß er nicht mehr gehen mochte. Seine Ärzte ermutigten ihn, sich an die Zeit vor der Krankheit zu erinnern und sich vorzustellen, wie er sich kräftig fühlt, stehen kann und herumläuft. Sie stimulierten intensive und plastische motorische Erinnerungsbilder, die mit Gefühlen der Stärke und Freude verbunden waren. Implizit ermutigten sie den Jungen, diese Vorstellungen mit der Gegenwart und der nahen Zukunft zu verbinden: «Du hast starke Beine, und du siehst, wie du aufstehst und herumlaufen kannst.» Schon am nächsten Tag begann der Junge aufzustehen und sich allmählich wieder normal zu bewegen. Die positiven Veränderungen blieben stabil (Olness & Gardner 1978).

Ein sehr wirksames Vorstellungstraining zur Kontrolle akuter Angst- und Schmerzzustände entwickelten Cornelia Keuner und Jeanne Achterberg für Patienten mit schweren Verbrennungen. Die Wundtoilette von Patienten, bei denen 25 Prozent der Körperoberfläche oder mehr verbrannt sind, ist außerordentlich belastend: Schon einige Tage nach der Einlieferung müssen die Patienten aufstehen, da es bei längerer Bettlägerigkeit zu Blutgerinnseln kommen kann. Die Entfernung alter Hautfetzen ist sehr schmerzhaft. Es werden keine Schmerzmittel gegeben, damit die Patienten bei der Behandlung mithelfen können. Keuner und Achterberg beobachteten bei den Patienten jedoch schon vor Beginn der Wundtoilette einen extremen Temperaturabfall und eine Zunahme von Blutdruck, Atem- und Herzfrequenz. Diese körperliche Alarmreaktion, die auf hohe Angst schließen ließ, setzte ein, wenn die Patienten hörten, wie der Instrumentenwagen herangeschoben wurde. Das Signal aktivierte automatisch Vorstellungen von Schmerz, Tortur und Beschämung.

Keuner und Achterberg überlegten, wie den Patienten geholfen werden könnte, diese Angst zu mindern und die Belastungen ruhiger durchzustehen. Sie überprüften die Auswirkungen von Entspannungstraining, Biofeedback unter Entspannung und Vorstellungsübungen in entspanntem Zustand, kontrollierten die Wirksamkeit der Anleitungen anhand biologischer Lebenszeichen (Herzschlag, Atmung, Blutdruck), der Muskelspannung und peripheren Temperatur (Angstzeichen), der subjektiven Schmerzeinschätzung der Patienten und der Menge verabreichter Beruhigungs-, Schmerz- und Schlafmittel und verglichen die Effekte mit einer unbehandelten Kontrollgruppe. Als besonders wirksam erwies sich die Anleitung zur Entspannung und Imagination.

Die Vorstellungsübung bereitete die Patienten behutsam (mit Hilfe einer Tonkassette) auf die Wundtoilette vor. Sie wurden über die Behandlung informiert und zur körperlichen und Atementspannung bei den kritischen Behandlungsschritten angeleitet. Zugleich wurden angst- und schmerzlindernde Vorstellungen angeregt. So wurden die Patienten zum Beispiel auf das Entfernen der alten Bandagen und den schwierigen Weg zu den Bädern folgendermaßen vorbereitet: «Nun kommt die Krankenschwester herein und beginnt, die Verbände abzunehmen. Stellen Sie es sich genau vor. Immer wenn sich ein Gefühl des Unwohlseins einstellt, atmen Sie tief, entspannen Sie sich. Fühlen Sie, wie die Krankenschwester Ihre Verbände aufschneidet und abnimmt und wie die kühle Luft sich auf der Haut anfühlt. Lassen Sie es geschehen. Jedes Gefühl des Unwohlseins verschwindet. Atmen Sie ganz tief. Lassen Sie Ihr Unwohlsein los. Sie bleiben ganz ruhig und entspannt. Ruhig verlassen Sie Ihr Bett; vielleicht sogar aus eigener Kraft. Sie sind entspannt und ruhig, fühlen sich wohl. Stellen Sie sich nun vor, daß Sie zur Tür gehen, den Gang entlang zum Badezimmer. Sie spüren die Kühle, aber keine Schmerzen. Sie atmen tief und regelmäßig, mit jedem Schritt trainieren Sie Ihre Muskeln. Atmen Sie weiter, trainieren Sie mit jedem Atemzug Ihre Lungen. Denken Sie daran, immer vollständig auszuatmen, sich zu entspannen...» (Achterberg 1987).

Die Behandlungschancen für krebskranke Kinder haben sich

in den letzten zwanzig Jahren deutlich verbessert. Die medizinischen Maßnahmen sind für die Kinder jedoch zum Teil sehr belastend und stellen – verbunden mit der Ungewißheit über die individuelle Langzeitprognose – ein ernstes Entwicklungsrisiko dar. Daher geht es bei Chemotherapie und sehr schmerzhaften Knochenmarkpunktionen auch darum, das Kind so vorzubereiten und zu unterstützen, daß es die Erfahrungen angemessen verarbeiten kann. Wesentlich für eine psychologische Unterstützung ist die Annahme, daß man eine angekündigte, vorhersagbare Belastung besser bewältigen kann als unerwartete und unverständliche Prozeduren.

Wie krebskranke Kinder auf eine sehr schmerzhafte Punktion vorbereitet werden können, zeigt das folgende Beispiel: Susan Jay und ihre Mitarbeiter (1987) entwickelten und überprüften psychologische Hilfen für krebskranke Kinder, die acht Jahre oder jünger waren: Eine halbe Stunde vor Beginn des Eingriffs wurde den Kindern zunächst ein kurzer Videofilm gezeigt, in dem ein Kind erklärt, wie die Punktion vor sich geht. Das Kind zeigt auch, wie es sich bei den sehr schmerzhaften Schritten durch ruhiges Atmen und ermutigenden Zuspruch hilft («Ich habe schon große Angst, aber ich weiß, ich werde es schaffen»). Anschließend übten die Kinder die Atemtechnik – ruhig atmen, langsam ausatmen –, die die Aufmerksamkeit von den Schmerzen ablenkt und entspannend wirkt. Dann entwickeln die Psychologen mit jedem Kind eine persönliche Vorstellung, die später während des Eingriffs angesprochen wurde. Sie stellten sich vor, daß ihr Lieblingsheld (Superman, Wonderwoman, Hulk) ihnen einen speziellen Auftrag gegeben hat. Ein Teil des Auftrags ist es, die schwierige Untersuchung durchzustehen. Die Vorstellung sollte dem Kind Mut machen, die Untersuchung als Herausforderung zu sehen und für sich anzunehmen. Anschließend wurde das Gelernte durch Rollenspiel gefestigt: Das Kind führte den Eingriff, der ihm bevorstand, an einer Puppe durch. Es benutzte dabei die medizinischen Geräte, die dann bei seiner eigenen Behandlung eingesetzt wurden. Außerdem konnte es eine kleine Trophäe gewinnen – ein Symbol für Mut und Durchhaltevermögen –, wenn es bei dem Eingriff alles so gut machte, wie es konnte. Die so vorbereiteten Kinder ertrugen die Punktion wesentlich besser als Kinder, die man vorher nur (durch Bilderbücher) abgelenkt oder mittels Valium beruhigt hatte. Sie wehrten sich weniger gegen den Eingriff, schrien und weinten kaum, sie erlebten weniger Schmerz, Angst und Verzweiflung. Anschließend berichteten sie, daß die Trophäe für sie der größte Anreiz gewesen war, daß ihnen jedoch die Atemübung und die Vorstellung, einen wichtigen Auftrag zu erfüllen, am meisten geholfen hatten.

Die besondere Wirksamkeit imaginativer Übungen zur Bewältigung von Schmerzen und psychosomatischen Störungen oder auch bei Genesungsprozessen wird verständlicher, wenn man sich eingehender mit Forschungsergebnissen beschäftigt, die einen direkten Zusammenhang zwischen Imaginationen, Emotionen und physiologischen Prozessen aufzeigen: Visuelle Vorstellungen beruhen auf denselben Hirnfunktionen wie visuelle Wahrnehmungen. Im allgemeinen ist die Sehrinde aktiviert, periphere Sehbahnen können jedoch ebenfalls beteiligt sein. Je umfassender verschiedene Sinnesfunktionen durch die Imagination angesprochen werden, um so umfassender ist auch die Aktivierung von Hirnarealen (die Zentren für Sehen, Hören und Fühlen liegen in verschiedenen Bereichen des Gehirns) und um so intensiver ist das Vorstellungserlebnis (Klinger 1981, 1988; Achterberg 1987).

Vorstellungen zu Bewegungsabläufen erzeugen elektrische Aktivität in den Muskeln, die bei der jeweiligen Imagination angesprochen werden. Wiederholt man solche Vorstellungsübungen regelmäßig, verbessert sich die motorische Durchführung dieser Bewegungen. Das Training der Bewegungsfähigkeit mit Hilfe der Vorstellung wird sowohl für die Rehabilitation nach Unfällen als auch von Sportlern zur Leistungssteigerung genutzt (Suinn 1976). Sexuelle und Angstphantasien werden von deutlichen physiologischen Veränderungen begleitet. Die Vorstellung des persönlichen Ruhebildes ist ein wirksames Verfahren, um Angst zu mindern und körperliche Entspannung zu fördern. Imaginationen zu negativen Kindheitserinnerungen rufen Veränderungen der Herzfrequenz, der Hautleitfähigkeit, der Atmung und der Augenbewegungen hervor (Jordan & Lenington 1979). Vorstellungen, die mit Gefühlen der Freude, Trauer, Wut und Angst verbunden waren, führten bei Tests zu Änderungen der Herz-Kreislauf-Werte sowie der Hautleitfähigkeit und aktivierten unterschiedliche Gesichtsmuskeln. Die jeweilige Aktivierung der mimischen Muskulatur entsprach den spezifischen mit der Vorstellung verbundenen Emotionen (Schwartz *et al.* 1981; de Jong-Meyer *et al.* 1990). Vorstellungen beziehungsweise Erinnerungen zu schmerzhaften Stimulationen bewirken Änderungen von Pulsfrequenz, Muskelspannung und Hautwiderstand. Diese körperlichen Veränderungen zeigen nicht nur Angst an, sondern entsprechen auch den Körperreaktionen, die bei real erlebten Schmerzen auftreten (Barber & Hahn 1964). Andere Imaginationen können etwa die Speichelbildung, die Magen-Darm-Peristaltik, die Blutzuckerwerte oder das Immunsystem beeinflussen (Achterberg 1987). Die Entwicklung und Wirkung von Vorstellungsbildern wird auf die Aktivität der rechten Großhirnhemisphäre und des mit ihr verbundenen Limbischen Systems zurückgeführt, wo unter der jeweiligen emotionalen Tönung entsprechende biologische Regulationen ausgelöst werden.

Einer der ersten Ärzte, die Vorstellungsübungen als therapeutische Maßnahme bei schweren Krankheiten einsetzten, war der Onkologe Carl Simonton. Gemeinsam mit seiner Frau Stephanie und anderen Mitarbeitern entwickelte er ein integratives Psychotherapieprogramm zur Unterstützung der medizinischen Behandlung von Krebskranken, dessen Ziel darin besteht, die Patienten durch Information, Gespräche und Übungen aktiv in ihren Behandlungsprozeß einzubeziehen. Simonton versucht, die Einstellung der Erkrankten zu sich selbst und ihrer Lebenssituation so zu verändern, daß sie statt Angst und Resignation zunehmend Hoffnung empfinden. Ein Element des Therapieprogramms ist besonders bekannt geworden: Die Patienten lernen, in entspanntem Zustand ihre Körperprozesse zu visualisieren und wahrzunehmen, wie ihre Immunzellen den Krebs beseitigen (Simonton *et al.* 1982).

Diese Übung regt Patienten dazu an, sich mit ihrer körperlichen Abwehrkraft zu verbünden und so hoffnungsvolle Einstellungen und eventuell auch die biologische Regulation zu stärken. Vorstellungen zur Immunabwehr bei Krebs sind jedoch nur dann sinnvoll, wenn es dem Erkrankten gelingt, seine Abwehrkraft machtvoller als den Krebs zu visualisieren. Doch auch wenn dies zunächst nicht der Fall ist, helfen die nach den Übungen gemalten Bilder, die innere Haltung eines Patienten zu seiner Genesung (die mit Worten zunächst nicht ausgedrückt werden kann) besser zu verstehen. In Beratungsgesprächen kann der Arzt oder Psychologe dann gemeinsam mit ihm nach Möglichkeiten suchen, passive und fatalistische Vorstellungen zu überwinden.

Daß gemalte Vorstellungsbilder zum Krankheitsgeschehen einen tiefen Einblick in die innere Welt des Patienten und seine Annahmen über die Krankheitsentwicklung geben, verdeutlichen Untersuchungen von Jeanne Achterberg und Frank Lawlis (1984). Sie ließen die Vorstellungsbilder Krebskranker nach verschiedenen Merkmalen einschätzen (Größe, Lebendigkeit der Krebszellen; Aktivität, Mächtigkeit der Immunzellen) und setzten diese Bildmerkmale in Beziehung zu psychologischen Testdaten, physiologischen Meßergebnissen und der ärztlichen Prognose. Ihre Untersuchung zeigte: Anhand der Vorstellungsbilder konnte die Krankheitsentwicklung (zwei Monate später) mit achtzigprozentiger Genauigkeit vorhergesagt werden. Eine so genaue Prognose ist anhand medizinischer Diagnosen und Meßwerte allein nicht möglich. Die Vorstellungsbilder drücken offenbar grundlegende Haltungen zur Krankheitsbewältigung aus. Günstige Entwicklungen waren unter anderem damit verbunden, daß die Patienten den Mut hatten, sich den Krebs und ihre Immunzellen klar vorzustellen, und daß sie ihre körperliche Abwehrkraft als machtvolle Instanz sahen und genau wahrnahmen, wie ihre Immunzellen den Krebs angriffen und vernichteten.

Imaginationsübungen zu Heilungsprozessen bei schweren und chronischen Krankheiten können sehr hilfreich sein, um krankheitsbezogene Haltungen zu klären und Möglichkeiten der aktiven Bewältigung in der Vorstellung zu erproben und zu stärken. Dabei muß jedoch immer die Bedeutung der Bildinhalte geklärt werden. Dies berücksichtigen viele Patienten nicht. Sie gehen davon aus, daß es allein schon hilfreich sei, wenn sie die Übungen durchführen, und so benutzen sie sie oft mechanisch wie eine Art Medikament und beachten nicht, daß sie sich eventuell mit ungünstigen Bildern beeinflussen und dadurch negative Haltungen stärken (zum Beispiel unklare Vorstellungen, Vorstellungen, in denen der Krebs machtvoller wirkt und die Immunzellen passiv bleiben). Wie wirksam solche Vorstellungsübungen sind, zeigt sich unter anderem auch daran, daß sich das Befinden von Patienten mit chronischer Arthritis, die eine für Krebskranke erstellte Imagination durchführten, innerhalb kurzer Zeit verschlechterte. Das erklärt sich daraus, daß das Immunsystem bei Krebskranken aktiviert werden muß, während es bei Arthritikern aufgrund eines Autoimmunprozesses schon überaktiviert ist und in keiner Weise weiter angeregt werden sollte.

Eine korrekte Imagination zum Immungeschehen kann jedoch helfen, das jeweilige Krankheitsbild besser zu verstehen und persönliche Vorstellungen zur Genesung zu entwickeln. Anhand von Studien zu Infektionen, Krebs und Autoimmunerkrankungen gehe ich im zweiten Teil des Buches genauer auf solche Anleitungen ein.

Die Bedeutung von Vorstellungsübungen für die Rehabilitation und Genesung war lange Zeit umstritten und wird erst allmählich anerkannt. In Gesprächen mit Patienten ist mir jedoch aufgefallen, daß viele intuitiv Imaginationen zur Auseinandersetzung mit ihren Beschwerden entwickeln. Sie haben mir darüber eher vorsichtig berichtet, da ihre Ideen von Ärzten oder auch Bezugspersonen oft lächerlich gemacht wurden. Eine verständnisvolle Haltung von Medizinern und Psychologen könnte dieses kreative und heilungsorientierte Potential vieler Patienten stärken. Als Beispiele für selbstentwickelte Imaginationen gebe ich drei Berichte wieder.

Eine ältere Frau erzählte mir, wie sie im Zweiten Weltkrieg versuchte, den Heilungsprozeß ihres an Tuberkulose erkrankten Sohnes durch Vorstellungsübungen zu fördern. Sie konnte ihn weder angemessen ernähren, noch gab es Medikamente. So erzählte sie ihm jeden Abend vor dem Schlafengehen eine Geschichte zu seiner Krankheit: daß in seinen Körper Krankheitserreger eingedrungen seien, daß es in ihm jedoch auch Soldaten gebe, die diese Feinde bekämpfen und ihn gut verteidigen könnten. In ihren Schilderungen wählte sie Bilder, die dem Kind aus der äußeren Kriegssituation vertraut waren und die zugleich der Immunabwehr entsprachen. So fiel es ihm leicht, sich nach den Anregungen der Mutter den Kampf in seinem Körper vorzustellen. Die Frau berichtete, daß es ihr besonders wichtig war, zum Abschluß der Geschichte hoffnungsvolle Vorstellungen anzuregen, damit das Kind in dem vertrauensvollen Gefühl einschlief, daß es stark genug sei, die Feinde zu besiegen. Nach Ende des Krieges, als sich die medizinische Versorgung wieder normalisiert hatte, wurde der Junge untersucht. Man stellte fest, daß die Erkrankung sehr ernst gewesen, jedoch vollständig ausgeheilt war.

Erwachsene Patienten entwickeln oftmals ganz eigenständig Vorstellungsübungen, um Krisen und belastende Behandlungen durchzustehen. Anaïs Nin erwähnt in ihren Tagebüchern, wie sie 1969 an Krebs erkrankte. Sie vermutete, daß der Tumor mit «Angst» und «Sorgen» verbunden war. Diese Gefühle überkamen sie auch auf dem Weg zur Bestrahlungstherapie, als sie schwerkranken und gebrechlichen Patienten begegnete, und vor allem beim Anblick der riesigen Bestrahlungsmaschine. Sie beschloß, sich von ihrer Angst nicht überwältigen zu lassen, und versuchte, die Behandlung durch angenehme Vorstellungen zu unterstützen. «Ich bin auf dem Weg der Besserung», schrieb sie einige Monate später an Henry Miller. «Während ich täglich sechs Minuten unter dem Bestrahlungsgerät lag, das ein furchterregendes Geräusch machte, gelang es mir, es für einen Filmprojektor zu halten, die Augen zu schließen und einen Film zu sehen, in dem es nur schöne und glückliche Bilder gab.»

Anaïs Nin fand für sich eine dem Ruhebild ähnelnde Übung, die ihr half, ihre Angst zu besänftigen. Für sie waren Erinnerungen an schöne Zeiten mit Liebesbeziehungen verbunden, und so wählte sie Vorstellungen mit stark erotischer Tönung: «Mein Geliebter und ich fahren durch die Canyons, halten am Canyon River an und pflanzen am Ufer einen kleinen Baum. Wir lieben uns im Ufersand. Wir lieben uns in der Wüste... wir schwimmen, wir bauen ein Haus...» In einer Situation, wie sie sie durchlebte – sie mußte sich mit einem lebensbedrohlichen Unterleibstumor und dem Verlust ihrer Attraktivität auseinandersetzen –, können solche Bilder unterschwellig auch Gefühle der Trauer, Wut und Erbitterung stärken. Ruhebilder, die Erinnerungen an Zufriedenheit und Kraft anrühren, die man in sich selbst findet, sind unter einer solchen Belastung hilfreicher und langfristig wirksamer.

Justine Kaplan, eine junge Journalistin, berichtet, wie sie sehr plötzlich mit einer Krebsdiagnose (Hodgkinsche Krankheit) und der sofortigen Einweisung ins Krankenhaus konfrontiert wurde. Der behandelnde Arzt erklärte ihr, daß sie aufgrund der verordneten Chemotherapie gute Heilungschancen habe, wies sie jedoch auch auf die Nebenwirkungen hin. Er gab ihr die Anschrift eines Perückenmachers. «Rufen Sie ihn an. Er ist teuer, aber es lohnt sich. Sie haben volles langes Haar. Es wird in zwei Wochen ausgefallen sein. Die Augenbrauen möglicherweise auch.» Mehr als der Verlust der Haare beschäftigte Justine jedoch zunächst die Angst vor dem Tod, vor Schmerzen und Übelkeit, die mit der Behandlung verbunden waren.

Die Nebenwirkungen der Chemotherapie erlebte sie als so schrecklich, daß sie die Behandlung abbrechen wollte. So wurde der Klinische Psychologe des Krankenhauses hinzugezogen. Bei ihm lernte Justine, sich zu entspannen und Vorstellungsbilder zu entwickeln, die ihr helfen sollten, der Angst und der Übelkeit zu begegnen. «Er lehrte mich, tief zu atmen und mir friedliche Bilder vorzustellen, wie das Meer, die schäumende Gischt. Ich lernte, den Atem mit den Meereswogen zu koordinieren und mich so körperlich und seelisch tief zu entspannen.» Als sie jedoch versuchte, die Übungen durchzuführen, wurde sie ständig durch die Krankenhausroutine unterbrochen. «Gerade als ich das türkisfarbene Wasser der Karibik vor meinen Augen sah, stürzte ein Arzt mit einer Checkliste in mein Zimmer.»

Schließlich gab sie ihre Bemühungen auf, begann jedoch zum erstenmal über die Wirkung der Chemotherapie nachzudenken und sie sich – immer wenn sie ungestört war – als eine Art Reinigung vorzustellen. Sie ließ zunehmend die spontan aufsteigenden inneren Bilder zu. «Ich sah mein Haar, jede Strähne, und stellte mir vor, wie ich die Haarwurzeln in meiner Kopfhaut stärke.» In diesen spontanen Vorstellungen beschäftigte sich Justine mit ihrem Körpererleben; dies erleichterte ihr die Behandlung. Sie begann zunehmend sich selbst und ihrer Intuition zu vertrauen. Sie erinnerte sich, daß ihr eine Freundin Farbstifte mitgegeben und sie ermutigt hatte, ihre Gefühle zu malen, und griff die Anregung auf. «Ich malte ein zähes Gewebe monströser Körper und Köpfe. Das war meine innere Wut, die sich in meiner Krankheit manifestiert hatte. Alles Böse und alle, die mich verletzt hatten. Ich hörte auf, an das Meer zu denken, statt dessen stellte ich mir den Tumor vor. Ich sah ihn voller schwarzer Löcher, angefüllt mit Krebszellen. Ich ließ die exotischen Krieger der Chemotherapie gegen sie kämpfen. Jedesmal, wenn die Nadel für die Infusion in meinen Arm gestochen wurde, setzte sich dieser Kampf fort. Bei der letzten Infusion blieben nur ein paar verletzte Krebssoldaten übrig.»

Nicht die vorgefertigten Ruhebilder, sondern ihre eigenen Gefühle, die sich kämpferisch verbildlichten, halfen Justine, die Chemotherapie zu akzeptieren und durchzustehen. Sie führte die körperbezogenen Übungen anschließend weiter. Monate später sah sie zum Beispiel, wie nach einem «reinigenden Feuer [Chemotherapie] junge Pflanzen aus der Erde sprießen». Sie hat ihrem Bericht den Titel «Porträt einer Heilung» (1989) gegeben.

Im folgenden Kapitel zeige ich am Beispiel chronischer Schmerzen genauer auf, wie Vorstellungsübungen eingesetzt werden, um Symptome zu lindern, zu klären und zu überwinden.

Interpretationshilfen zu Bildaussagen

Menschen geben in ihren Bildern und Zeichnungen Hinweise auf ihr körperliches und seelisches Befinden. Das Lesen, Übersetzen und Verstehen der Hinweise erfordert allerdings eine gewisse Schulung. Um Bildaussagen zu entschlüsseln, bedarf es sowohl spezifischer Kenntnisse als auch einer interessierten und empathischen Aufmerksamkeit. Susan Bach (1952) beschrieb diese Fähigkeit folgendermaßen: «Die inneren Gehalte solcher Arbeiten sind in einer Bildersprache ausgedrückt, die man – wie Hieroglyphen oder Röntgenplatten – lesen und übersetzen lernen muß. Genügend langer Umgang mit solchem Material, geduldiges Studium, die echte Bereitschaft, die Arbeiten jedes Patienten als jeweils neu zu erforschenden Ausdruck seiner Persönlichkeit anzusehen, ein gutes medizinisch-psychologisches Verständnis der Bedeutung von Symptomen und der Funktion von Symbolen gehören zu den Voraussetzungen für eine zureichende Auswertung.»

Bevor man die Bedeutung und Aussage eines Bildes verstehen kann, sollte man es zunächst unvoreingenommen betrachten. Man sollte beobachten, welche Formen und Farben in ihm tatsächlich enthalten sind, und sie so genau wie möglich (zunächst ohne Interpretation) beschreiben. Es kann hilfreich sein, ein Bild (oder Bildausschnitte) nachzuzeichnen. Abweichungen in der Kopie machen Ungenauigkeiten der eigenen Wahrnehmung deutlich. Bei der Betrachtung tauchen Fragen auf, denen man nachgehen sollte, zum Beispiel: Was ist da und was fehlt? In manchen Bildern wirken einzelne Motive oder die Anordnung von Objekten oder Farben im Bildraum sonderbar. Bach empfiehlt, auffallende oder sich wiederholende Objekte und Farben genau wahrzunehmen und zu untersuchen, ob etwas fehlt oder fehl am Platz scheint.

Bedeutsam sind vor allem Darstellungen der menschlichen Gestalt oder ihrer Entsprechungen. Bäume und Häuser symbolisieren oft den Menschen, und ihre Gestaltung kann etwas über sein Lebensgefühl und spezifische Konflikte aussagen (Bäume, die keine Wurzeln haben, verdorren, denen Äste abgehackt wurden – Häuser, die keine Tür haben oder in denen es brennt). In Kinderzeichnungen entspricht die rechte Bildseite der rechten Körperseite. Kinder malen also spiegelbildlich. Erwachsene stellen dagegen Aspekte der rechten Körperseite meist in der linken Bildhälfte dar. Bilder reflektieren den Zustand eines Menschen, seine Gefühle und Einstellungen. So können dargestellte oder angedeutete Störungen im Bildraum auf Störungen in analogen Körperbereichen oder auf Besorgnis und seelische Belastungen hinweisen.

Je gesünder ein Mensch ist, um so ausgewogener wird das Bild sein, das er malt, um so reicher ist die Darstellung an Farben, Schattierungen, Motiven und Bewegung. Ein normales, gesundes Kind nutzt fast alle Farben, die ihm angeboten werden, und erfindet zusätzlich neue Mischungen. Kranke und Menschen, die sich in einer Krise befinden, wählen dagegen nur wenige Farben, wobei die bevorzugte Farbe oft der Art der Erkrankung oder des seelischen Problems entspricht. In Bildserien können blasse Schattierungen eine Verminderung der Lebenskraft und die Wahl kräftiger Tönungen eine Verbesserung des Befindens anzeigen. Kranke Menschen malen Motive oft nur im Umriß, während Gesunde die Objekte farbig ausfüllen. Kranke, ängstliche und unsichere Menschen nehmen sich häufig wenig Raum für ihre Gestaltung oder malen nur bestimmte Bereiche der Bildfläche aus.

Formen, Bewegungsrichtungen und vor allem auch Farben üben eine Wirkung auf den Betrachter aus. Wenn man dieser Wirkung bei der Interpretation von Bildern kranker Menschen nachspürt, erlebt man oft etwas Niederdrückendes und fühlt sich verwirrt, besorgt oder auch erschöpft. Es ist hilfreich, die eigenen Gefühle bei einer Bildinterpretation zu beachten und zu klären, wodurch sie ausgelöst werden.

Die folgenden Zusammenstellungen zur Farb- und Bildraumsymbolik sollten nicht als einfaches Übersetzungschema verstanden werden; sie sollen als Anregung bei dem Versuch dienen, sich der Bedeutung einer Bildaussage zu nähern.

Farben

Farbe ist ein Gestaltungsmittel, das Empfindungen und Gefühle zum Ausdruck bringt. Bei der Deutung der Farbigkeit eines Bildes muß jedoch immer die Ambivalenz der Farben berücksichtigt werden. Je nach Tiefe und Sattheit, der Verbindung mit anderen Farbwerten und der Anordnung im Malraum kann jede Farbe etwas Positives oder etwas Negatives andeuten. Die folgenden Aussagen beziehen sich vor allem auf Bilder kranker Menschen und auf Entwicklungsprozesse, die unter medizinischer oder psychotherapeutischer Behandlung beobachtet wurden. Ich fasse damit Hinweise von Bach (1966), Baumgardt (1985), Furth (1982, 1988), Jacobi (1985), Kiepenheuer (1989) und eigene Beobachtungen zusammen.

Rot kann einen Aspekt von besonderer, vitaler Bedeutung anzeigen, auf eine Gefahr oder ein brennendes Problem hinweisen. Rot kann auch Schmerz und eine akute Krankheit anzeigen (Fieber, Infektion), ein verzehrendes Krankheitsstadium ausdrücken (Krebsrot). Ein abgeschwächtes Rot oder Rosa kann die Lösung eines Problems, die Überwindung einer Krankheit andeuten. Es wird oft als Farbe für den Körper gewählt und kann Gesundheit und Wohlbefinden ausdrücken.

Orange kann Ungewißheit, Spannung andeuten. Es drückt auch die Rückkehr von einem bedrohlichen Zustand, Kräftigung, Wohlbefinden aus.

Violett kann das Bedürfnis ausdrücken, etwas zu beherrschen, zu kontrollieren, oder auch den Wunsch, von anderen unterstützt zu werden. Es kann belastende Verantwortlichkeit anzeigen, «das Kreuz, das man zu tragen hat». Es wird oft als Farbe des Leidens und hilfloser Betroffenheit gewählt. Violett kann sowohl auf Gehaltensein als auch auf Erdrücktwerden hindeuten. Es wird auch zur Darstellung von Zuständen des

«Ergriffenseins» (Epilepsie, spastische Symptome) oder von Metastasen verwendet.

Gelb/Goldgelb deutet an, daß etwas wertvoll ist, zum Beispiel Sonnenstrahlen, die Lebensenergien schenken. Es betont situative und spirituelle Werte. Hellgelb kann auf eine gefährdete Lebenssituation hinweisen.

Blau kann Gesundheit ausdrücken, den vitalen Fluß der Energie, Tiefe und Weite. Hellblau kann Kontemplation, aber auch Distanz andeuten. Es kann eine Schwächung der Lebensenergie und eine gefährdete Situation anzeigen.

Grün drückt oft das Gefühl seelischer und körperlicher Kraft aus, deutet Wachstum, Erneuerung und Heilungsprozesse an. Hellgrün kann eine seelische und körperliche Schwächung, eine Verminderung der Lebenskraft spiegeln. Im Zusammenhang mit Behandlungen kann es aber auch eine beginnende Erholung anzeigen.

Braun deutet Aspekte von Kraft, Gesundheit, Nahrung, Erdhaftigkeit an; es kann eine Befreiung, Entkrampfung anzeigen. Hellbraun kann auf Verfall, «Fäulnis» hinweisen, aber auch auf das Bemühen, zerstörerische Kräfte zu überwinden und zu einem gesunden Zustand zurückzukehren.

Schwarz symbolisiert etwas Unbekanntes und drückt häufig Angst, Trauer, «dunkle Gedanken», Bedrohung aus. Wird es als Schattierung benutzt, zeigt es meist einen seelisch und körperlich überschatteten Zustand und verminderte Lebenskraft an.

Grau kann Lebensunlust und das Gefühl der Ausweglosigkeit ausdrücken.

Weiß kann die Abkehr und Unterdrückung von Gefühlen andeuten.

Silber und Gold erhöhen die Tönungen von Weiß und Gelb und verleihen den Bildmotiven Wert und Glanz.

Schwarz-Rot: Die Kombination dieser Farben weist auf eine starke Gefährdung, Schmerz, Zerstörung, Angst, Not hin.

Hellblau-Hellgelb: Die Kombination dieser Farben findet sich oft in den Bildern Schwerkranker, die aus dem Leben scheiden.

Farblose Darstellungen (Bleistift, Kugelschreiber) und *Umriß-*

zeichnungen, in denen die Objekte nicht ausgemalt werden, weisen meist auf eine Unterdrückung und Kontrolle der Gefühle und konflikthaften Erfahrungen hin. Sie lassen Angst vermuten und das Bemühen, sie durch Distanzierung unter Kontrolle zu halten. Schwarzweißzeichnungen deuten häufig auf eine klare, eventuell auch starre Aufspaltung der Erfahrungen in gut–böse, Glück–Unglück, Freund–Feind hin.

Vielfarbigkeit drückt emotionale Vielfalt aus, deutet Wohlbefinden, Vitalität, Gesundheit an.

Übermalungen oder auch das *Durchstreichen* von Bildteilen verweisen auf den Versuch, belastende Erfahrungen aus dem Bewußtsein und der erlebten Wirklichkeit zu löschen. Sorgfältiges Vormalen, zum Beispiel von Umrissen, oder auch Radieren zeigen ein Bemühen um Genauigkeit, aber auch eine Hemmung des spontanen Ausdrucks und ein Ringen um emotionale Kontrolle. *Schattierungen* und *Einkreisungen* von Bildinhalten deuten Sorgen und Ängste an und machen auf besondere Probleme und Bedrohungen aufmerksam. Von besonderer Bedeutung können *Farben am falschen Platz* sein, wenn zum Beispiel die Sonne violett oder der Himmel gelb gemalt wird.

Symbolik des Bildraums

Tiefenpsychologische Bildinterpretationen gehen davon aus, daß beim Malen, Zeichnen und kreativen Gestalten die innere seelische und körperliche Befindlichkeit auf die Bild- und Gestaltungsfläche projiziert wird. Der oberen und unteren Bildhälfte wie auch der rechten und linken Bildseite werden aus dieser Sicht bestimmte Bedeutungen zugewiesen. So kann die Bildbetrachtung unter dem Gesichtspunkt dieser Topographie zusätzliche Hinweise auf die Bedeutung von Motiven geben. In Bildserien kann die Veränderung von Darstellungen im Bildraum oder von Bewegungsrichtungen aufschlußreich sein. Um die Gestaltung im Bildraum sowie Bewegungsrichtungen noch genauer zu analysieren, legte Susan Bach ein Fadenkreuz über das Bild, so daß vier Quadranten und ein Mittelpunkt entstanden. Im folgenden fasse ich die von Bach erstellten Hinweise zur Interpretation von Bildern schwerkranker Menschen zusammen. Zusätzlich greife ich Ergänzungen von Ingrid Riedel (1988) zur Interpretation von Bildern aus Psychotherapie, Kunst und Religion und von Ruth Ammann (1989) zur Deutung von Sandbildern auf. Auch diese Hinweise sind nicht als anlernbares Übersetzungsschema zu verstehen. Eine sinnvolle Bildinterpretation muß immer auch die jeweiligen Inhalte der Darstellung, Farbgebung, Motive und Symbole sowie den Gesamtzusammenhang der Gestaltung einbeziehen.

Bildformat

Der rechteckige Bildraum stellt ein Modell des menschlichen Lebensraums dar. Es kann von Bedeutung sein, ob die Bildfläche im Hoch- oder im Querformat genutzt wird. Riedel geht davon aus, daß das Hochformat die Vertikale und eine Spannung zwischen oben und unten betont, während das Querformat von der Horizontalen bestimmt wird und eher eine Ebene des Dialogs oder auch der Geschehensabfolge verbildlicht. Ein runder Bildrahmen wird manchmal vorgegeben, um außergewöhnliche Erfahrungen zu fassen oder die Zentrierung auf Wesentliches zu erleichtern (Mandalabilder).

Die obere Bildhälfte hat mit der Symbolik der Höhe, des Himmels, des Geistigen und Väterlichen zu tun, *die untere Bildhälfte* mit der Symbolik der Tiefe, der Erde, der Materie und des Mütterlichen.

Die rechte Bildhälfte wird als Ort der Extraversion verstanden, als Raum, in dem der Mensch die ihm vertraute Realität gegenwärtiger Erlebnisse und zukünftiger Entwicklungen darstellt. Rechtsbewegungen von Bildinhalten (Menschen, Tiere, Fahrzeuge) können eine Progression andeuten. Bei Kranken können solche Bewegungen positive Phasen der Entwicklung zeigen – eine erfolgreiche Operation oder Behandlung, eine Kräftigung, ein Genesungsprozeß, die Rückkehr zum Leben, zur mitmenschlichen Bezogenheit, zur alltäglichen Realität. *Die linke Bildhälfte* wird als Ort der Introversion verstanden, in dem der Mensch seine unbewußte Seite, sein Inneres oder auch seine Vergangenheit darstellt. Eine Linksbewegung von Bildinhalten kann eine Regression andeuten und darauf hinweisen, daß eine seelische oder auch körperliche Entwicklung sich dem Unbekannten, dem Unbewußten, der Vergangenheit oder dem Dunklen zuwendet, daß die Lebenskraft abnimmt, aber auch, daß sich eine Bereitschaft zur Erkundung der seelischen Tiefenschichten entwickelt.

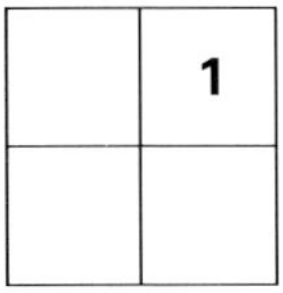

Der rechte obere Bildraum: In diesem Quadranten wird individuell und kollektiv Bewußtes dargestellt, das heißt anerkannte Werte und verbindliche Überzeugungen. Sie können auch unreflektiert übernommen sein, als das, «was man fühlt und denkt». Häufig steht hier die Sonne als Symbol des Bewußtseins und sendet ihre Strahlen in die übrigen Bildquadranten. Von hier kann ein Weg, ein Fluß seinen Ausgang nehmen. Motive, die hier dargestellt werden, können auch die Beziehung zum Vater andeuten oder mit der Schule, mit dem Beruf verbunden sein. In diesem Quadranten werden Erfahrungen ausgedrückt, die bewußtseinsnah und gegenwartsbezogen sind. Kranke malen hier oft Motive, die ihrem aktuellen Befinden zugeordnet werden können.

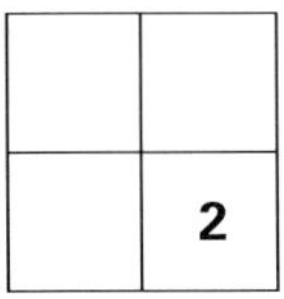

Der rechte untere Bildraum: In diesem Quadranten werden Erfahrungen mit der Beziehung zum eigenen Körper oder zur Mutter dargestellt. Hier können Geborgenheit, Urvertrauen wie auch Konflikte, Mangel und spezifische Bedürfnisse im Zusammenhang mit diesen Lebenserfahrungen ausgedrückt werden. Kranke malen in diesem Quadranten häufig Motive, die mit körperlichen und seelischen Erfahrungen verbunden sind, die relativ leicht aufzuklären und zu behandeln sind.

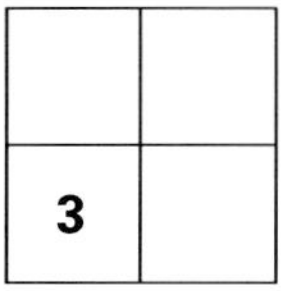

Der linke untere Bildraum: Dieser Quadrant wird als Raum der Tiefe, als Problem- und Konfliktfeld verstanden. In ihm können sich destruktive und gefährliche Kräfte, aber auch schöpferische Potentiale ausdrücken, die mit dem kollektiven Unbewußten und archetypischen Symbolen verbunden sind. Die hier dargestellten Motive sind oft mit früheren Lebenserfahrungen und tiefen Ängsten verbunden. Die Auseinandersetzung mit diesen Erfahrungen kann seelisch gefährdend und körperlich schwächend sein, aber auch neue vitale Impulse erschließen.

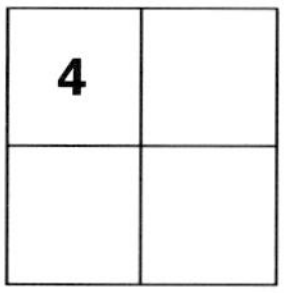

Der linke obere Bildraum: In diesem Quadranten werden überpersönliche und religiöse Werte verbildlicht. Hier findet auch eine Auseinandersetzung mit neuen geistigen Impulsen statt. Motive in diesem Quadranten können das Verhältnis zum überpersönlichen Vater- und Gottesbild andeuten oder auch die Sehnsucht nach mystischen Erfahrungen. Hier werden Auseinandersetzungen mit dem Verlust anderer Menschen, Trauer und Abschied dargestellt. Auch kann sich hier eine Haltung des Beiseitestehens und Abgehobenseins zeigen. Der Quadrant kann zum «Zuschauerraum des Lebens» werden, in den man sich vor Bedrohung flüchtet, aber auch vor der Konfrontation mit Belastungen bewahrt.

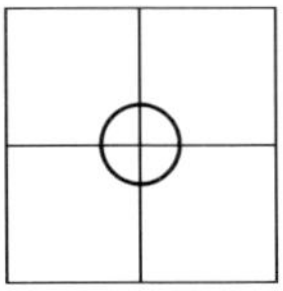

Bildmitte: Motive, die in der Nähe der Bildmitte dargestellt werden, sind oft von zentraler Bedeutung. Auch ein leerer Mittelpunkt kann aufschlußreich sein.

Bewegungsrichtungen

Bewegungen von Menschen, Tieren, Wesen, Objekten, Fahrzeugen etc. in einem Einzelbild oder in Bildserien drücken Entwicklungstendenzen aus.

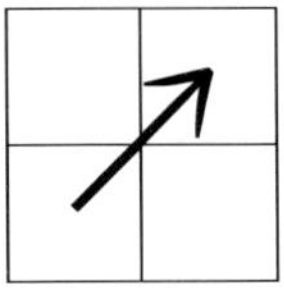

Bewegungen von links unten nach rechts oben zeigen meist eine Entwicklung in die äußere Realität, «ins Leben» an. Diese Bewegungsrichtung wird bei Genesungsprozessen beobachtet. Sie findet sich auch häufig in den Bildern junger Menschen. Mit dieser Ausrichtung zeigen sich Befreiungs- und Bewußtwerdungstendenzen, die verwirklicht werden.

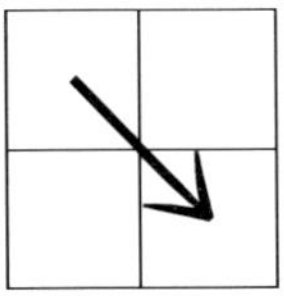

Bewegungen von links oben nach rechts unten deuten Prozesse an, in denen sich das Erleben von einer geistigen Ebene wieder dem Konkreten, Materiellen, Körperlichen zuwendet. Mit dieser Bewegungsrichtung kann sich auch eine Abwendung von strengen Maßstäben und Leistungsanforderungen zu einer mehr lebens- und gefühlsverbundenen Einstellung andeuten.

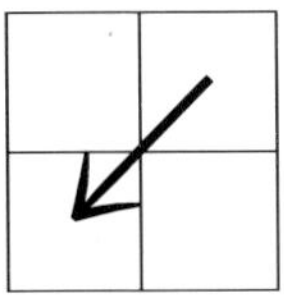

Bewegungen von rechts oben nach links unten verweisen auf eine Hinwendung zu den inneren Bildern, zum Unbekannten, zum Tod – aber auch auf den Kontakt zu schöpferischen und stärkenden Kräften. Diese Bewegungsrichtung kann mit einer gefährdenden Regression, einem Zurücksinken in das Unbewußte verbunden sein. Sie kann jedoch auch zu einer Stärkung des

Ich-Bewußtseins führen. Bei Kranken deuten sich in ihr häufig «bergabführende» Entwicklungen an.

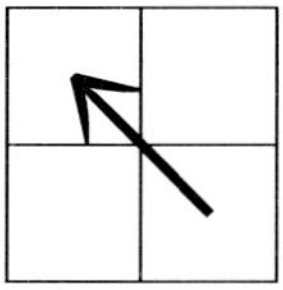

Bewegungen von rechts unten nach links oben deuten auf eine Entwicklung zur Transzendenz hin. Bei reiferen Menschen drückt sich darin eine meditative Hinwendung zur geistigen Welt aus. Die Bewegungsrichtung kann jedoch auch auf eine eher unvitale Abwendung, ein Sichzurückziehen in den «Zuschauerraum des Lebens» hinweisen. Diese Ausrichtung findet sich häufig in Zeichnungen Schwerkranker und von Menschen, die aus dem Leben scheiden.

Grundmotive des katathymen Bilderlebens

Die im folgenden dargestellten Motive aus der Eingangsphase des katathymen Bilderlebens wurden von Hanscarl Leuner entwickelt und von ihm und seinen Mitarbeitern in ihrer diagnostischen und therapeutischen Relevanz überprüft (Leuner 1985). Die Vorstellungen werden dem Klienten in entspanntem Zustand angeboten. Sie werden eher vage formuliert und laden zur Projektion persönlicher Erlebnisinhalte ein. Mit der individuellen Ausgestaltung der Motive entwickelt der Klient persönlich bedeutsame Vorstellungen, die er anschließend sprachlich beschreibt.

Wiese: Das Motiv regt überwiegend angenehme Phantasien und Empfindungen an; es eignet sich daher als Eingangsmotiv. Die Wiese erinnert an den «Garten Eden», an Fruchtbarkeit, an die Möglichkeit, sich auszuruhen. Die Wiese kann jedoch auch als unfruchtbar erlebt werden (bei Depressionen) und durch Zäune begrenzt sein (zum Beispiel bei Zwangsvorstellungen).

Bach: Im Zusammenhang mit der Wiese treten häufig spontan andere Landschaftsmotive auf. Die meisten Menschen können sich in der Wiese einen Bach vorstellen. Leuner geht davon aus, daß der Bach als fließendes Gewässer von seiner Quelle bis zum Meer verfolgt werden kann, «gewissermaßen als eine Zeitlinie der emotionalen Entwicklung und der Entfaltung der Person». Mit der Verfolgung des Baches zurück zu seiner Quelle wird häufig die «Rückkehr zu den Ursprüngen», zur mütterlichen Welt nachvollzogen. Wenn der Bach stromabwärts verfolgt wird, kann die heutige und zukünftige Lebensperspektive erkundet werden. Emotionale Störungen verbildlichen sich oft als Hindernisse (Sperrmauern, das Wasser versickert oder staut sich in einem See).

Berg: Von der Wiese aus soll der Klient einen Berg erblicken, ihn ersteigen und vom Berggipfel einen Ausblick beschreiben. Mit diesem Motiv wird die männlich-väterliche Erlebenswelt angerührt, seine Leistungsmotivation sowie Autoritäts- und Rivalitätsprobleme. Es wurden Zusammenhänge gefunden zwischen der Höhe des imaginierten Bergs und dem Anspruch, den ein Klient an sich selbst stellt. Depressive Menschen stellten sich entweder sehr niedrige oder extrem hohe Berge vor. Die Unfähigkeit, den Berg in der Vorstellung zu besteigen, kann auf eine mangelnde Bereitschaft oder ein Unvermögen hindeuten, Leistungen zu erbringen. Gesunde Menschen haben keine Schwierigkeiten, von ihrem Berg aus nach allen Seiten zu schauen. In Einschränkungen des Ausblicks oder auch bestimmten Eigenschaften der wahrgenommenen Landschaft können spezifische Störungen zum Ausdruck kommen.

Haus: Schon Sigmund Freud empfahl, das Haus als Sinnbild der eigenen Person zu betrachten. Den meisten Menschen gelingt es gut, sich ein Haus vorzustellen. Die Beschreibung des Hauses, der Räume, eventuell des Inhalts von Schränken, von Erinnerungsstücken, die man auf dem Boden oder im Keller findet, führt zu bedeutsamen Themen und Problemen des Klienten.

Waldrand: Häufig findet der Klient in der Nähe der Wiese einen Wald. Der Wald tritt meist als Symbol des Unbewußten auf, als Ort bergender Sicherheit oder auch drohender Gefahr. Um behutsam eine Annäherung an bedrohliche Inhalte zu bahnen, wird der Klient angeregt, von einem geschützten Platz seiner Wiese aus das Dunkel des Waldes zu betrachten. Es wird angedeutet, daß Gestalten aus dem Wald heraustreten werden. Solche Gestalten (Tiere, Menschen) stellen oft Verhaltenstendenzen und Wünsche dar, mit denen der Klient Kontakt aufnehmen und die er kennenlernen kann.

Leuner weist darauf hin, daß Motive, die den Zugang zu stark verdrängten oder angstbesetzten Erfahrungen oder zur eigenen Aggressivität erschließen, nur von erfahrenen Therapeuten vorgegeben werden sollten.

Das persönliche Ruhebild

Jeder Mensch hat schon einmal eine Situation erlebt, in der er mit sich und seiner Umwelt in Einklang war und sich von innerem Frieden und gelassener Kraft erfüllt fühlte. Eine solche Erfahrung wird oft in der Kindheit und in der Natur gemacht. Sie ist meist mit einem ganz bestimmten Ort verbunden, an dem man sich einfach «richtig» fühlt.

Zu diesem Ort kann man sich innerlich immer wieder hinwenden, wenn man sich nervös, angespannt oder ängstlich fühlt oder Schmerzen hat. In der Vorstellung kann man dort verweilen, sich entspannen und innerlich kräftigen. Dieser Ort ist etwas ganz Persönliches. Seine Ausstrahlung von Kraft, Ruhe und Frieden ist mit all den Einzelheiten der Umgebung und ihrer sinnlichen Wahrnehmung verbunden.

Die Anthropologin Jean Liedloff (1989) fand ihren Ort des Friedens und der Kraft im Alter von acht Jahren, «als ich durch die Bäume eine Lichtung erblickte. Eine prächtige Tanne stand an ihrem Außenrand und in der Mitte ein kleiner Erdhügel, bedeckt von glänzendem, fast leuchtendem grünen Moos. Die Strahlen der Nachmittagssonne fielen schräg auf das blauschwarze Grün des Nadelwaldes. Das kleine Dach, das vom Himmel zu sehen war, war von vollkommenem Blau. Das ganze Bild war von einer Vollständigkeit, einer solchen Vollkommenheit konzentrierter Kraft, daß es mich abrupt stehenbleiben ließ. Ich trat an den Rand der Lichtung und dann, behutsam wie an einen magischen oder heiligen Ort, in ihre Mitte, wo ich mich hinstellte und dann hinlegte, die Wange gegen das frische Moos gepreßt. ‹Hier ist es›, dachte ich, und ich fühlte die Angst, die mein Leben durchzog, von mir abfallen... wenn ich die Lichtung bei mir behalten könnte, so dachte ich, würde ich mich nie verirren... Und Jahre hindurch behielt sie ihre Kraft unvermindert bei, da ich Nacht für Nacht [vor dem Einschlafen] im Geist den kleinen Erdhügel, die Tanne, das Licht, die Ganzheit erblickte.»

Erinnern Sie sich jetzt selbst einmal an eine besondere Erfahrung der Gelassenheit, des Wohlbefindens. Zu welchem Ort führt Ihre Erinnerung Sie?

Erspüren Sie mit Ihrer Erinnerung zugleich alle Einzelheiten der Umgebung, der Atmosphäre, alle Sinneswahrnehmungen...

Wo befinden Sie sich?

Was fällt Ihnen an der Landschaft und der Atmosphäre besonders auf, was berührt Sie?

Welche Einzelheiten der Umgebung sind für Sie wichtig?

Hören Sie bestimmte Geräusche, Laute, Töne?

Wie sind die Farben und das Licht?

Nehmen Sie Düfte, Gerüche wahr?

Spüren Sie bestimmte Körperempfindungen, Wärme, Wind auf der Haut?

Schließen Sie nun die Augen, und lassen Sie sich von der Ruhe und Kraft Ihres Ortes durchströmen. Und wenn Sie zurückkommen und Ihre Augen wieder öffnen, nehmen Sie Ihr inneres Bild mit und all die einzelnen Eindrücke und Empfindungen, die damit verbunden sind.

Halten Sie Ihr inneres Bild mit Ihren Worten fest und/oder malen Sie es auf.

Sie können die Verbindung mit Ihrem Ort der Ruhe und Kraft stärken, indem Sie ihn sich in den nächsten Tagen in der Vorstellung vergegenwärtigen und jeweils fünf bis zehn Minuten – oder solange es Ihnen guttut – dort verweilen.

Sie können die Wirkung Ihres Ruhebildes erproben: Schließen Sie in schwierigen Situationen kurz die Augen. Vergegenwärtigen Sie sich Ihren Ort, und lassen Sie sich von seiner Kraft durchströmen. Bleiben Sie in Verbindung mit dieser Kraft, wenn Sie die Augen wieder öffnen und sich den Alltagsproblemen zuwenden.

Im Dialog mit dem Schmerz

Schmerz ist ein lebenswichtiges Signal und ein bedeutender Teil der organischen Selbstregulation. Er zwingt den Menschen dazu, sich seiner Körperwahrnehmung zuzuwenden, um herauszufinden, was nicht stimmt, und etwas zu unternehmen, um weitere Schädigungen abzuwenden. Im Gegensatz zum akuten Schmerz ist die Warn- und Schutzfunktion chronischer Schmerzen weniger offensichtlich, was dazu führt, daß sie oft als «biologische Fehler» betrachtet werden – als ein Signal, das keine offensichtliche Funktion erfüllt. An chronischen Schmerzen leidet fast ein Drittel aller Menschen in Industrieländern. Die häufigsten Verschreibungen werden für Schmerzmittel ausgestellt. In Westdeutschland nehmen fast 10 Prozent der Bevölkerung regelmäßig Schmerzmedikamente ein. Die Patienten können unter 623 verschiedenen Präparaten wählen und verbrauchen jährlich 128 Millionen Packungen Analgetika (Zimmermann & Seemann 1988). Häufig führen Schmerzmittel schnell zur Gewöhnung und auch zur Abhängigkeit.

Sinnvollere Hilfen zur Linderung chronischer Schmerzen sind oft «sanfte» Einwirkungen (zum Beispiel Massage oder Krankengymnastik) und vor allem psychologische Interventionen. Psychologische Übungen zur Schmerzbewältigung sind einfach zu erlernen und stellen eine wirksame Alternative zur Einnahme von Medikamenten dar. Sie helfen Patienten auch aus dem sehr eingeschränkten – fast nur auf den Schmerz konzentrierten – Lebensgefühl und der niedergedrückten Stimmung heraus. Darüber hinaus kann eine weitergehende psychologische Unterstützung helfen, die seelischen und lebensgeschichtlichen Ursachen chronischer Schmerzen aufzuklären und aufheben zu lernen.

Ich gehe zunächst auf Physiologie und Psychologie der Schmerzwahrnehmung ein. Der Einblick in diese psychosomatischen Prozesse macht deutlich, auf welche Weise sanfte Einwirkungen und psychologische Hilfen zur Schmerzerleichterung führen können. Dann stelle ich einfache Übungen zur Schmerzlinderung dar und veranschauliche zum Schluß Vorgehensweisen, die Menschen in Kontakt bringen können mit ihrem inneren Wissen über die emotionale Bedeutung ihrer Schmerzen. Sehr häufig wird dabei sichtbar, daß chronische Schmerzen auf eine «verdeckte Gefahr» aufmerksam machen und die Notwendigkeit von Wandlungsprozessen signalisieren.

Schmerzrezeptoren (in der Haut, im Bindegewebe, in den Muskeln, Gelenken, Eingeweiden) haben eine sehr hohe Erregungsschwelle. Sie reagieren praktisch nur, wenn sie durch gewebeschädigende und bedrohende Reize, durch Noxen (lat. *noxa* = Schaden), erregt werden. Die von ihnen ausgehenden Schmerzsignale melden, daß entweder von außen (zum Beispiel starke Hitze) oder von innen kommende Reize (zum Beispiel Entzündungen) dem Körper Schaden zuzufügen drohen. Die subjektive Empfindung «Schmerz» beruht zwar meist auf der Aktivierung von Schmerzrezeptoren – sie kann jedoch auch ohne deren Erregung auftreten.

Bei akuten Schmerzen – bei einem Unfall oder einer Blinddarmentzündung – ist der Schmerz meist auf den Ort der Schädigung begrenzt. Das Ausmaß der Schmerzempfindung hängt meist direkt von der Intensität des schädigenden Reizes ab. Der akute Schmerz weist klar auf eine drohende oder bereits eingetretene Gewebeschädigung hin. Er hat eine eindeutige Signal- und Warnfunktion. Dieser Schmerz klingt rasch wieder ab, wenn die Schädigung beseitigt ist. Es gibt jedoch auch Schmerzen, die lange anhalten (Rückenschmerzen, Tumorschmerzen) oder regelmäßig wiederkehren (Migräne, Kopfschmerzen, Blasenentzündungen). Diese Schmerzformen – sowohl den Dauerschmerz als auch den immer wiederkehrenden – faßt man unter dem Begriff «chronische Schmerzen» zusammen. Beim chronischen Schmerz besteht häufig keine eindeutige Beziehung zwischen dem Ausmaß der Organschädigung und der Schmerzintensität. Im Verlauf der Zeit kommt es zu einer weitgehenden Ablösung des Schmerzerlebens von der ihm ursprünglich zu-

Akuter Schmerz dauert bis zu einer Woche. In dieser Zeit erfolgt die medizinische Diagnose und beginnt die Behandlung, die in der Regel Erfolg zeigt.

Protrahierter (hinausgezögerter) Schmerz dauert einige Wochen bis zu einem Monat. Es handelt sich um Schmerzen, deren Diagnose und Therapie längere Zeit braucht, beziehungsweise um Folgen von Verletzungen und Operationen, die eine längere Nachbehandlung erfordern.

Chronifizierter Schmerz dauert bis zu einem Jahr. Dabei handelt es sich zum Beispiel um Bandscheibenoperationen oder Amputationen von Gliedmaßen mit längerer Rehabilitation. Hierzu gehören auch das Entstehen von Medikamentenabhängigkeit, Enttäuschungen über den ausbleibenden Behandlungserfolg, Sorgen wegen der Gefährdung des Arbeitsplatzes, familiäre Probleme, Furcht vor der Unbeeinflußbarkeit der Schmerzen, Einengung des Bewußtseins und des emotionalen Erlebens auf die Schmerzempfindungen.

Chronischer Schmerz dauert länger als ein Jahr. Dabei handelt es sich um ständige Schmerzzustände oder immer wieder auftretende Schmerzen, zum Beispiel Migräne, postzosterische Neuralgie, Stumpf- und Phantomschmerz, Cluster-Kopfschmerz, Rheumaschmerzen. Alle bisherigen Therapieversuche sind ohne Erfolg geblieben. Zu den eigentlichen Beschwerden sind weitere iatrogene (durch den Arzt ausgelöste) Schäden hinzugekommen. Die psychosozialen Auswirkungen sind für den Patienten zusätzlich belastend. Der Schmerz ist lebensbestimmend geworden. Im allgemeinen gehen akute Schmerzphasen den chronischen voraus. Der Übergang vom akuten zum chronischen Schmerz findet fast immer in einer kritischen Lebensphase statt.

Tab. 1: Einordnung von Schmerzzuständen (Übereinkunft der Arbeitsgemeinschaft von Schmerztherapeuten; Besser-Siegmund 1989).

grundeliegenden Störung. Chronische Schmerzen verselbständigen sich und werden als eigenständiges Krankheitsbild betrachtet. Tabelle 1 gibt eine genaue Einordnung von Schmerzzuständen und verdeutlicht, daß sich mit zunehmender Chronifizierung zusätzliche psychosoziale Probleme für die Patienten ergeben.

Akute Schmerzen zwingen mit ihrer deutlich spürbaren Warn- und Signalfunktion dazu, herauszufinden, was nicht stimmt, und etwas zu unternehmen, um weitere Körperschädigungen zu verhindern. Bei vielen chronischen Schmerzen – bei rheumatischen Erkrankungen, Stumpfschmerzen, Gesichts- und Kopfschmerzen – hat der Schmerz diesen Hinweischarakter weitgehend verloren. Oft treten sie ohne klaren organischen Befund auf. Die chronischen Schmerzen stellen meist das Hauptleiden des Patienten dar. Der Arzt kann sie nur selten heilen. Er kann helfen, sie zu lindern – etwa durch Verschreibung von Medikamenten, Massage, Krankengymnastik. Als sinnvoller gelten heute psychologische Behandlungen, deren Effektivität unter anderem für Spannungskopfschmerz, Migräne, Krebsschmerzen, Rückenschmerzen, Rheuma, chronische Polyarthritis nachgewiesen ist (Rehfisch *et al.* 1989). Bevor ich diese psychologischen Hilfen vorstelle, möchte ich das Zusammenspiel von körperlichen und seelischen Prozessen bei der Schmerzwahrnehmung näher beleuchten.

Unsere Schmerzwahrnehmung funktioniert nicht rein mechanisch. Zieht man sich zum Beispiel beim Sport eine Verletzung zu, so spürt man sie im Eifer eines Wettkampfes oder Spiels zunächst oft gar nicht und nimmt sie erst eine Weile später, in einer Pause oder nach Spielende, intensiv wahr.

Schmerzempfindungen verändern sich mit der Aufmerksamkeit und dem seelischen Befinden. Andauernde Schmerzen nimmt man zum Beispiel nicht mehr wahr, wenn man etwas Überraschendes erlebt – einen Schreck, einen Streit, einen unvorhergesehenen Besuch. Erst wenn diese Ereignisse, die uns ablenken, vorüber sind, tritt die Schmerzwahrnehmung wieder in das Zentrum der Aufmerksamkeit. Dies veranschaulicht auch das Schmerzprotokoll eines Patienten, der an Polyarthritis, einer chronischen Entzündung der Gelenkinnenhaut, leidet.

Der Patient nimmt seine Schmerzen vor allem dann stark wahr, wenn er allein ist, wenn er Angst hat oder gelangweilt ist. Verfolgt er aber eine Sportveranstaltung oder erlebt ein angenehmes Beisammensein mit der Familie oder Freunden, spürt er seine Schmerzen weniger stark. Filme, ein Gespräch mit Fremden oder ein Einkaufsbummel lenken ihn dagegen kaum von den Schmerzen ab. Bei diesem Patienten kann man voraussetzen, daß die chronische Entzündung in den Gelenken und damit verbundene Schmerzsignale ständig vorhanden waren. Ist er aber

Wie stark empfinden Sie Ihre Schmerzen
in den folgenden Situationen?

	gar nicht				stark	
Fernsehen	0	X	0	0	0	0
Lesen	0	X	0	0	0	0
Filme anschauen	0	0	X	0	0	0
Beim Sport zuschauen	X	0	0	0	0	0
Mit Freunden zusammensein	X	0	0	0	0	0
Mit Fremden zusammensein	0	0	X	0	0	0
Mit jemandem diskutieren	0	0	X	0	0	0
Allein sein	0	0	0	X	0	0
Angst haben	0	0	0	X	0	0
Gelangweilt sein	0	0	0	X	0	0
Beschäftigt sein	0	X	0	0	0	0
Glücklich sein	0	X	0	0	0	0
Sich mit der Familie erfreuen	X	0	0	0	0	0
Hobbys nachgehen	0	X	0	0	0	0
Beim Arbeiten	0	X	0	0	0	0
Einkaufsbummel	0	0	X	0	0	0

Abb. 5: Schmerzprotokoll. Angaben eines an chronischer Polyarthritis leidenden Patienten zur Schmerzwahrnehmung in verschiedenen Situationen. Nach Köhler 1982.

intensiv abgelenkt, bemerkt er seine Schmerzen weniger oder gar nicht. Ablenkung – vor allem wenn sie gezielt und planvoll eingesetzt wird – ist eine wirksame Strategie zur Schmerzlinderung.

Das Verhalten bei Schmerzen ist nicht angeboren, es wird in der Kindheit erlernt. An Kindern kann man gut beobachten, daß die Schmerzwahrnehmung variiert im Zusammenhang mit der Bedeutung, die der Schmerz in einer bestimmten Situation hat (zum Beispiel während eines schönen Spiels oder in einer Situation der Unzufriedenheit), und im Zusammenhang mit den Konsequenzen, die auf die Schmerzäußerung folgen. Wenn ein Kind nur über dramatische und Notsignale die Zuwendung der Eltern gewinnen kann, wird es lernen, Schmerzen stark zu äußern und zu erleben.

Betrachten wir nun genauer, was im Körper geschieht, wenn Verletzungen und Fehlfunktionen auftreten. Abbildung 6 zeigt,

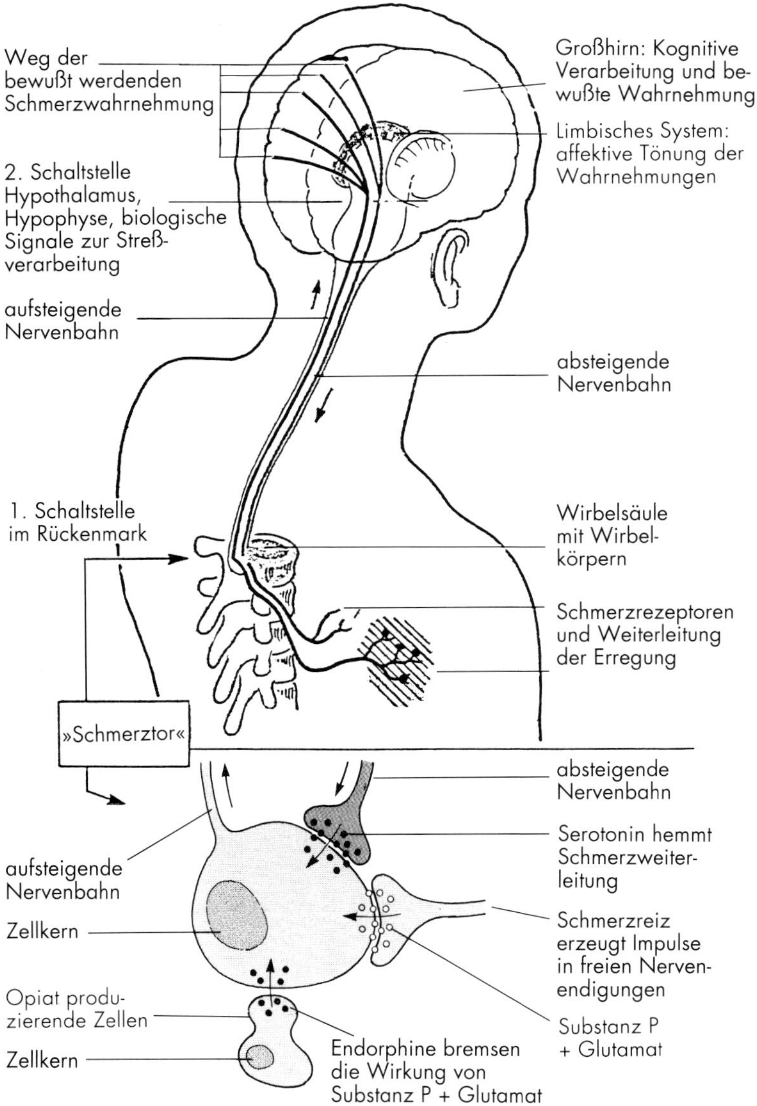

Abb. 6: Verlauf der Schmerzleitung und wichtige Schaltstellen. Nach G. Miketta, ‹*Netzwerk Mensch*›, Trias/Thieme Verlag, Stuttgart 1991 (Zeichnung Friedrich Hartmann).

wie Schmerzinformationen über das Rückenmark und verschiedene Schaltstellen zum Gehirn geleitet werden.

Die Erregung von Schmerzrezeptoren wird zunächst zum Rückenmark und dann über verschiedene Schaltstellen zum Gehirn geleitet. Dort erfährt das Schmerzsignal eine affektive Tönung, löst Alarm und Regulationen zur Streßkontrolle aus und wird bewußt wahrgenommen. Die zentralen Schmerzbeurteilungen werden über eine absteigende Bahn im Rückenmark auch zum Ort der Schmerzmeldung zurückgegeben. Die Schmerzinformation wird durch die zentralen Prozesse moduliert, aber auch schon beim Eingang der Schaltstelle zum Rükkenmark, dem sogenannten Schmerzkontrolltor, beeinflußt. Zu diesen Toren fließen auch andere Reize, die Botschaften über den Spannungszustand der Muskulatur, Tastempfindungen der Haut, Eingeweidegefühle etc. melden. Diese Informationen können die Schmerzsignale verstärken oder schwächen. Melden die Muskeln zum Beispiel «Spannung», verstärkt dies die Schmerzsignale, Entspannung dagegen mildert sie. Auf der Interaktion verschiedener Reize beruht auch die Wirkung verschiedener Heilbehandlungen. So kann man durch Massage oder Wärmebehandlung bestimmter Körperbereiche die Schmerzsignale übertönen. Auch die schmerzlindernde Wirkung von Akupunktur beruht zum Teil darauf, daß Tastempfindungen von sensiblen Stellen der Haut den Schmerz überdecken.

Mit der absteigenden Bahn werden an den Toren Informationen über das seelische Befinden übermittelt, wodurch schon auf der Ebene des Rückenmarks die Schmerzsignale verstärkt oder gedämpft werden können. Unter bestimmten Gefühlszuständen werden körpereigene Opiate ausgeschüttet, die ähnlich (aber differenzierter) wirken wie Medikamente und die Schmerzempfindung – die mit der Substanz P und Glutamat übermittelt wird – dämpfen. Seelische Zustände wie Unruhe, Angst, Einsamkeit, Hilflosigkeit oder Depression verstärken die Schmerzen. Empfindungen wie Neugier, Freude, Empathie, Selbstbewußtsein und Vertrauen vermindern sie. Auch die komplexe unterschwellige Einschätzung von Lebenssituationen, die Bedeutung, die wir ihnen geben – ob wir sie als «gefährlich», «sinnlos» oder «überwindbar» erleben –, beeinflußt die Schmerzwahrnehmung durch elektrische und chemische Signale. Das heißt, schon im Bereich der Schaltstelle im Rückenmark ist die Schmerzleitung unter verschiedenen Aspekten beeinflußbar. Eine Abschwächung der Schmerzleitung kann daher durch Medikamente, Akupunktur, Massage, Wärmebehandlung erreicht werden oder durch Entspannung, psychologische Übungen zur Streß- und Angstbewältigung, durch Ausdruck und positive Modulation von Gefühlen, durch planvolles Handeln zur Bewältigung von Angst, Hilflosigkeit und Belastungen. Verfolgen wir nun noch, wie die Schmerzsignale im Gehirn verarbeitet werden.

Wird die Schmerzbotschaft am Kontrolltor des Rückenmarks nicht vollständig gehemmt, wird sie über die aufsteigende Bahn zum Gehirn weitergeleitet. Schmerzsignale wirken ganz ähnlich wie Angstsignale und bewirken eine Alarm- und Streßreaktion des Körpers. Der Blutdruck steigt an, und automatisch werden Muskelreflexe und -spannungen ausgelöst, die den Körper bereit machen, vor Gefahr zu fliehen. Dies ist bei akuten Schmerzen ein sinnvoller, lebenswichtiger Vorgang. Bei chronischen Schmerzen verstärken diese Verspannungen jedoch den Schmerz – ein «Teufelskreis des Schmerzes» entsteht (Abb. 7).

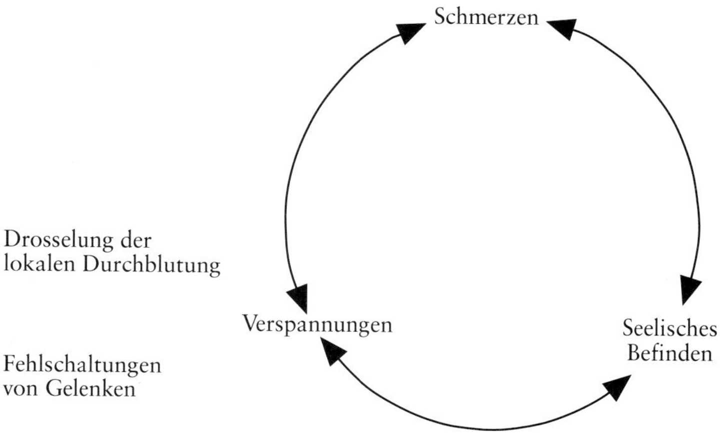

Abb. 7: «Teufelskreis des Schmerzes». Gegenseitige Verstärkung von Schmerzen, Muskelverspannungen und seelischem Befinden. Nach Rehfisch *et al.* 1989.

Schmerzen führen zu Verspannungen. Verspannungen verstärken Schmerzen. Unter Schmerzen fühlt man sich niedergedrückt, hilflos, ängstlich, verzweifelt, hoffnungslos. Diese Stimmung wiederum verstärkt Schmerzempfinden und Verspannung. Angst und niedergedrückte Stimmung zeigen sich auch in spezifischen Körperhaltungen (hochgezogene Schultern, gebeugte Haltung), die Muskelspannungen chronisch fixieren. Diese dauerhaften Körpergesten wirken wiederum auf die damit verbundenen Emotionen und behindern gezielte Problemlösungen.

Medizinische Maßnahmen setzen am «Teufelskreis des Schmerzes» an, indem sie die Muskulatur durch Massage, Wärmebehandlung oder auch entspannungsfördernde Medikamente lockern. Gegen die psychische Belastung werden Psychopharmaka (Beruhigungsmittel, Antidepressiva) verschrieben.

Am Beispiel von Migräneerkrankungen möchte ich verdeutlichen, wie durch eine langfristige und sich steigernde Medikation sehr ungünstige «Patientenkarrieren» eingeleitet werden. Weit häufiger als Männer leiden Frauen an Migräne. Sie werden oft als sehr ausdauernd und überfleißig beschrieben. Ein Migräneanfall erzwingt das Gegenteil dieses Verhaltensmusters: still liegen, gar nichts mehr tun können. Auch physiologisch spielen sich ähnliche Extreme ab: Die Blutgefäße im Kopfbereich sind entweder sehr verengt oder stark geweitet. Der Übergang von «verengt» zu «geweitet» tritt im allgemeinen (meist im Ruhezustand) sehr schnell ein. Gefäßverengende Medikamente haben einen schmerzlindernden und vorbeugenden Effekt. Häufig wird vom Arzt ein «Schmerzcocktail» verschrieben. Bei starken Schmerzen und häufigen Migräneanfällen neigen die Betroffenen zu einer raschen Konsumsteigerung, da die Wirkung der Medikamente nachläßt, während die Angst vor den Schmerzen wächst. Die Patientin greift zu stark wirkenden Zäpfchen und beginnt, die Medikamente vorbeugend einzunehmen. Sie erlebt, zum Teil als Nebenwirkungen der Medikamente, vermehrt auch psychische Beschwerden – innere Unruhe, Angst, Depression –, die wiederum mit Psychopharmaka behandelt werden. Meist wird wöchentlich eine Depotinjektion gegeben. Als weitere Nebenwirkungen der Schmerzmittel tritt häufig Unfruchtbarkeit auf, manchmal auch Nierenversagen (etwa 15 bis 20 Prozent aller Dialyse-Patienten haben jahrelange Schmerzkarrieren mit Medikamentenmißbrauch hinter sich).

Psychologische Interventionen setzen an ähnlichen Punkten des Schmerzkreises an wie medizinische Behandlungen; auch sie sprechen die Schmerzempfindung, die körperliche Verspannung und das seelische Befinden an. Sie haben jedoch den Vorteil, daß der Patient nicht in eine Abhängigkeit gerät und selbst etwas tun kann, um seine Schmerzen zu beeinflussen. Das Bewußtsein der eigenen Handlungsfähigkeit mildert Gefühle von Hilf- und Hoffnungslosigkeit.

Tabelle 2 gibt einen Überblick über schmerztherapeutische Maßnahmen und zeigt die wesentlichen psychologischen Ansätze.

Von grundlegender Bedeutung – und einfach zu erlernen – sind Entspannungsübungen. Sie dämpfen das Erregungsniveau, der Kreislauf beruhigt sich, die Atmung wird tiefer, unterversorgte Körperbereiche werden genährt und Muskelverhärtungen gelockert. Mit der Entspannung wird die Streßreaktion, die sich mit dem Schmerzerleben aufschaukelt, gemildert. Damit wird der Schmerzwahrnehmung eine wichtige Grundlage entzogen. Entspannungsübungen wirken sich (zum Teil direkt über die Lockerung der angstvoll verspannten Körpergebärden) günstig auf die Stimmung aus. Ein Gefühl von Ruhe und Ausgeglichenheit kann sich einstellen und durch Vorstellungsübungen vertieft werden. Eine wichtige Hilfe sind Techniken der Aufmerksamkeitslenkung. Auf Seite 90 ff stelle ich drei solcher Übungen vor. Unter körperlicher Entspannung können auch weitergehende Imaginationen zur Stärkung des Wohlbefindens eingesetzt werden. Man kann sich vorstellen, wie man mit dem Atem Licht und Zuwendung zu schmerzenden Bereichen fließen läßt, wie man sich innerlich zart berührt, streichelt, mit heilenden Substanzen salbt. Im Anschluß an eine Entspannungsübung kann man sich auch an seinen persönlichen Ort der Ruhe und Kraft begeben und seelisch stärken (Anleitung zum Ruhebild, S. 67 f).

Physiologische Interventionen

Invasive Einwirkungen
Medikamente (oft nebenwirkungsreich)
Operationen (Durchtrennung schmerzleitender Nerven; langfristig meist nicht erfolgreich, da Nervensprossungen erneut Schmerz leiten).

Sanfte Einwirkungen, die den Schmerz lindern und Entspannung fördern sollen

TENS (elektrische Nervenstimulierung, Selbstbehandlung mit transportablem Gerät)
Laserbehandlung (zum Beispiel bei ausgedehnten Vernarbungen, Strahlenschäden)
Akupunktur
Massage
Chirotherapie («Einrenken» blockierter Gewebe)
Reiki («Handauflegen»).

Psychologische Interventionen

Informationen zur Schmerzwahrnehmung und -bewältigung: Motivierung zur Selbsthilfe, Anregung zur Überwindung von Fatalismus, Hilflosigkeit, Meidungsverhalten.

Musik, Singen, Tanz, Malen, Gestalten mit Ton: Erweiterung der Lebensperspektive und Empfindungsfähigkeit.

Entspannungsübungen (zum Beispiel Progressive Muskelentspannung nach Jacobsen, die Reise durch den Körper, Yoga, Feldenkrais-Übungen), Lockerung der Muskelverspannungen, Lösung von Atemblockaden, Stärkung der körperlichen Eigenwahrnehmung, Schmerzerleichterung, innere Ruhe.

Lenkung der Aufmerksamkeit (Atemübungen, Vorstellungsübungen): Schmerzlinderung, Stärkung von Hoffnung und Vertrauen.

Körperbezogenes Tagebuch: Klärung von Zusammenhängen zwischen situativen Bedingungen/Gefühlen/Schmerzen. Erkundung des seelischen Schmerzanteils und von Angst und Vermeidungsverhalten. Bildhafte Schmerzbeschreibungen und Symptomzeichnungen helfen, die emotionale Botschaft der Schmerzen zu verstehen.

Umgang mit schwierigen Situationen: Psychologische Gespräche und Rollenspiele zur Förderung der emotionalen Ausdrucksfähigkeit und sozialen Kompetenz.

Innerer Dialog mit dem Schmerz: Der Schmerz als «Ratgeber», Klärung der Bedeutung der Schmerzen und der Lebensperspektive.

Tab. 2: Schmerztherapien

Menschen, die an chronischen Schmerzen leiden, haben oft Schwierigkeiten, Lebensveränderungen zu akzeptieren und angemessen auf sie zu antworten. Ohne dieses Einstellungs- und Wahrnehmungsmuster direkt anzusprechen, schulen Entspannungs- und Vorstellungsübungen – auch wenn sie zunächst rein symptomorientiert eingesetzt werden — implizit die Fähigkeit, sich aus verfestigten Haltungen zu lösen, sich zu öffnen, Neues zu wagen. Konkrete und weitergehende Verhaltensänderungen werden durch eine Wahrnehmungsübung im Alltag vorbereitet. Die Patienten werden angeleitet, ein «Schmerztagebuch» zu führen. Sie erkunden damit Zusammenhänge zwischen zunehmender beziehungsweise nachlassender Schmerzempfindung und spezifischen Situationen. Sie lernen dabei auch, ihre Gefühle, Gedanken und Bewertungen in verschiedenen Situationen wahrzunehmen und zu klären, welche Erfahrungen Angst und problemmeidendes Verhalten auslösen. Zu kritischen Situationen können dann neue Verhaltensmöglichkeiten erprobt und geübt werden.

Frauen, die an Migräne leiden, werden bei Beobachtungen im Alltag zum Beispiel feststellen, daß sie dazu neigen, Gespräche mit sich und anderen sehr distanziert und intellektuell zu führen. Sie drücken ihre Gefühle nicht direkt aus, argumentieren aber gern. Wenn sie verletzt oder schockiert sind, halten sie Ärger, Wut und Widerspruch zurück, machen aus den Gefühlen ein Problem und versuchen, es möglichst objektiv «mit dem Kopf» zu lösen. Sie vertreten dabei häufig eine gerechte und übertrieben friedliebende Weltanschauung und spalten den Konflikt in viele Teilprobleme auf, bis ihnen «der Kopf platzt». Der Kontakt mit feindseligen Gefühlen und ihr Ausdruck in Vorstellungsbildern kann daher recht schnell zur Schmerzerleichterung führen. Abbildung 8 zeigt, wie psychologische Interventionen den «Teufelskreis des Schmerzes» unterbrechen und medizinische Maßnahmen ergänzen oder auch ersetzen können.

Psychologische Interventionen werden zunächst meist symptomorientiert zur Schmerzerleichterung eingesetzt. Chronische Schmerzen können darüber hinaus aber auch als psychophysiologische Botschaften über «verdeckte Gefahren» verstanden und erkundet werden. David Bresler, ein bekannter amerikanischer Schmerztherapeut, wies 1987 bei einem internationalen Symposium darauf hin, daß es sich bei chronischen Schmerzen um ein von seelischen und physischen Tiefenschichten «wohlweislich hervorgerufenes Symptom» handle und daß eine allein auf das Symptom ausgerichtete Behandlung deshalb immer nur vorübergehend Linderung verschaffen könne. «Zwar läßt sich das Nervensystem für eine kurze Zeit täuschen, doch wenn eine verdeckte Gefahr bestehenbleibt, bricht der Schmerz erneut durch oder kehrt mit der Zeit wieder, bis die Botschaft wahrgenommen wird und eine angemessene Reaktion darauf erfolgt.»

In seiner Arbeit mit Schmerzpatienten beobachtete Bresler, daß die «Botschaft des Schmerzes» oft damit zusammenhängt, daß die Patienten Schwierigkeiten haben, Wandlungsprozesse zu vollziehen. «Wenn sie sich krisenhaften Veränderungen gegenübersehen, werden sie unbeweglich, wollen sie das Alte nicht preisgeben.» Sie bleiben lange in den Phasen von Verleugnung, Zorn und Klage stehen, so daß Neuorientierung und Anpassung an die veränderten Lebensbedingungen nicht gelingen.

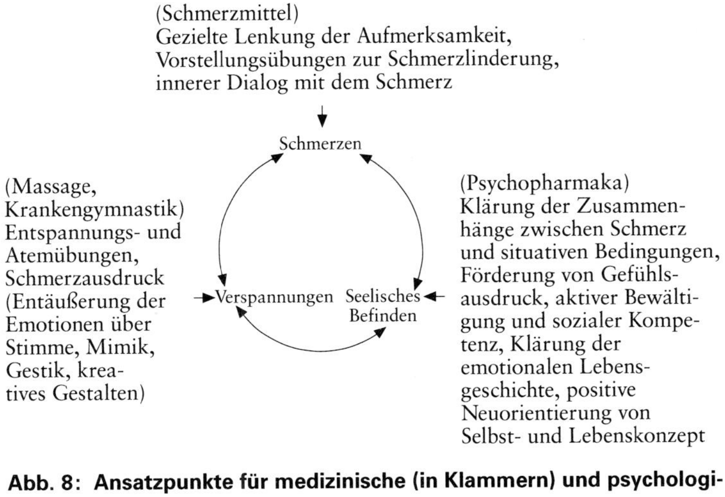

Abb. 8: Ansatzpunkte für medizinische (in Klammern) und psychologische Interventionen zur Unterbrechung des Schmerzkreises.

«Schmerz», sagt Bresler, «ist nicht die Ursache dafür, daß das Leben stillsteht, sondern das Ergebnis einer Stagnation.»

Für eine umfassende Neuorientierung ist es nötig, Erinnerungs- und Bedeutungsmuster zu klären, die mit der Genese und Chronifizierung der Schmerzen verbunden sind. Oft weisen die Patienten schon mit den Bildern und Symbolen, die sie zur Beschreibung ihrer Schmerzen finden, auf die subjektive Bedeutung der Schmerzsignale hin. Patienten und Ärzte sind allerdings im allgemeinen nicht darin geübt, diese Hinweise zu entschlüsseln. Über die Vertiefung der Körperwahrnehmung und mit Hilfe der Vorstellungskraft kann man sich dem Gehalt dieser Botschaften jedoch relativ leicht nähern. Läßt ein Mensch sich auf die Wahrnehmung seiner Schmerzen ein – statt gegen sie anzukämpfen oder sich abzulenken –, kommt er spontan in Kontakt mit affektiven Erinnerungsspuren, die zu wichtigen Aspekten seines Selbst- und Lebenskonzeptes führen. Die mit dem Schmerz verbundenen Bedeutungsmuster steigen als Gefühle, Erinnerungsbilder und Symbole auf und weisen einen Weg, abgetrennte Erfahrungen zu integrieren. Mit dem Ausdruck gehemmter Empfindungen und der Klärung veralteter Widerstandsmuster werden neue, umfassendere Bedeutungszusammenhänge erschlossen. Solche Erfahrungen führen zu körperlicher und seelischer Erleichterung und rücken neue Verhaltensmöglichkeiten in den Blick, die dann im Alltag verwirklicht werden müssen. Zwei Beispiele sollen verdeutlichen, wie Menschen durch die Klärung der Schmerzbotschaft und im Dialog mit dem Symptom eine neue Orientierung finden.

Bresler (1987) berichtete über die Therapie mit einem zweiundfünfzigjährigen Arzt, der an unerträglichen Schmerzen im unteren Rücken litt. Ihm war an dieser Stelle ein Rektumkarzinom operativ entfernt worden; die Schmerzen hielten jedoch unvermindert an und waren durch Medikamente nicht zu beeinflussen. Zu Beginn der Psychotherapie sah der Patient für sich nur drei Möglichkeiten: «Entweder ist die Behandlung erfolgreich, oder ich lasse mich freiwillig in eine psychiatrische Anstalt einliefern, oder ich nehme mir das Leben.» Es schien ihm unmöglich, die Schmerzen zu ertragen und dabei seelisch gesund zu bleiben. Beim Studium seiner Krankenakte fiel Bresler auf, daß der Patient den Schmerz bildhaft beschrieben hatte als einen «Hund, der an meinem Rückgrat nagt». Es zeigte sich, daß dieses Bild für den Patienten sehr lebendig war, und so schlug Bresler ihm vor, während einer Vorstellungsübung mit dem «Hund» Kontakt aufzunehmen. Der Patient hielt diese Idee zwar aufgrund seiner medizinischen Ausbildung für völlig verrückt, unter dem Druck der extremen Schmerzen war er jedoch bereit zu einem Versuch.

Während der Vorstellungsübung begann der Patient, in der Rolle des «Hundes» zunächst sehr wichtige Informationen zu enthüllen: Er hatte eigentlich nie Arzt werden wollen, sondern das Studium nur auf Drängen seiner Mutter begonnen. Er hegte heftigen Groll gegen die Mutter und hatte seinen Ärger auch auf Kollegen und Patienten übertragen. Der «Hund» vermutete, die feindseligen Gefühle hätten zur Krebsentwicklung beigetragen und seien mit dem Schmerz verbunden. Außerdem sagte er zu dem Patienten: «Du bist ein verdammt guter Arzt. Es mag nicht der Beruf sein, den du wolltest, aber du mußt endlich erkennen, wie gut du deine Arbeit machst. Wenn du aufhörst, so verbittert zu sein, und anfängst, dich selbst anzunehmen, dann höre ich auf, an deiner Wirbelsäule zu nagen.» Diese Einsicht war von einem unmittelbaren Nachlassen der körperlichen Schmerzen begleitet. Bresler berichtete, daß dieser Patient die Mitteilung des «Hundes» beherzigte und seine Schmerzen allmählich abklangen und schließlich ganz verschwanden.

Mit dem folgenden Beispiel möchte ich ausführlicher zeigen, wie der Dialog mit dem Symptom, der schmerzhaften Körperempfindung, Erinnerungen, Emotionen und Bilder erschließt, Einblick in Konflikte und Widerstandsmuster ermöglicht und Veränderungen einleiten kann.

Ruth, eine fünfundzwanzigjährige Frau, litt chronisch an Blasenentzündungen und war akut an einer schmerzhaften Blasen- und Eileiterentzündung erkrankt, die sich durch die Einnahme von Medikamenten nicht besserte. Ruth war über die Erkrankung sehr besorgt, da das Risiko bestand, unfruchtbar zu werden. In dieser Situation suchte sie psychologische Hilfe, um die Bedeutung der Entzündung und der Schmerzen für sich zu klären. Ich leitete sie während einer einstündigen Sitzung an, ihre Eigenwahrnehmung zu sensibilisieren und die Symptomatik zu erkunden, und führte zwei Wochen später ein Nachgespräch mit ihr.

Ruth berichtete zunächst, daß sie sich vor Beginn der Erkrankung durch Arbeit und viele Kontakte überfordert gefühlt habe. An dem Tag, als sie begann, die Entzündung schmerzhaft zu spüren, hatte sie abends lange getanzt und die Bewegungen des Stampfens und Tretens als erleichternd erlebt. Anschließend war sie ohnmächtig geworden. Der Kontrollverlust bei der Ohnmacht war mit positiven Gefühlen verbunden, zwei Freundinnen hatten sie aufgefangen und liebevoll betreut. Ruth fiel es zu Beginn der Sitzung schwer, ihren Körper, vor allem ihren Unterleib, zu spüren. Sie hatte den Eindruck, daß die Medikamente ihre Empfindungsfähigkeit «wie Watte» überdeckten.

Um die Eigenwahrnehmung zu stärken, schlug ich ihr vor, mit geschlossenen Augen die Beinbewegungen nachzuvollziehen, die sie beim Tanzen als Erleichterung empfunden hatte. Beim Treten und Stoßen mit den Beinen hatte sie den Eindruck, etwas oder jemanden abzuwehren, und sie begann, den Unterleib deutlicher zu spüren – er war angespannt und tat ihr weh. Mit der Schmerzwahrnehmung fühlte sie zugleich einen großen Druck in der Brust und starke Angst. Sie hatte plötzlich den Eindruck, sehr schnell herumgewirbelt zu werden und völlig die Kontrolle zu verlieren, in einem undurchdringlichen Nebel zu kreisen. Die Erfahrung war von panischer Angst begleitet, verdichtete sich zu dem Gefühl, sich in einem Karussell zu drehen, das sie nicht anhalten konnte, und verband sich mit der Erinnerung, vom Vater sehr schnell herumgewirbelt zu werden. Ruth ließ die Angst zu, und allmählich begann sich die Spannung im Weinen zu lösen. Ruth konnte die Erinnerung nicht klar fassen, spürte jedoch, daß die Erfahrung damit verbunden war, daß sie ein grundlegendes Mißtrauen gegen Menschen, gegen Männer, gegen sexuelle Erfahrungen entwickelt hatte. Zugleich hatte sie die Fähigkeit ausgebildet, sehr genau zu beobachten und mit einem inneren «Mikroskopauge» auf mögliche Gefahrensignale zu achten.

Ich schlug ihr vor, mit dem «Mikroskopauge» einmal den eigenen Körper, den Unterleib, die Blase und die Eileiter zu erkunden. Ruth spürte mit dem Atem in den Unterleib und betrachtete mit ihrem inneren Auge die Eileiter, die «eigentlich ganz weich und geschmeidig sein sollten, jetzt aber verletzt und wund sind». Die Eileiter vermittelten Ruth, daß sie zu hart mit sich umgehe: «Du bist ja schließlich kein Mann, du hast ja keinen Schwanz. Du bist eine Frau, du hast Eileiter, etwas, das empfindsam ist, so daß du nicht wie ein Klotz durch die Gegend rennen kannst. Sieh dir an, mit welchen Menschen du zusammen bist. Du solltest nicht jeden so dicht an dich ranlassen. Du kannst doch Kälte und Härte von anderen fühlen, wie eine kalte Hand, die sich dir in den Rücken legt.»

Die Eileiter brachten zum Ausdruck, daß die weibliche Empfindungsfähigkeit in Ruth verletzt worden und sie selbst hart, überaktiv und «männlich» geworden war, um ihre Angst zu kontrollieren. Ruth begann zu spüren, wie erschöpft sie eigentlich war, und erkannte, daß sie es vermieden hatte, sich Ruhe zu gönnen, um nicht mit sich allein zu sein, um angstvolle Gefühle nicht zu spüren. Die Eileiter, die Ruths Weiblichkeit vertraten, warnten sie: «Du tust uns weh, wenn du uns in diese Kammer hier abstellst, uns ablehnst und nicht einbeziehst in dein Leben. Deshalb produzieren wir Schmerz und geben ihn dir zu fühlen. Wenn du uns weiter ausschließt und nicht anfängst, die Tür zu öffnen, werden wir doller Schmerz machen.»

Ruth begann zu weinen, die inneren Mitteilungen erschütterten sie. Sie wollte den Kontakt zu ihrer Empfindungsfähigkeit wiederherstellen, wußte aber nicht wie. Indem sie mit dem Atem die Körperwahrnehmung verstärkte, fand sie (in der Höhe des Zwerchfells) eine feste Barriere, eine dicke Mauer, mit der der Unterleib und zugleich Gefühle und Ängste abgetrennt waren. Die Mauer war sehr dick, bestand aus mehreren Schichten und konnte nicht abgetragen werden. Eine Tür war zunächst nicht zu finden. Das Bild veranschaulicht einen massiven Widerstand, den Ruth gebildet hatte, um sich zu schützen. Und so ging es nicht darum, ihn zu durchbrechen, sondern zu erkunden, was mit der Barriere abgewehrt wurde. Die Mauer trennte zwei Haltungen: eine aktive, rationale «männliche» (die durch den Kopf repräsentiert wurde) und eine emotionale «weibliche», die mit den Eileitern verbunden war. Kopf und Eileiter begannen ein Gespräch. Dabei wurde deutlich, daß Ruth Angst hatte, von Gefühlen überrannt zu werden, die Kontrolle und sich selbst zu verlieren. Die Eileiter erklärten ihr jedoch, daß die Verbindung zu ihrem Verstand immer beibehalten werde, selbst wenn sie manchmal «in Gefühlen schwebt, die sehr schön sein können». Sie schlugen eine freundschaftliche Beziehung vor, «wo jeder seinen Freiraum hat und weiß, was er kann und zeigen darf – der andere aber auch immer Ratgeber sein darf». Und sie erklärten, immer nur dann zu «explodieren», wenn sie zu kurz kommen und eingeschränkt würden. «Dann sind wir nicht lieb und brav, dann sind wir gefährlich! Aber wenn wir frei sind, wenn du uns vertraust, wenn du zur Freundschaft bereit bist, dann treten wir auch für dich ein.» Ruth spürte, wie Vertrauen in ihr wuchs. Sie legte eine Hand auf die Körpermitte und fand nun eine Tür in der Mauer. Sie öffnete die Tür und streichelte in ihrer Vorstellung ganz zart die verletzten Organe und sagte ihnen: «Ihr könnt ruhig heil werden. Ich verspreche, euch in mein Leben einzubeziehen und euch zu achten. Ich verspreche euch sogar sehr gern, weiblich zu werden. Das bedeutet auch eine Beruhigung – für mich sein zu können.»

Zwei Wochen später kam Ruth zu einem Nachgespräch. Sie hatte sich im Anschluß an die Erfahrung viel Zeit für sich genommen, sich ausgeruht und das Gefühl zugelassen, daß etwas sehr Wesentliches in ihr berührt worden war. Sie hatte die Medikamente abgesetzt und den Arzt gewechselt. Es war ihr wichtig, von einer Frau betreut zu werden, aber auch den Entzündungsprozeß weiter beobachten zu lassen. Die Blasen- und Eileiterentzündung war abgeklungen – Ruth hatte das mit Ultraschall beobachten und als Schmerzverminderung spüren können. Sie sagte: «Ich beginne zu spüren, daß ich etwas in mir habe, das mehr über mich weiß und dem ich vertrauen kann. Es fühlt sich ernsthaft und solide an. Es hat etwas damit zu tun, daß mir die

Erfahrungen nicht nur vom Kopf her klarwerden, sondern daß ich mit dem Empfinden auch etwas ganz Innerliches und Bewußtes in mir treffe. In mir hat sich etwas zurechtgerückt. Ein Puzzle hat sich zusammengesetzt. Ich habe oft überlegt, was das so ist, daß ich in vielen Dingen Schwierigkeiten habe. Ich habe immer versucht, das zu verstehen, und hab's nicht verstanden. Da hab ich ein Problem und vertrau nicht, da war ich wütend und zeig's nicht – aber ich brachte es nicht zusammen. Und jetzt merke ich: es integriert sich, ich verstehe es insgesamt, als Ganzes.»

Nach der Sitzung hatte sie begonnen, ihre Angst, die tiefgreifende Verletzung ihrer Weiblichkeit klarer mit Lebenserfahrungen zu verbinden: «Es hat mit einem Erlebnis zu tun, das sich so wieder geöffnet hat, das ich als kleines Mädchen mit meinem Vater hatte und wo ich immer dachte, es ist ein Traum. Und wo ich jetzt weiß und es zulassen kann, daß es wahrhaftig geschehen ist. Etwas so Schreckliches, als kleines Mädchen so mißbraucht zu werden. Da wird mir als Frau etwas angetan, als Mensch. Vertrauen geht verloren. Ich kann mich nicht abgrenzen. Ich kann auch niemanden an mich ranlassen. Es ist wie eine Quelle, aus der alle Schwierigkeiten entstehen. Alles wird verständlich: warum es notwendig war, das so abzutrennen; da sind auch die Wurzeln für das Gefühl, im Leben zu träumen, nur mehr in einer Phantasiewelt zu leben, nicht mehr zwischen Phantasie und Realität unterscheiden zu können. Aber was ich jetzt weiß, das Gefühl: ich finde es als Ursprung wirklich panischer Angst, nichts mehr kontrollieren zu können, keine Abgrenzung mehr. Es betrifft mich total. Dies Gefühl fand ich in der Sitzung wieder. Es erschüttert mich noch. Und ich bin froh, daß ich das ausgebuddelt habe.»

Dieses Beispiel verdeutlicht, wie mit Hilfe des bildlichen Denkens bedeutsame Lebenserfahrungen zugänglich und widerstreitende Impulse verstanden und integriert werden können. Dieser Prozeß begann mit der Stärkung der körperlichen Eigenwahrnehmung. Im allgemeinen geben Menschen genaue Hinweise zu den Hilfen, die sie benötigen, um Veränderungen ihres Befindens herbeizuführen. Ruth deutete an, daß bestimmte Beinbewegungen und das Erleben von «Ohnmacht» – die Kontrolle verlieren zu dürfen und dabei geschützt zu werden – für sie bedeutsam waren, doch verlor sie auch unter dem Schutz der therapeutischen Begleitung die Bewußtseinskontrolle nicht völlig. Sie fiel nicht in Ohnmacht, sondern erlebte Schwindel. Schwindelgefühle sind immer ein Hinweis darauf, daß starke Affekte aufsteigen, für die ein Mensch noch keinen Bezugsrahmen und keine klare Ausdrucksform hat. Mit dem Schwindel werden oft Erfahrungen von Gewalt und Entbehrungen zugänglich, die nie klar bewußt geworden sind. Ruth wurden solche Erinnerungen zunächst als Körper- und Angstempfindungen faßbar, und ich habe diese Notsignale mit klarem Halt und Schutz beantwortet, so daß Ruth ihre Gegenwehr gegen die Vernichtungsangst schrittweise lockern und das Zusammenspiel zwischen körperlichem und symbolischem Erleben zunehmend freier erkunden konnte. Besonders wichtig waren die Blockaden, die sie fand. Sie repräsentierten persönliche Widerstandsmuster, die einst als Überlebensstrategie gedient hatten. Solche Blockierungen werden körperlich, emotional und bildhaft erfahren und häufig als Nebel, Leere, Loch, Grenze oder Mauer erlebt. Mit der Erkundung der Blockade werden (zunächst oft vage) traumatische Erfahrungen zugänglich. Erinnerungen entfalten sich bildhaft, Körperbereiche beginnen zu sprechen und bahnen mit den symbolischen Mitteilungen ein umfassenderes und bewußtes Verständnis für die eigene Lebensgeschichte. Mit der Integration widerstreitender Impulse gewinnt der Mensch eine neue Orientierung und Handlungsfähigkeit.

Chronische Schmerzen sind oft mit unterdrückten Lebensimpulsen verbunden und weisen darauf hin, daß bedrohliche Erfahrungen und Wahrnehmungen abgespalten und blockiert worden sind. Dies war einst sinnvoll, um traumatische Erfahrungen – große Angst, Hilflosigkeit, seelische und körperliche Verletzungen – unter Kontrolle zu bringen. Wird dieses Verhaltensmuster chronisch beibehalten, schränkt es die Möglichkeiten des Menschen, sich zu verwirklichen, zunehmend ein und bedarf der Überprüfung und Veränderung. Ruths Erfahrung verdeutlicht auch, wie körperliche Schmerzen seelischen

Schmerz, vor allem große Angst, verdecken, unter Kontrolle halten und zugleich darauf hinweisen, daß eben diese Bewältigungsstrategie nicht mehr angemessen ist. Ruth klärte im Kontakt mit der Schmerzerfahrung auf, daß sie als Kind von ihrem Vater sexuell mißhandelt worden war. Sexuelle Kindesmißhandlung ist ein Trauma, das relativ viele Kinder erleben und das zu schwerwiegenden Folgeschäden führt. Auf Seite 94ff fasse ich die wichtigsten Erkenntnisse, die bisher dazu vorliegen, zusammen.

Übungen zur Schmerzlinderung

Die folgenden Übungen verwenden Techniken der Aufmerksamkeitslenkung und modulieren die Schmerzwahrnehmung mit Hilfe der Vorstellungskraft. Die Übungen «Handschuh-Anästhesie» und «Schmerzmodulation» wurden von Bresler und Trubo (1979) entwickelt und überprüft. Die Übung «Ausblenden» beschreibt Cora Besser-Siegmund (1989) in ihrem Buch. Die erste Übung ergänze ich durch Hilfen für die Durchführung mit Kindern (Gardner & Olness 1981).

Handschuh-Anästhesie

Diese Übung können die meisten Patienten leicht erlernen. Sie ist besonders geeignet, starke Schmerzen zu mildern.

Zunächst lernen die Patienten, ein Taubheitsgefühl in ihrer Hand zu entwickeln. Sie stellen sich vor, daß ihre Hand von einem Anästhesie-Handschuh umgeben sei, der sie unempfindlich macht. Dann lernen sie, dieses Taubheitsgefühl auf den schmerzenden Körperbereich zu übertragen, indem sie dort die «anästhesierte» Hand auflegen.

Die Übung ist rein symptomorientiert, das heißt, sie vermindert die Schmerzwahrnehmung unabhängig von ihrer subjektiven Bedeutung und von lebensgeschichtlichen Zusammenhängen. Die Übung stellt eine psychologische Alternative zur Verabreichung von Analgetika dar und ist besonders hilfreich, wenn die Schmerzen so stark sind, daß der Patient sich nicht auf andere Vorstellungsübungen konzentrieren kann. Die Übung trägt dazu bei, dem Schmerzempfinden «die Spitze zu nehmen», so daß der Patient anschließend andere Aspekte seines Erlebens erkunden kann. Zugleich macht sie die Möglichkeit seelisch-geistiger Selbstkontrolle deutlich: Wenn die Patienten erleben, daß sie ein Taubheitsgefühl in ihrer Hand erzeugen können, fördert dies ihre Hoffnung, daß es ihnen gelingen kann, ihre Schmerzen zu bewältigen. Schmerzpatienten haben oft extreme Gefühle der Hilflosigkeit (vor allem ihrem Körper gegenüber) und erleben diese Übung daher als unmittelbar stärkend. Auch fühlen sie sich durch sie ermutigt, seelische Kräfte wie Intuition, gefühlsmäßige Wahrnehmung, Vorstellungskraft wiederzuentdecken und zu nutzen. Bei einer regelmäßigen Anwendung dieser und anderer einfacher Vorstellungsübungen wächst auch das Gespür dafür, daß man selbst nicht endgültig festgelegt ist, sondern sich verändern und entwickeln kann.

Hilfen für Kinder

Taubheit: «Du weißt sicher, wie das ist, wenn sich etwas taub anfühlt. Woran merkst du das, wie fühlt sich das bei dir an, wenn etwas taub ist? (Das Kind antwortet.) Gut. Nun laß diesen Teil von deinem Körper taub werden. So taub wie ein Eisblock (oder was auch immer das Bild ist, welches das Kind findet).»

Örtliche Betäubung: «Nun stell dir vor, du streichst eine Medizin, die taub macht, auf den Teil deines Körpers. Sag mir, wenn du damit fertig bist.» – «Stell dir vor, du spritzt ein Betäubungsmittel in den Körperteil. Spür, wie es in deinen Körper fließt und wie sich das anfühlt, wenn es dort taub wird.»

Handschuh-Anästhesie: «Achte mal auf deine Hand. Du kannst in der Hand ein Prickeln und Kribbeln fühlen. Nun laß die Hand taub werden. Wenn sie ganz taub ist, dann berührst du mit der tauben Hand dein Kinn (oder einen anderen Körperteil) und läßt das taube Gefühl von der Hand ins Kinn fließen.»

Schmerzmodulation

Diese Übung stellt etwas höhere Anforderungen an die Motivation des Patienten, kann jedoch die Schmerzerfahrung – bei längerer Übung – nicht nur mildern, sondern auch positiv verwandeln.

Zunächst werden die Patienten gebeten, zwei Zeichnungen anzufertigen, die das Erleben ihrer Beschwerden in den schlimmsten und den besten Augenblicken darstellen. Dann werden sie angeleitet, sich vorzustellen, wie sie sich fühlen, wenn sie Lust, Wohlbefinden, Freude erleben. Auch diese Vorstellungen sollen sie in einem Bild darstellen. Anschließend beginnt die eigentliche Übung, die die Patienten (zum Beispiel mit Hilfe einer Tonkassette) mehrmals täglich durchführen sollen. Die Übung beginnt mit einer Entspannung, dann wird das erste Bild vorgegeben (schlimmste Schmerzen). Durch systematisches Ansprechen und Verstärken der sensorischen Wahrnehmung wird dieses Erleben in den Zustand verwandelt, den das zweite Bild ausdrückt (optimaler Schmerzzustand). Schließlich werden die Patienten ermutigt, ihre kreativen Fähigkeiten freizusetzen und dieses Bild ihrer Schmerzen in einer Vorstellung von Freude, Gesundheit und Heilung aufzulösen (drittes Bild). Viele Patienten erleben, daß sich ihre Vorstellungsbilder (bei regelmäßiger und längerer Übung) verändern, und zugleich wandelt sich die Art und Weise, wie sie sich selbst und ihre Welt erleben.

Ausblenden

Diese Übung ist ähnlich aufgebaut wie die «Schmerzmodulation», für Patienten jedoch einfacher nachzuvollziehen.

Aus der anschaulichen Beschreibung ihrer Schmerzen entwickeln die Patienten ein Schmerzsymbol: «ein glühender, pulsierender Ball» – «eine scharfe Heckenschere» – «ein dunkler, schwerer Stein». Dieses Symbol stellen sie sich dann auf einem Bildschirm vor. Zunächst wird der Schmerz in seiner zentralen Bedeutung in der Mitte des Bildschirms wahrgenommen. Dann beginnen die Patienten, den Schmerz allmählich auszublenden.

Sie verfolgen, wie er kleiner und kleiner wird und allmählich zum Bildschirmrand hin verschwindet. Zugleich beginnen die Patienten, ein Symbol für Entspannung und Wohlbefinden (zum Beispiel ihr Ruhebild) allmählich einzublenden, bis es das Zentrum oder den gesamten Bildschirm ausfüllt.

Patienten, die nicht so sehr visuell, sondern eher akustisch orientiert sind, können sich ein Radio vorstellen: Zunächst hören sie das Schmerzprogramm – vielleicht Schritte oder quälende Töne –, das sie allmählich ausblenden. Gleichzeitig stellen sie angenehme Töne, wohltuende Musik ein.

Sexuelle Kindesmißhandlung

Unter sexueller Kindesmißhandlung versteht man die Beteiligung noch nicht ausgereifter Kinder und Jugendlicher an sexuellen Handlungen, denen sie noch nicht verantwortlich zustimmen können. Dabei mißbraucht der erwachsene oder jugendliche Täter ein vorhandenes Macht- und Kompetenzgefälle zur Befriedigung seiner Bedürfnisse und zum Schaden des Kindes. Die sexuellen Handlungen umfassen das Entblößen, Betrachten und Berühren intimer Körperbereiche, digitale Penetration wie auch oralen, analen und vaginalen Geschlechtsverkehr. Aus verschiedenen Erhebungen ergibt sich für Frauen eine mittlere Prävalenzrate von 21 Prozent. Daß auch Jungen sexuell ausgebeutet werden, ist erst in den letzten Jahren vermehrt zur Kenntnis genommen worden; die bisher vorliegenden Häufigkeitsangaben variieren zwischen 3 und 30 Prozent.

Sexuelle Kindesmißhandlungen finden vor allem in der Familie und im familiären Umfeld statt. In den meisten Fällen sind die Täter Männer. Besonders häufig betroffen sind Schulkinder unter zehn Jahren. Eine Untersuchung (Teegen *et al.* 1992), an der sich 570 Frauen und Männer beteiligten, die ihr sexuelles Trauma weitgehend aufgeklärt hatten, zeigte, daß für die Hälfte der Betroffenen die sexuellen Mißhandlungen schon vor dem sechsten Lebensjahr begannen. Sie dauerten bei fast allen jahrelang an. Mehr als die Hälfte wurde von mehreren Tätern oder auch Tätergruppen mißbraucht. 7 Prozent der Frauen und 22 Prozent der Männer nannten auch Täter*innen*.

Nach den heute vorliegenden Erkenntnissen müssen wir davon ausgehen, daß ein hoher Prozentsatz der Kinder und Jugendlichen in einer entscheidenden Phase der Persönlichkeitsentwicklung ein schwerwiegendes Trauma erlebt. Es beruht vor allem auf dem Vertrauensmißbrauch, der zu frühen Sexualisierung, der oft langjährigen Erfahrung von Hilf- und Machtlosigkeit und der Stigmatisierung. Die Hilfe für das Kind ist im allgemeinen dadurch erschwert, daß es von den Tätern zur Geheimhaltung gezwungen wird und daß Bezugspersonen die Signale, mit denen es auf seine Notlage aufmerksam macht (ängstliches, aggressives, willfähriges Verhalten; Schulversagen; Entwicklungshemmungen; von zu Hause weglaufen), oft nicht wahrnehmen. Zum Teil werden die Kinder bei Aufklärungsversuchen und Gerichtsverhandlungen erneut pathologisiert.

Die psychische Bewältigung der traumatischen Erfahrungen im Erwachsenenalter ist oft schwierig, da die Erlebnisse verdrängt und abgespalten werden, so daß sie der bewußten Erinnerung nicht zugänglich sind. Langfristige Folgen zeigen sich vor allem in einem komplexen Muster affektiver Störungen, erhöhter Suizidgefährdung oder auch antisozialem und kriminellem Verhalten (Draijer 1990; Moggi 1991; Engfer 1992).

In unserer Untersuchung berichten fast alle Teilnehmer und Teilnehmerinnen über Ängste, vor allem davor, die Kontrolle zu verlieren oder verlassen zu werden, und vor spezifischen Situationen, die an die Mißhandlung erinnern. 50 bis 70 Prozent litten an Selbstunsicherheit, Mißtrauen, Depressionen, Dissoziationen oder körperlichen Beschwerden, die auch als Begleiterscheinungen unbewältigter Ängste verstanden werden können (Schlafstörungen, chronische Verspannungen/Schmerzen, Kreislaufstörungen, Magen-Darm- und entzündliche Unterleibserkrankungen). Die Fähigkeiten, Emotionen auszudrükken und Konflikte realitätsgerecht zu lösen, waren deutlich vermindert. Verbale und bildliche Beschreibungen zum Körperempfinden veranschaulichten eine tiefe Verstörung des körperlichen Selbstgefühls. Ein Vergleich von Personen, die positive beziehungsweise negative Angaben zu ihrem heutigen Lebensgefühl machten und keine beziehungsweise starke Behinderungen in ihrem Gefühlsausdruck und ihrer Fähigkeit zur Konfliktlösung erkennen ließen, zeigte für beide Gruppen ein hohes Maß an Angst. Sie unterscheiden sich jedoch signifikant hinsichtlich der Schwere der erlebten sexuellen Mißhandlungen, im Ausmaß psychosozialer und psychosomatischer Beschwerden, der Störung des Körpergefühls, sexueller Probleme und sozialer Isolation. Diese Befunde machen deutlich, wie gravierend die Folgen des sexuellen Kindesmißbrauchs sind. Sie lassen ahnen, wie schwer es ist, mit den Verletzungen zu leben und die tief geprägten Angst- und Mißtrauenshaltungen zu überwinden. Auch zeigen sie, wie wichtig es ist, daß Personen im Umfeld eines sexuell ausgebeuteten Kindes seine Signale wahrnehmen und sich klug und sensibel engagieren, um es zu schützen und ihm wirksam zu helfen.

Körpererleben und Körperbild

Das Erleben des eigenen Körpers, seiner wechselnden Zustände und seiner Grenze zur Umwelt ist ein wesentlicher Teil des Selbstbewußtseins und eine grundlegende Bezugsgröße für die Entwicklung und Festigung des Kontakts zur Realität.

Seit Beginn des Jahrhunderts wird das Körpererleben unter verschiedenen Gesichtspunkten erforscht. Die Neuropsychologie befaßt sich mit dem kortikal repräsentierten «Körperschema» und seiner Funktion für die Reizverarbeitung. Die Persönlichkeitspsychologie ist stärker an emotionalen Bedeutungen solcher Wahrnehmungen sowie an Einstellungen zum Körper interessiert. Sie faßt diese Aspekte unter Begriffen wie «Körper-Ich», «Körper-Selbst», «Körper-Anschauung» oder «Körperbild» zusammen. Die phänomenologisch-anthropologische Forschung spricht vom «Leib» und meint damit den beseelten Körper. Mit dem Leib-/Körperbegriff werden auch zwei erkenntnistheoretische Möglichkeiten dargestellt. Der Körper kann einerseits Objekt der Betrachtung sein (der Körper, den ich habe; der menschliche Körper), aber auch Subjekt der Erfahrung (der Leib, der ich bin).

Die Vielzahl der Begriffe deutet an, wie schwierig es ist, diese Wahrnehmungs- und Erlebnisdimension zu fassen. Eine genaue Ordnung ist bisher nicht geleistet worden. Hinzu kommen spezifische Werthaltungen zum Körper, in denen sich in den letzten Jahrzehnten ein allmählicher sozialer und kultureller Wandel vollzieht.

Im Rahmen der jüdisch-christlichen Kultur ist der Körper eher negativ bewertet. Sinnliche, körperliche und leibliche Erfahrungen werden in einen Gegensatz zum Geistigen gestellt und als niedrig, «sündig» gesehen. Die Polarisierung von Geist und Körper und die Abwertung des Körpererlebens legt Vorstellungen nahe, die es als erstrebenswert erscheinen lassen, die physische Dimension unter Kontrolle zu halten und zu überwinden. In der naturwissenschaftlich orientierten Medizin, bei der Suche nach objektiven Befunden, spielt das subjektive Erleben des eigenen Körpers eine ganz untergeordnete Rolle. Eine Abwertung und Abtrennung des Körpers und Körpererlebens ist jedoch auch in psychologische Theorien der Ich- und Persönlichkeitsentwicklung eingeflossen. Die Psychoanalyse war für die Formulierung dieser Konzepte zunächst sehr bestimmend. Sie schuf ein grundlegendes Verständnis für das Zusammenspiel körperlicher und seelischer Prozesse in der frühkindlichen Entwicklung. Ihre Vorstellungen über die bewußte reife Persönlichkeit und eine gesunde Anpassung an die soziale Umwelt sind jedoch mit einem allmählichen Verzicht auf das Körpererleben, seine Sublimierung im Geistigen, verbunden.

Aus psychoanalytischer Sicht zeigt sich das Körpererleben als niedrige Trieb- und Instinktsphäre und äußert sich als Krankheit oder Neurose. Wilhelm Reichs Beobachtungen zum Zusammenwirken von Körper- und Charakterstruktur wurden zunächst scharf ausgegrenzt und erst später – vor allem durch die neuen körpertherapeutischen Ansätze – wieder aufgegriffen und rehabilitiert. Die analytische Psychologie nach C. G. Jung vermittelt eine größere Wertschätzung für vorbewußte Prozesse, sie bleibt jedoch eigentümlich körperfern. Thure von Uexküll (1985) kommt zu dem Schluß, daß der Körperbegriff ein zentrales Problem sowohl der somatischen Medizin als auch der Psychoanalyse ist. Die gegenwärtige Heilkunde, schreibt er, gehe von zwei Modellvorstellungen aus, die sich gegenseitig ausschließen: «die ‹Maschinendefinition› für den Körper und das Freudsche Paradigma des seelischen Apparates für die Seele». Die Konsequenz: «eine dualistische Medizin, nämlich eine für die Körper ohne Seelen und eine andere für die Seelen ohne Körper».

Im Rückblick zeigt sich: Das Körpererleben wurde – vor allem von der Neurologie und Psychiatrie – lange nur unter dem Aspekt der Pathologie beachtet. Erst allmählich setzt sich die Erkenntnis durch, daß das Körpererleben ein wichtiger und vollwertiger Teil des Selbsterlebens ist und daß wir lernen können, in einen angstfreien Dialog mit ihm einzutreten. Darüber hinaus wird zunehmend deutlich, daß sich viele Störungen gerade aus der Entfremdung vom Körpererleben entwickeln. Die Beschäftigung mit dem Körpererleben berührt immer die tief verwurzelte Polarisierung von Soma und Psyche in der abendländischen Kultur. Es ist daher auch nicht leicht, Worte und Begriffe zu finden, die dazu beitragen können, diese Spaltung zu überwinden. Bis vor einigen Jahren war mit dem Begriff «Körper» eher etwas rein Stoffliches verbunden, und das Wort «Leib» erfaßte Vorstellungen des belebten und beseelten Körpers. Heute empfinden wir diesen Begriff als altmodisch oder belastet mit den theologischen und philosophischen Erörterungen zum Leib-Seele-Problem. Wir sehen den Körper zunehmend als Träger und Inbegriff des Lebendigen. Vielleicht deutet dieser neue Sprachgebrauch auf eine kollektive Suche nach einer einheitlichen Betrachtung des Menschen hin.

Ich gehe in diesem Kapitel zunächst auf Konzepte zum Körperschema und Körperbild ein und zeichne die Entwicklung des Körpererlebens in wesentlichen Schritten nach. Dann werde ich funktionale Entsprechungen zwischen der Abwehr seelischer und körperlicher Erfahrungen verdeutlichen und genauer zeigen, wie wir über das Körpererleben Kontakt mit dem persönlichen Körperbild und der emotionalen Lebensgeschichte aufnehmen können.

Der Begriff «Körperschema» wurde 1909 von dem Prager Psychiater A. Pick (zitiert nach Poeck & Orgass 1971) eingeführt. Er verstand darunter «Raumbilder» des Körpers, die sich aufgrund sensorischer Informationen entwickeln. Das «Körperschema» wurde zunächst als Modell zur Erklärung für das Phantomglied bei Amputierten und für veränderte Körperwahrnehmungen bei Hirnverletzten verwendet. H. Head (1911/12) begann mit der Erforschung der kortikalen Repräsentation. Er kam zu dem Ergebnis, daß das Körperschema bereits in sehr frühen Entwicklungsphasen zur Integration von Sinnesreizen angelegt wird, wobei er die Reizverarbeitung zunächst rein physiologisch verstand. Er postulierte zwei Schemata, ein taktiles und ein

Positionsschema, die als Vergleichsmaßstab für alle auf den Menschen eindringenden inneren und äußeren Reize dienen.

Unter dem Begriff «Störungen des Körperschemas» begann die Klinische Neurologie und Psychiatrie eine Vielzahl von Symptomen zu beschreiben, die in irgendeiner Weise mit dem Erleben und der Wahrnehmung des Körpers verbunden sind, zum Beispiel das Unvermögen, Teile des eigenen Körpers zu lokalisieren oder zu benennen; die Unfähigkeit, Gesichter korrekt zu erfassen; Störungen der Rechts-links-Unterscheidung bei der Körper- und Umfeldorientierung. Als Funktion wird dem Körperschema heute meist die Integration der Sensomotorik und der Orientierung des Körpers im Raum zugeordnet. Für die zentralnervöse Integration spielen Hypothalamus und Parietalkortex eine wesentliche Rolle.

Paul Schilder (1923, 1935) verknüpfte Ergebnisse der neurologischen Forschung mit dem seelischen Erleben unter dem Begriff «Körperbild» *(body-image)*. Er erkannte, daß eine gestörte Körperwahrnehmung sich nicht nur in neurophysiologischen Veränderungen ausdrückt, sondern zugleich eine subjektive und emotionale Bedeutung hat und die Umwelterfahrung beeinflußt. Das Körperbild enthält die gesamten subjektiven Erfahrungen mit dem eigenen Körper – alle organismischen Empfindungen und sensomotorischen Reaktionen, Integrationsleistungen und Bedeutungsbildungen. Das Körperbild ist nicht statisch, sondern entwickelt sich fortlaufend. Als Muster, das unsere gesamte emotionale Lebensgeschichte enthält, wirkt es aus dem Unbewußten auf unsere Selbst- und Umwelterfahrung ein. Über die bewußte Wahrnehmung des Körpererlebens haben wir jedoch auch die Möglichkeit, Erinnerungs- und Bedeutungsmuster zu erkunden und zu klären.

Die Bedeutung des Körperschemas und Körperbildes für das Selbsterleben und die Konstruktion der Realität läßt sich am besten im Zusammenhang mit den Phasen der körperlichen und seelischen Entwicklung darstellen. Ein archaisches Basisbild wird durch fötale Wahrnehmungen schon vor der Geburt angelegt (Tomatis 1990; Janus 1991); es enthält somatische Erinnerungen an biologische Rhythmen, Klangvibrationen, Explorationen des uterinen Kosmos, Grundempfindungen der Homöostase und ihrer Störungen. Schon zu Beginn des zweiten Monats übt der Embryo mit seinen Arm- und Beinanlagen «Wachstumsbewegungen im Sinne von Greif- und Gehbewegungen» (Blechschmidt 1976) und reagiert auf taktile Stimulation. Starke Veränderungen erfährt das Basisbild während der dramatischen Übergangserfahrungen bei der Geburt: Der ganze Körper wird im Geburtskanal stimuliert; die Peristaltik des Verdauungstraktes und die Lungenatmung setzen ein; die schützende Wand aus Flüssigkeit und Fleisch und der doppelte Herzschlag gehen verloren; der Körper ist der Schwerkraft und einer Flut von Reizen ausgesetzt. Mit der Abnabelung wird das Körperschema in den Grenzen seiner Umhüllung, der Haut, begründet.

Das Körpererleben des Säuglings ist zunächst stark auf das Körperinnere ausgerichtet. Die seelische Strukturierung entwikkelt sich mit dem Auf- und Abbau von Spannungen und im Kontakt mit dem Körpererleben, das zunächst noch ganz eingebunden ist in den Dialog mit der Mutter. Mikroanalytische Studien und Langzeituntersuchungen zeigen, daß dabei Körperrhythmen synchronisiert, mimische Interaktionen und Affektvokalisationen ausgetauscht werden, die Vorformen der Wortsprache darstellen. Die Empfindsamkeit für Reize scheint individuell sehr unterschiedlich ausgeprägt zu sein, so daß es von der Feinfühligkeit der frühen Bezugspersonen abhängt, das Kind optimal zu stimulieren. Vor allem die Ausprägung beziehungsweise Verweigerung des Blickkontakts in den ersten Lebenswochen scheint ein wesentlicher Indikator für die Sicherheit der Bindung zu sein und läßt genaue Voraussagen über Störungen der psychophysiologischen Organisation, Entwicklungsverzögerungen und Verhaltensprobleme bis zum sechsten Lebensjahr zu (Keller & Zech 1991). Beobachtungen zum frühkindlichen Autismus, zu Psychosen und multipler Persönlichkeitsstörung legen nahe, daß die Entwicklung der personalen Identität und eines sicheren Realitätsbezugs von Anfang an durch ein ungestörtes und kontinuierliches Körpererleben gestützt wird.*

* Körpertherapeutische Beobachtungen zeigen, daß frühe Traumatisierun-

Auf der Basis der Informationen über die beweglichen Teile des Körpers und das genauere Spüren der Eingeweidefunktionen erweitert sich das Selbst- und Körpererleben des Kindes. Mit der Lokalisation taktiler Reize und der Koordination von sensorischen Qualitäten und Bewegungserfahrungen bildet sich das Wissen um Körperform und Körpergrenze und zugleich die Unterscheidung zwischen «Ich» und «Nicht-Ich» heraus. Während sich das Kind aus der Symbiose mit der Mutter löst, beginnt es, sich in seinem eigenen Spiegelbild wiederzuerkennen, was es ihm ermöglicht, Vorstellungen über das Körperäußere durch optische Wahrnehmungen anzureichern und mit sozialen Bewertungen zu verbinden. Im Verlauf des Ablösungsprozesses entwickelt es ein Bewußtsein für die Zugehörigkeit des Körpers zum Ich. Die Verselbständigung des Kindes verläuft parallel zur Differenzierung des Körpererlebens. Wesentliche Schritte in der Entwicklung des Körperbildes machen Kinder in ihren Zeichnungen deutlich.

Kinder der gleichen Altersstufe bringen dabei ganz ähnliche Phänomene zum Ausdruck. Entwicklungspsychologen gehen davon aus, daß Kinder in ihren Bildern Erfahrungen symbolisieren und integrieren, die sie in einer vorangegangenen Entwicklungsstufe durchlebt haben, so daß sie mit dem kreativen Gestalten etwas seelisch verarbeiten und geistig in Besitz nehmen, was sie körperlich längst beherrschen.

Anhand von repräsentativen Beispielen – spontane Zeichnungen, die im Malatelier* entstanden – zeigt Helen Bachmann

gen vor allem die Integration und Koordination sensorischer Funktionen und die Hirnbasis blockieren und damit die Fundamente der Ich-Entwicklung stören. Der Neuropsychiater Frederico Navarro (1986) bringt die Blockierung des sogenannten Augensegments in Zusammenhang mit Störungen der psychoaffektiven Entwicklung, die psychotische Krisen in der Pubertät auslösen können.

* Das Malatelier wurde von dem Pädagogen Arno Stern entwickelt. Es ist ein schlichter, nicht allzu großer Raum mit einer gleichbleibenden Anordnung von Farben und Papier, in dem mehrere Menschen ohne formale Anleitung frei malen. Im Malatelier geht es nicht um die Aneignung künstlerischer Fertigkeiten oder die Verwirklichung von Formidealen; vielmehr dient es der Pflege und Förderung der jedem Menschen innewohnenden

(1988) typische Phasen des kreativen Gestaltens und erläutert die damit symbolisierten Erfahrungsprozesse. Kinder beginnen mit etwa zwei bis drei Jahren zu kritzeln. Sie spüren damit Bewegungsimpulsen nach, die sich allmählich zu geometrischen Figuren formen. Auch ältere Kinder begannen bei ihrem Eintritt in das Malatelier zunächst wieder mit diesen Kritzeleien, fanden jedoch schnell zu höheren Stufen der Darstellung. Mit dem Kritzeln, so Bachmann, vollzieht das Kind offensichtlich Grundbewegungen aus der psychophysiologischen Entwicklung des ersten halben Lebensjahres nach und erkundet die «coenästhetische Empfindungsorganisation» (Spitz 1980). Damit ist eine ganz nach innen gerichtete Wahrnehmung gemeint, die noch vollständig auf die Wirkungen des autonomen Nervensystems und die Eingeweidebewegungen ausgerichtet ist. Man kann zum Beispiel beobachten, wie sich der Säugling entsprechend seiner Darmtätigkeit krümmt oder auch verkrampft oder wie der gesamte Körper wieder ruhig wird und sich entspannt, wenn das Kind gefüttert wird, Wärme und Berührung spürt. Der Säugling reagiert von innen her auf diese Veränderungen, denen er mit diesem Wahrnehmungsmodus völlig ausgeliefert ist.

Diese Empfindungen werden später durch die Differenzierung anderer Wahrnehmungssysteme gedämpft. Die coenästhetische Wahrnehmung wirkt jedoch das ganze Leben lang weiter «in machtvoller Weise als Quelle des Lebens selbst», schreibt René Spitz. Er ging davon aus, daß coenästhetische Empfindungen auch später nicht der Kontrolle des rationalen Bewußtseins unterstehen, jedoch bewußt wahrgenommen werden können. Allerdings beobachtete er, daß der Kontakt zu diesen tiefen Empfindungen bei den meisten Menschen «atrophiert» ist. Bachmann vermutet, daß das zeichnende Kind mit dem Kritzeln, Kreisen, Schlängeln aus dem coenästhetischen Bewegungserleben schöpft und es symbolisch verarbeitet. Abbildung 9 A zeigt, wie sich aus den endlosen Kritzelbewegungen allmählich Formen entwickeln, die auch geschlossen werden.

Gestaltungskräfte. Das freie Malen erfolgt ohne jede Vorgaben und ohne Bewertung und macht so ursprüngliche Gestaltungsimpulse beobachtbar.

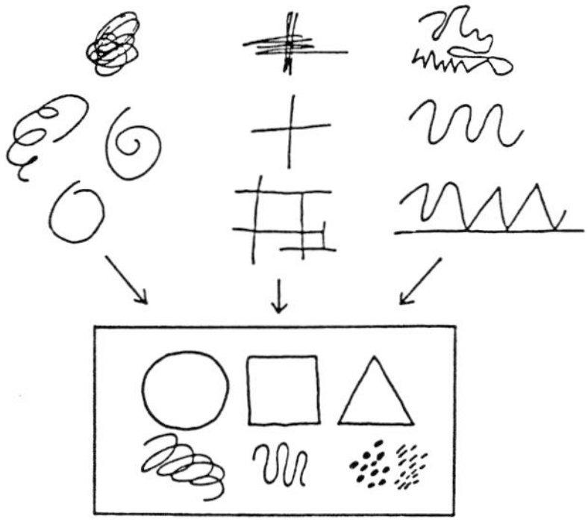

A

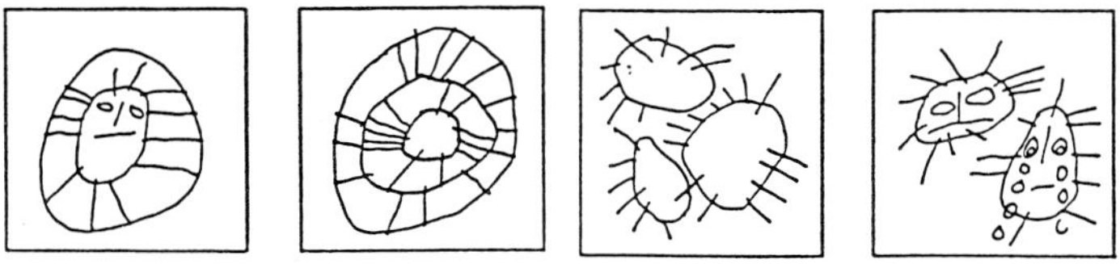

B

C

Abb. 9: Entwicklung des kindlichen Körperbildes.
Aus: H. I. Bachmann, Malen als Lebensspur, Klett-Cotta, Stuttgart 1988.

Danach erwachsen aus meist kreisförmigen Darstellungen Fühler, Taster, Strahler, Tentakel, die sich in die Umwelt vortasten (Abb. 9 B). Für Bachmann zeigt die Ausgestaltung dieser Tastkörper mit Gesichtszügen, daß es sich um Vorformen der menschlichen Figur handelt. Mit dieser Gestaltung erinnert sich das Kind, so Bachmann, an das Lebensalter von fünf bis zwölf Monaten, an die Erweiterung seiner Kontaktgrenzen durch Spüren, Tasten, Greifen und an die Differenzierung seines Körperschemas. Spitz hat darauf hingewiesen, daß die Hinwendung der kindlichen Wahrnehmung zur Außenwelt mit der Reifung und Integration seiner Sinnesorgane beginnt. Wichtiges Vermittlungsorgan in dieser Übergangsphase ist das Empfindungsvermögen der Haut, die «beeindruckt» wird und die die abgrenzenden Erfahrungen einleitet. Danach verschiebt sich das Schwergewicht von der Haut zur Hand, zum greifenden Erforschen der Umwelt, bis sich das Kind der Funktion der Beine bewußt wird. Bachmann vermutet, daß das zeichnende Kind mit den Strahlenfiguren eine Beziehung zu dem Kleinkind aufnimmt, das sich nach dem fünften Monat aus der Symbiose mit der Mutter zu lösen beginnt und sein Körperschema differenziert.

Anschließend entstehen beim freien Malen gegliederte Menschenfiguren, die sich erst allmählich in die Vertikale einpendeln, bis sie sicher auf dem Boden stehen (Abb. 9 C). Bachmann vermutet, daß das zeichnende Kind hier dem Krabbeln, Robben, Kriechen und dem Sichhochziehen und Sichaufrichten nachspürt. Mit der Aneignung dieser Fähigkeiten wird auch das Körperschema differenzierter, und das Kind entdeckt seine geschlechtliche Identität. Die Erfahrung der Selbständigkeit wird im Alter von drei Jahren erlebt und beim freien Malen mit etwa fünf bis sechs Jahren ausgedrückt. Zur Zeit des Schuleintritts zeichnet das Kind Gestalten und Objekte, die es vielfältig mit Kreisen und Bögen verbindet und schützt. Mit sieben bis achteinhalb Jahren treten dann handelnde Menschen auf und Gemeinschaften, das heißt Darstellungen, die eine zunehmende Konsolidierung der Individualität anzeigen.

Ein recht genaues Wissen über das Schema des menschlichen Körpers, über seine Form, Grenze, Größe und die einzelnen Körperfunktionen, hat das Kind mit etwa sieben Jahren entwickelt. Dieses Wissen ist verbunden mit der Bewertung körperlicher Eigenschaften wie Leistungsstärke, Schönheit und Attraktivität (Paulus 1982). In diesem Alter ist sich das Kind auch darüber bewußt, daß es zwei Körperhälften hat, und es beginnt, dieses Seitenverständnis auch auf andere Objekte (die es am Körper trägt, die vor ihm liegen) auszuweiten. So erlangt es allmählich die Fähigkeit, mit verschiedenen Perspektiven umzugehen, ohne die Ausrichtung am eigenen Körper zu Hilfe nehmen zu müssen (Fisher 1986).

Mit seinen genauen Untersuchungen zur motorischen Koordination hat Jean Piaget (1979) gezeigt, wie sich Hand in Hand mit der Orientierung am eigenen Körper die Umwelterfahrung des Kindes organisiert. Am Ende des siebten Lebensjahres stabilisiert sich die am eigenen Körper orientierte Wahrnehmung, die Dimensionen vorn–hinten, oben–unten, rechts–links sind vertraut. Erst um das zwölfte Lebensjahr kann das Kind diesen egozentrischen Standpunkt endgültig verlassen, den Körper als Bezugspunkt aufgeben und sich auch vom Standpunkt eines anderen aus räumlich verstehen.

Schon Paul Schilder hat darauf hingewiesen, daß die Lokalisation von Körperempfindungen am genauesten in der Nähe der Körperoberfläche ist. Die Erkundung des Körperinneren, das er als «heavy mass» bezeichnet, gelingt im allgemeinen nur, wenn die Körperwahrnehmung verstärkt wird und sich mit der Vorstellungskraft verbündet. Das Wissen um das Körperinnere, um die Organe und ihre Funktionen lernt der einzelne im Laufe seiner Sozialisation.

Abbildung 10 zeigt, welche Organe bei einem Test Sieben- bis Achtjährigen bekannt waren und wie sie von ihnen in ein vorgegebenes Körperschema eingeordnet wurden.

Nicht nur das Wissen über das Körperinnere, auch Konzepte zu Gesundheit und Krankheit werden erlernt. Für die Gesundheitserziehung und die Hilfe bei der Bewältigung von Krankheiten ist es daher wichtig, Kinder (aber auch Erwachsene) so anzusprechen, daß sie die Informationen angemessen verstehen und verarbeiten können.

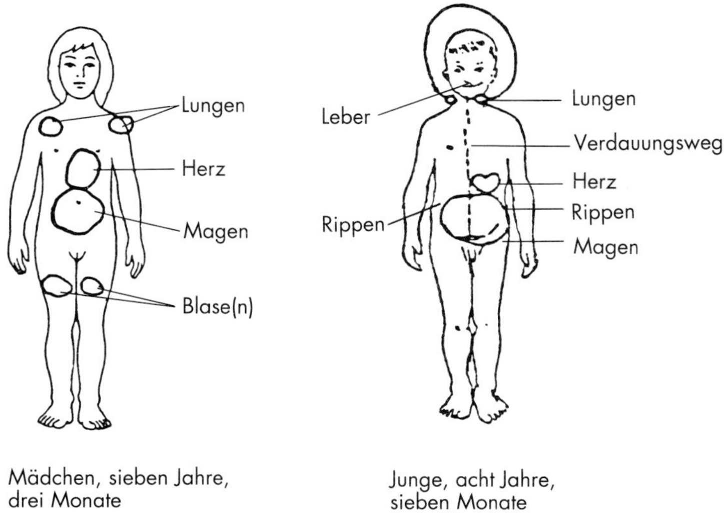

Abb. 10: Körperorgane, die Kindern bekannt waren und die sie in vorgegebene Körperumrißzeichnungen eintrugen. Nach Gellert 1962.

Elisabeth Koppitz (1972) untersuchte Zeichnungen der menschlichen Gestalt von 1856 Kindern im Alter zwischen fünf und zwölf Jahren. Sie stellte fest, daß die Zeichnung der menschlichen Figur das Entwicklungsalter spiegelt und darüber hinaus Mitteilungen über das seelische Erleben enthält. Die psychologischen Aspekte der Darstellung waren unabhängig vom zeichnerischen Talent und dem vorgegebenen Material (Bleistift oder dickere Farbstifte). Anhand von dreißig Merkmalen der Körperdarstellung kam Koppitz zu genauen Aussagen darüber, welche Darstellungsmerkmale in einer jeweiligen Altersstufe von normal intelligenten und emotional nicht gestörten Kindern erwartet werden können. So zeichnen Sechsjährige den Kopf mit Augen, Nase und Mund, den Körper meist mit zweidimensional dargestellten Armen und Beinen. Oft zeichnen sie auch den Hals, Füße, Hände mit Fingern und Haare. Vom zehnten Lebensjahr an werden in solchen Körperzeichnungen gewöhnlich Kopf, Hals, Rumpf und Gliedmaßen differenziert, und das Körperschema erscheint in richtigen Proportionen. Das Kind zeichnet Augen, Nase, Mund, Haare und Ohren ein, meist auch Pupillen und Augenbrauen. Arme und Beine werden zweidimensional gezeichnet, die Arme richtig an den Schultern angesetzt. Üblich ist auch die Darstellung von Füßen und Händen mit der richtigen Fingerzahl. Fehlen Körperteile in der Zeichnung, ist das Körperschema nicht integriert, sind dies Hinweise auf Entwicklungs-, Persönlichkeits- und eventuell auch hirnorganische Störungen. Angst, Unsicherheit und Körperbesorgnis deuten Kinder aber auch direkt durch Schattierungen und Einkreisungen in der Figur an.

Koppitz überprüfte die Bedeutsamkeit dieser Bildmerkmale an normalen wie auch emotional belasteten und verhaltensauffälligen Kindern. Sie kam zu dem Ergebnis, daß schüchterne, bedrückte, hilflose Kinder dazu neigen, winzige Gestalten zu zeichnen; sie stellen häufig Mund, Nase, Augen und Hände nicht dar. Aggressive Kinder hingegen zeichnen oft große Figuren mit betont langen Armen und großen Händen und stellen Zähne dar. In Zeichnungen von Kindern mit psychosomatischen Störungen fand Koppitz häufig Schattierungen des Gesichts oder verschiedener Körperteile sowie nicht in das Gesamtbild integrierte Körperteile, ferner kurze Arme, fehlende Hände, «zusammengepreßte» Beine (die auf traumatische sexuelle Erfahrungen hindeuten können) und fehlende Füße.

In einer Längsschnittuntersuchung, bei der man die Teilnehmer bat, sich selbst zu zeichnen (Faterson & Wittkin 1970, zitiert nach Kiener 1973), wurde die Entwicklung des Körperbildes von der Kindheit bis zum Erwachsenenalter beobachtet. Die Zeichnungen wurden danach bewertet, wie wirklichkeitsgetreu sie waren und ob sie Geschlecht, Alter und andere Einzelheiten (wie den Gesichtsausdruck) wiedergaben. Die Ergebnisse zeigten, daß die Differenzierung des Körperbildes vom achten bis zum vierzehnten Lebensjahr steil ansteigt, sich danach jedoch nur noch schwach verändert. Dabei zeigten alle Teilnehmer eine individuelle Stabilität in der Differenziertheit ihres Körperbildes. Mädchen malten in allen Altersstufen differenzierter als Jungen.

Reimar du Bois (1990) untersuchte die Entwicklung des Körpererlebens in der Pubertät und im Jugendalter. Er führte mit je fünfzig gesunden und schizophrenen Jugendlichen ausführliche Gespräche zu ihrer Körperempfindung, -anschauung und -besorgnis. Er stellte fest, daß sich das Körpererleben mit dem Gestaltwandel in der Pubertät, der Veränderung des gesamten Erlebnishorizontes und der sozialen Rolle zunächst stark intensiviert. Mit der Intensivierung von Körperempfindungen steigert sich auch die emotionale Erlebnisfähigkeit; sie erreicht in dieser Zeit einen Höhepunkt und eine neue Qualität. Es entsteht ein neuartiges Bewußtsein der eigenen unverwechselbaren personalen Existenz, aber auch der Einsamkeit und der seelisch-körperlichen Verletzlichkeit. Die Auseinandersetzung mit philosophischen Lebenskonzepten und mit der eigenen Sterblichkeit ist ein wichtiges Thema dieser Entwicklungsphase. Mit der Veränderung des Körperschemas und durch die früh angelegte Verschränkung organischer und seelischer Faktoren werden affektive Besetzungen des kindlichen Körperbildes wiederbelebt. Starke Empfindungen können in der Pubertät das Gefühl für die Integrität und den Zusammenhalt des Körpers und die Festigkeit der Körpergrenze sehr erschüttern. Asketische Verhaltensweisen, rigorose Ernährungsregimes und Fitneßprogramme können auch als Versuch verstanden werden, die Körpergrenze zu stabilisieren. In der Gruppe der gesunden Jugendlichen zeigte sich: Mädchen nahmen sowohl ihre körperlichen Veränderungen als auch ihre Körperempfindungen intensiver wahr als Jungen. Unter dem Aspekt der Körperbesorgnis zeigten sich keine Unterschiede.

Starke Gefühle der Destabilisierung, das Empfinden, existentiell ausgeliefert und durch eine zu schwache Körpergrenze ungeschützt zu sein, brachten vor allem die schizophrenen Jugendlichen zum Ausdruck. Sie hatten zudem meist große Schwierigkeiten, ihre Erfahrungen verbal auszudrücken. Ihr Erleben machte auch deutlich, daß ein sicherer Realitätsbezug ohne sicheren Bezug zum eigenen Körper nicht möglich ist. Das Körperbild der schizophrenen Jugendlichen war im Vergleich zu dem der gesunden wesentlich kindlicher, zeigte Verzerrungen, die von Gefühlen des Ich-Verlustes begleitet waren. Die Körperempfindungen der schizophrenen Jugendlichen waren oft bizarr und realitätsfern. Gefühle der Verwirrung und Schutzlosigkeit versuchten sie zum Teil durch Starre zu kontrollieren. Wenn ein akuter schizophrener Schub überwunden war, wurden weite Teile des Körperempfindens aus der bewußten Wahrnehmung ausgeschlossen. Die Untersuchung zeigte auch: Am Ende der Pubertät verblaßt das spontane und intensive Körpererleben. Die äußere Anschauung des Körpers tritt in den Vordergrund und führt zu einer stark außengeleiteten Orientierung und Bewertung des eigenen Körpers.

Untersuchungen zum Körpererleben Erwachsener* machen deutlich, daß das Ausmaß an Selbstsicherheit und Zufriedenheit, das ein Mensch empfindet, in signifikantem Zusammenhang mit der Wahrnehmung, dem Erleben des Körpers und der Zufriedenheit mit ihm steht. Dieser Zusammenhang ist für Frauen noch bedeutsamer als für Männer. Frauen machen auch genauere Angaben zu ihrer Zufriedenheit beziehungsweise Unzufriedenheit mit ihrem Körper. Einige Forscher sehen in diesen geschlechtsspezifischen Unterschieden Hinweise darauf, daß für Frauen (in unserer Kultur) der eigene Körper bei der Suche nach Sicherheit und Anerkennung eine wesentlich größere Bedeutung hat als für Männer. Sowohl Frauen als auch Männer richten sich in der Anschauung und Beurteilung ihres Körpers nach Idealnormen. Je größer der Unterschied zwischen der subjektiv empfundenen Attraktivität und dieser Idealform ist, um so unzufriedener ist ein Mensch mit seinem Körper, um so mehr lehnt er ihn ab oder versucht, empfundene Mängel auszugleichen. Eine solche Idealnorm beeinflußt Frauen in ihrem Körperempfinden, ihrer Selbstsicherheit und Selbstzufriedenheit in weit größerem Maße als Männer; schon Mädchen formulieren mehr Figurprobleme und unternehmen mehr Pflegeanstrengungen als Jungen (Mrazek 1987). Wie stark Frauen sich gezwungen fühlen, eine äußere Idealnorm zu erreichen, und wie sie darunter leiden,

* Allebeck *et al.* 1976; Jourard & Secord 1955, 1966; Kiener 1973; Lerner & Karabenick 1974; Mahoney 1978; Secord & Jourard 1953; Zion 1965.

daß sie nicht zu verwirklichen ist, verdeutlicht eine Befragung von mehr als hundert Frauen (Freedman 1989): Für die Untersuchung wurden nur Frauen ausgewählt, die weder an psychischen Störungen noch an Eßstörungen litten. Sie wurden ausführlich zu ihrer Körperwahrnehmung befragt. Es zeigte sich, daß alle Frauen mit bestimmten Teilen ihres Körpers unzufrieden waren; sie fühlten sich zu dick, zu eckig, zu klein. Alle litten unter den verschiedensten Körperstörungen, und alle lagen in ständigem Kampf mit ihrem Gewicht.

Fassen wir zusammen: Das Körperbild eines Menschen enthält entwicklungsgeschichtlich sowie kulturell und geschlechtsspezifisch vermittelte Erfahrungen mit dem Körper. Zugleich sind diese Erfahrungen mit der persönlichen Lebensgeschichte verbunden, mit ganz spezifischen Gefühlen und Wertungen. Und so ist das Körperbild als komplexes inneres Erfahrungsmuster auch Grundlage des Selbstbildes, des Lebensgefühls und des Kontaktes zur Realität. Die körperbezogenen Erfahrungen werden mittels des Körperbildes in einer spezifischen Art organisiert, die bestimmt, wie ein Mensch seinen Körper erlebt, welche Verbindung er zu ihm hat und wie er mit ihm, mit sich und anderen umgeht.

Für das Selbstgefühl, das Vertrauen in die Selbstregulations- und Handlungskraft ist das Gespür für die Körpergrenze von großer Bedeutung. Menschen, die ihre Körpergrenze klar spüren können, sind selbstsicherer, weniger umfeldabhängig und beeinflußbar, und sie ertragen Frustrationen und Belastungen besser als Menschen mit weniger festen Körpergrenzen (Fisher & Cleveland 1968; Wittkin 1973). Das Gespür für die Körpergrenze bildet sich mit der Unterscheidung von Innen- und Außenwelt und der Entwicklung der Ich-Identität aus der symbiotischen Membran heraus. Für die Differenzierung des Körperbildes und die Stabilisierung der Körpergrenze spielt der Gefühlskontakt mit den Bezugspersonen eine entscheidende Rolle. In alle Berührungs- und Kontakterfahrungen fließt die emotionale Bezogenheit mit ein und verleiht dem Erleben mit Gesten und Worten spezifische Werte. Die Art und Weise, wie die Bedürfnisse des Kindes befriedigt werden, wie es durch Phasen der

Entwöhnung geführt wird, belegt das Körperbild und die Körpergrenze mit verschiedenen Impulsen. Sie können mit Lust, Sicherheit, Freude, Vertrauen assoziiert sein oder mit Ambivalenz, Mangel, Leere, Angst und Feindseligkeit. Mit der Differenzierung des Ich-Erlebens stabilisiert sich auch das Gespür für die Körpergrenze und ihre flexible Handhabung. Erst das Gefühl der Sicherheit im eigenen Körper ermöglicht es auch, das Fluktuieren des Selbstgefühls und der Körpergrenze angstfrei zuzulassen – etwa beim Einschlafen, bei Kontakterfahrungen, im Erleben des Orgasmus.

Über besonders auffällige Störungen der Eigenwahrnehmung, über Durchlässigkeit oder Verzerrungen der Körpergrenze berichten Menschen mit psychiatrischen Beschwerden. Sie erleben zum Beispiel ihre Körperform als bizarr, Form und Größe einzelner Körperteile verändern sich in ihrer Wahrnehmung oder werden als fehlend, verloren oder anderen Personen zugehörig empfunden. Solche Erfahrungen sind mit großer Angst verbunden (Fisher & Cleveland 1968; Kahn & Johnes 1965; Sacks 1987 und 1989). Bei Psychosen und Borderline-Störungen ist immer das sichere Gefühl für die Identität, für Stabilität und Selbstkontrolle der Körpergrenze gestört. Grenzstörungen zeigen sich im Erleben der Fremdheit oder Leere sowohl gegenüber der eigenen Person und dem eigenen Körper als auch gegenüber der Umwelt (Joraschky 1983). Erfahrungen des Kontrollverlustes und der Depersonalisation beruhen meist auf Störungen der frühkindlichen Entwicklung und treten in der verletzlichen Phase des pubertären Gestaltwandels oder unter spezifischen Belastungen stärker hervor.

Auch bei Menschen mit psychosomatischen Erkrankungen treten Störungen des Körperbildes, Verzerrungen oder das Gefühl der Durchlässigkeit, auf. Im Bereich der Störung erleben Patienten ihre Körpergrenze oft als verändert oder auch als «zu offen» und haben den Eindruck, daß ihr Befinden durch negative äußere Einflüsse leicht beeinträchtigt werden kann. Besonders gut untersucht ist dieser Zusammenhang bei den Eßstörungen. Hilde Bruch betonte schon 1973, daß die Störung des Körpererlebens das bedeutsamste Merkmal bei Eßstörungen sei und unbedingt bei der Therapie beachtet werden müsse – eine Forderung, die bis heute kaum verwirklicht wurde. Auffällig ist eine Fehleinschätzung von Körperproportionen, die jedoch nur den eigenen Körper betrifft und mit negativen Haltungen, Ablehnung und geringem Vertrauen zum Körper und sich selbst sowie einer Verminderung realitätsgerechter Konfliktlösungen und des Emotionsausdrucks verbunden ist.*

Alle Eingriffe in die körperliche Integrität – zum Beispiel durch körperliche und sexuelle Mißhandlungen, durch Operationen, Prothesen und Unfälle – verändern das Selbstgefühl und die Wirklichkeitserfahrung. Wenn Menschen traumatische Situationen erleben, seelisch und körperlich gefährdet und verletzt werden, nicht fliehen oder kämpfen können, besteht eine Überlebens- und Bewältigungsstrategie darin, die körperliche und emotionale Eigenwahrnehmung zu vermindern oder auszuschalten. Auf diese Weise können Körperbereiche und -funktionen für die Wahrnehmung undeutlich werden oder auch ganz aus ihr verschwinden. Mit dem Verlust des Körpererlebens geht eine tiefgreifende Störung der Identität und des Kontaktes zur Realität einher.

Sehr anschaulich schildert der Neuropsychologe Oliver Sacks eine Störung des Körpererlebens in einem persönlichen Erlebnisbericht (1989): Sacks verletzt sich bei einer Bergwanderung in Norwegen – auf der panischen Flucht vor einem gewaltigen Stier – am Bein. Er wird schließlich gefunden, zur Unfallstation gebracht und später in eine Klinik nach London transportiert. Der Sehnenabriß verheilt gut – «rein chirurgisch betrachtet» –, aber Sacks hat das Gefühl für sein Bein verloren; er kann es zwar von außen betasten, doch ist es ihm bei aller Willensanstrengung nicht möglich, es zu spüren oder zu bewegen. Das Bein liegt auf seinem Bett wie etwas Abgestorbenes, das nicht zu ihm gehört. Die behandelnden Ärzte haben keine Erklärung für den Verlust seines Empfindungsvermögens. Und so versucht Sacks, das Ge-

* Fichter 1991; Garfinkel *et al.* 1978; Garner & Garfinkel 1981; Kuschel 1992; Meermann & Fischer 1982; Nutzinger & Slunecko 1991; Strauß & Appelt 1983.

heimnis dieser beunruhigenden Erfahrung mit Hilfe seiner eigenen beruflichen Kompetenz zu ergründen.

Er erinnert sich an den Beginn der Wanderung. Zunächst fühlte er sich «stark wie ein Stier*, in der Blüte und auf dem Zenit meines Lebens». Dann bricht eine andere, «tatsächliche» Realität über ihn herein, als er hinter einer Wegkrümmung einen riesigen weißen Stier erblickt. Das gewaltige Tier erscheint Sacks zunächst machtvoll und gelassen. Dann «veränderte es sich vor meinen Augen und verwandelte sich aus etwas Herrlichem in etwas ausgesprochen Monströses... der Stier wurde entsetzlich in seiner Kraft, seiner Bösartigkeit, seiner Tücke... erst hatte er sich in ein Ungeheuer verwandelt, jetzt wurde er ein Teufel». Sacks erlebt panische Angst und nach der Beinverletzung auch starke Schmerzen.

Im Krankenhaus, als er bemerkt, daß er das Gefühl und die innere Vorstellung für sein Bein verloren hat, versteht Sacks am eigenen Leib, daß das Bewußtsein bei schweren Traumen Teile des Körperbildes ausschalten kann. Dieses Erlebnis stürzt ihn in eine schwere Krise, die sich entscheidend auf seine Haltung als Arzt und Wissenschaftler auswirkte. Er erkennt: «Nicht nur die Verbindung zwischen Nerven und Muskeln, sondern auch die natürliche und angeborene Einheit von Körper und Geist war aufgelöst. Der Geist war ebenso zerrissen wie der Körper. Beide waren gespalten und voneinander abgespalten.» Sacks ist verzweifelt, verabscheut die Erfahrung und fühlt sich in einem tiefgreifenden und unerklärlichen Veränderungsprozeß gefangen, der seine grundlegenden Werte und Einstellungen berührt. «Im Stolz auf meinen Verstand... hatte ich gedacht, daß alles Erstrebenswerte im Leben durch Vernunft und Willenskraft erreicht werden könne... Vielleicht zum erstenmal in meinem Leben hatte ich nun – gezwungenermaßen – etwas ganz anderes kennengelernt: Ich war durch mein Patientsein gezwungen, voll-

* Sacks selbst kommentiert diese Metapher und die Symbolik des wahrgenommenen Tieres nicht. Für den Leser schwingt jedoch die Bedeutung von Kraft und männlichem Wagemut mit, die dem Stier zugeschrieben wird. In den Kulten verkörperte der Stier sowohl Macht, Sexualität und Fruchtbarkeit als auch den Aspekt des Todes und der Wiedergeburt.

kommene Passivität zu erfahren... mußte all meine Fähigkeiten und Ansprüche, all meinen männlichen Wagemut, meine Lebhaftigkeit, aufgeben und in dieser langen Nacht wie ein Kind, geduldig und passiv, ausharren... Ich mußte warten, mußte stillhalten - bis ‹Er sich mir bereitet...›»* Sacks sucht Trost in Religion und Kunst, und schließlich wird die Wiederbelebung seiner Empfindungsfähigkeit durch Musik vorbereitet: «Sie beflügelte meine Seele und damit auch meinen Körper, so daß ich ganz plötzlich und spontan zur Bewegung, zu meiner eigenen Wahrnehmungs- und Bewegungsmelodie erweckt und durch die Lebendigkeit der Musik in mir ins Leben zurückgerufen wurde.»

Sacks findet heraus, daß seine Erfahrung durchaus nicht selten ist, daß Verluste der Körperwahrnehmung vielmehr häufig auftreten, wenn Angst und Schmerzen ein kritisches Maß erreichen. Er erkennt, daß die Berichte von Patienten, die sich in einer emotionalen Sprache über solche Entfremdungserlebnisse äußern, von Ärzten und auch von der neurologischen Forschung meist ignoriert werden.

Bei überfordernden Bedrohungen im Zusammenhang mit Gefühlen von Angst und Wut oder Hilf- und Hoffnungslosigkeit können sich Körperstrukturen übertrieben verfestigen oder auch auflösen und erschöpft in sich zusammensinken. Die Kontrolle, Unterdrückung und Abspaltung von Körperempfindungen und Gefühlsreaktionen ist für Kinder oft die einzige Möglichkeit, Schmerz, Gewalt, Vernachlässigung zu überleben. Wiederholen sich traumatische Erfahrungen, dauern sie lange an oder werden emotionale Äußerungen ständig abgewiesen, kann die Abspaltung der Eigenwahrnehmung chronisch werden. Damit können nicht nur organismische Regulationen, sondern auch das Bewußtsein für die eigene Identität und der Kontakt zur Realität beeinträchtigt werden. Wird eine solche Blockierung der Wahrnehmungs- und Empfindungsfähigkeit nicht gelöst, muß die fehlende Eigenwahrnehmung durch lo-

* Sacks bezieht sich hier auf ein religiöses Gedicht von Juan de la Cruz (Johannes vom Kreuz).

gisches Denken und Willensanstrengung oder Phantasien ersetzt werden. Diese Anpassungsleistungen und Widerstandsmuster sind uns so selbstverständlich und vertraut, daß wir sie später nur durch bewußte Beobachtung als Begrenzung unserer Vitalität erkennen können. Was wir als unsere Persönlichkeit empfinden, ist ein erlerntes Muster seelischer Haltungen, das sich mit unserer Körperstruktur verfestigt. Diesen Zusammenhang möchte ich mit einer Zeichnung des Körpertherapeuten Stanley Keleman (1992) veranschaulichen. Sie zeigt typisierte Zusammenhänge einer Körper- und Persönlichkeitsstruktur, die Keleman «rigide» nennt. Ich ergänze seine Interpretation durch Hinweise von Reich (1972) und eigene Beobachtungen (Teegen 1985).

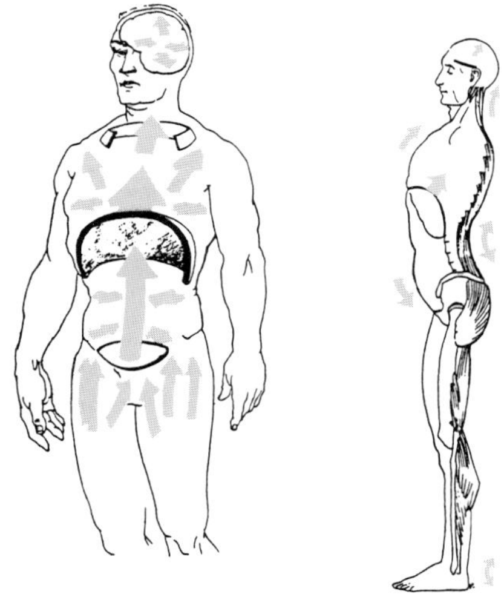

Abb. 11: Die «rigide Struktur». Aus: S. Keleman, Verkörperte Gefühle. Kösel, München 1992 (Emotional Anatomy, Center Press 1985).

Der Körper wirkt übertrieben gestreckt und aufgerichtet und erscheint vergrößert. Diese Wirkung ergibt sich vor allem durch die Erweiterung und Vergrößerung des Brustbereichs. Die Pfeile deuten an, daß sich die Muskeln an der Vorderseite des Körpers mit Hilfe der zusammengezogenen Rückenmuskeln ausgedehnt und gestreckt haben. In dieser Haltung werden das Zwerchfell und die inneren Organe nach oben und hinten gezogen. Deutliche Spannungsringe ergeben sich im Schlüsselbein-, Zwerchfell- und Genitalbereich. Tiefe Muskelkontraktionen zeigen sich auch im Nacken und unteren Rücken.

Dieser Mensch wirkt auf den ersten Blick beeindruckend und machtvoll. In dieser Haltung ist er jedoch im oberen Körperbereich aufgebläht und im unteren schlecht gegründet. Der Brustraum, vor allem das Brustbein, scheint ein ursprünglicher Ort für das Erleben von Stärke und Kraft zu sein. Empfindungen der Schwäche und das Bemühen, sich dagegen zu stabilisieren, stehen meist in Verbindung mit einem Mangel an Schutz, mit verletzter und abgewiesener Liebe. Die Empfindungen in der Brust werden dann häufig als «Eisenring», «Knoten» oder «Versteinerung» beschrieben. Sie hängen mit dem Bemühen zusammen, sich gegen weitere Verletzungen unempfindlich zu machen. Ein solcher Mensch beherrscht bedrohliche Gefühlsreaktionen – tiefer Kummer, heftige Wut –, indem er die Brust unbeweglich macht. Die Zeichnung zeigt, wie sie in einer chronischen Einatmungsposition fixiert ist. Dies wird mit Verspannungen im Zwerchfell, in Nacken und Schultern, durch Zurückhalten der Ausdrucksbewegungen von Armen und Händen und durch eine Blockierung der Kehle und der mimischen Muskulatur gesichert. Die chronischen Muskelanspannungen mindern den Gefühlsausdruck und ermöglichen es, sich unberührt, distanziert und beherrscht zu geben. Die Struktur erweckt den Eindruck der «Charakterfestigkeit» und «Würde». Sie entspricht kulturellen Idealen der Selbstbeherrschung.

Eine solche Körper- und Persönlichkeitsstruktur entwickelt sich, so Keleman, als Antwort auf ein Familienklima, in dem das Kind für bestimmte Bedürfnisse kämpfen muß und in dem der Ausdruck von Empfindsamkeit und Zärtlichkeit gehemmt ist. Eine solche Familie wird zwar die grundlegende emotionale Unterstützung geben, die Eltern lassen das Kind nicht im Stich und mißbrauchen es nicht. Sie erwarten jedoch von ihm in bestimmten Situationen, daß es seine Lebensimpulse begrenzt. So erlebt es zum Beispiel, daß sein Verlangen nach Nähe und der Ausdruck von Einsamkeit, Traurigkeit und Weinen unerwünscht oder gefährlich sind. Es entwickelt eine grundlegende Fähigkeit, sich durchzusetzen, lernt jedoch, spezifische Erregungsimpulse zu kontrollieren. Mit der Anpassung an die Erwartungen und mit der dauerhaften Kontrolle bestimmter Bedürfnisse verliert es an Flexibilität; das Spektrum seiner Verhaltensmöglichkeiten und seines Gefühlsausdrucks reduziert sich. In dieser Haltung versteift sich der Mensch gegen Bedürfnisse, die er von innen spürt, und kontrolliert Gefühle der Einsamkeit und Schwäche, indem er sich vergrößert und andere klein erscheinen läßt. In der Fixierung dieser dominanten Haltung erwirbt er die Illusion von Unabhängigkeit und Selbstbehauptung. Mit seiner Haltung vermittelt er der Welt Botschaften wie «Ich sage dir, was du tun sollst», «Ich bin größer als du», «Gib mir Beachtung und Anerkennung» oder weist Forderungen trotzig zurück: «Ich will nicht.» Er versteift sich gegen Empfindungen von Einsamkeit und Angst und zugleich gegen die große Sehnsucht, innerlich berührt zu werden, angenommen und geliebt zu sein. Situationen unmittelbarer mitmenschlicher Nähe erlebt er als gefährlich, denn in ihnen besteht das Risiko, Unvertrautes zu erleben, innerlich angerührt zu werden und sich im Weinen zu lösen, das heißt sich klein und hilflos zu fühlen.

Um dieses einseitige psychosomatische Anpassungsmuster zu lockern und das Spektrum der Verhaltens- und Gefühlsmöglichkeiten – und damit auch das Bewußtsein – zu erweitern, braucht ein solcher Mensch spezifische Hilfen: Über die Erschütterung in bestimmten Lebenskrisen oder Lernerfahrungen in einer Therapie müßte der Kontakt zum Bauch und zum Boden wiederhergestellt, die Spannung in Kopf und Nacken und um die untere Wirbelsäule gelockert werden. Er müßte die Möglichkeit bekommen, Traurigkeit zu erfahren, seine Sehnsucht zuzulassen und dem Impuls zu weinen nachzugeben. Aus dieser umfassenden Entspannung kann sich eine neue Zentrierung im Bauch-Becken-Bereich entwickeln, eine wirkliche Standfestigkeit, die umfassenden und flexiblen Austausch mit der Umwelt erlaubt.

Die Beziehung, die wir zu unserem Körper haben, ist untrennbar mit unserer Beziehung zu uns selbst und unserer Umwelt verbunden. Sie ist lebensgeschichtlich gewachsen, für uns selbstverständlich und nur schwer in Worte zu fassen. Indem man lernt, den eigenen Körper bewußt zu spüren, können eingefleischte Widerstandsmuster und eingeschnürte Bedürfnisse wieder zugänglich werden. Es ist möglich, mit Hilfe der bewußten Wahrnehmungs- und Erkenntnisfähigkeit die lebensgeschichtlichen Wurzeln der eigenen Struktur zu erkunden. Daraus kann eine neue Orientierung und Erweiterung der Lebensperspektive erwachsen.

Bei allen neurotischen, psychosomatischen und psychotischen Störungen ist es wichtig, die Entfremdung zum Körpererleben zu überwinden. Auch im Rahmen der Gesundheitserziehung und Prävention ist es sinnvoll, Blockierungen des Körpererlebens wahrzunehmen, behutsam zu ergründen und zu lösen. Man muß sich jedoch klar darüber sein, daß dabei kindliche Erlebnisprozesse und belastende Erfahrungen berührt werden. Das bedeutet: Solche Versuche müssen feinfühlig unternommen werden, man muß auf Entwertungen achten, die man den kindlichen Anteilen in sich selbst entgegenbringt, und lernen, sie in Mitgefühl und Empathie gegenüber sich selbst zu verwandeln. Für erste Schritte der Selbsterkundung ist eine sanfte Übung geeignet, die ich im folgenden Kapitel vorstellen möchte.

Im Kontakt mit dem Körperbild

Die Übung «Reise durch den Körper» (S. 154 ff) leitet dazu an, die verschiedenen Bereiche des eigenen Körpers mit ihrer jeweiligen Befindlichkeit – ohne Wertungen oder Vorerwartungen – zu spüren und damit verbundene Empfindungen wahrzunehmen. Die Übung hat oft eine angenehm entspannende Wirkung, doch ist dies nicht ihr wesentliches Ziel. Sie richtet vielmehr die Eigenwahrnehmung auf körperliche Prozesse, auf das Zusammenspiel von Soma und Psyche, und erlaubt relativ angstfrei die Erkundung ganz persönlicher Bedeutungsmuster. Mit dem Schließen der Augen, der Hinwendung zum inneren Spüren und «Sehen» lockern viele Menschen ihre Kontrollhaltung gegenüber Umweltreizen und fühlen daher Entspannung, sie sind «mehr bei sich».

Ein erster Hinweis auf diese Übung findet sich in einer alten indischen Schrift, die etwa fünftausend Jahre alt ist. Das «Vigyana Bhairata Tantra» (zitiert nach Rajneesh 1979) enthält 112 Anleitungen zur Imagination und Meditation. Sie bieten ein umfassendes Spektrum für die Schulung und Integration der Wahrnehmung. Die Übungen sind in eine Rahmenhandlung eingebunden: Shiva wird von seiner Gefährtin gefragt: «Was ist deine Realität?» Shiva antwortet ihr nicht mit einer Definition, sondern gibt ihr schrittweise Anleitungen, wie sie ihr Bewußtsein und ihre Wahrnehmungen klären und integrieren kann. Seine Anweisung ist sehr einfach: «Schließ die Augen und nimm dich von innen genau wahr. Erkenne so deine wahre Natur», heißt es in dem alten Text.

Diese Anweisung ist für uns heutige Menschen zu knapp, um unsere Entfremdung zum Körpererleben zu überwinden. Ich habe die «Reise durch den Körper» daher wesentlich ausführlicher gestaltet. Sie verfolgt jedoch die gleiche Intention: Mit dem Wechsel der Wahrnehmungsperspektive, mit dem Fühlen und Sehen von innen wird die psychosomatische Struktur zugänglich, wir berühren das Körperbild und können die mit ihm verbundenen Empfindungen und Lebenserfahrungen erfassen. Mit der nach innen geführten Wahrnehmung kann man spüren, welche Körperbereiche verletzt und abgetrennt sind von der eigenen Struktur, man kann solche Abspaltungen aufklären und verletzten Bereichen Energie zuführen. Im allgemeinen erkennt man zunächst nicht die «wahre Natur», sondern Widerstandsmuster, die uns von ihr trennen.

Nach meiner Erfahrung mit vielen Gruppen gelingt es allen Menschen, die «Reise durch den Körper» in wesentlichen Schritten mitzumachen und ihre Wahrnehmung anschließend in einem Bild wiederzugeben. Die bildliche Darstellung der Erfahrungen ist eine Art Reisebericht über die Kontakte zum Körperbild. Sie gibt Hinweise auf kindliche Abwehrhaltungen, die chronisch geworden sind, und deutet an, was ein Mensch braucht, um sich aus dieser Verhaftung zu befreien.

Ich gehe zunächst auf typische Erfahrungen bei der Übung ein und zeige dann anhand verschiedener Bilder, die im Rahmen von Forschungsprojekten entstanden, wie Menschen ihre Erfahrungen darstellen und wie man sich der Bildaussage durch die Erkundung von Farben und Strukturen nähern kann.

Vielen Menschen sind die unterschiedlichen Erlebnisebenen zwischen Wachsein und Schlaf unvertraut. Der Wachzustand ist bei ihnen meist mit einer höheren Körperspannung verbunden. Wenn sich die Anspannung – zum Beispiel während der körperbezogenen Übung – zu lösen beginnt, schlafen sie oft ein. Dies zeigt einerseits an, daß die Übung eine günstige und wohltuende Wirkung hat, doch wird andererseits durch das Einschlafen auch die Wahrnehmung bestimmter Körperbereiche vermieden. Menschen schlafen häufig ein, wenn die Wahrnehmung auf einen Körperbereich gelenkt wird, der eine besondere subjektive Bedeutung hat – oft wachen sie anschließend wieder auf und setzen die Reise durch den Körper fort.

Manche Teilnehmer überhören einige Schritte der Anleitung und nehmen so mit einigen Körperbereichen keinen Kontakt auf. Andere beginnen, sich bei der Erwähnung bestimmter Körperbereiche zu bewegen oder ihre Atmung zu vermindern. Durch solche Reaktionen werden meist unangenehme Körperempfindungen und damit verbundene Gefühle und Erinnerungen an Lebensbelastungen vermieden.

Viele Menschen haben eine Scheu davor zu malen; sie haben den Eindruck, es nicht zu können. Es ist hilfreich, vor der Übung zu betonen, daß es nicht um eine künstlerische Gestaltung geht, sondern darum, persönliche Eindrücke festzuhalten, um sie tiefer verstehen zu lernen. Trotzdem fühlen sich viele Menschen zunächst gehemmt. Eine Frau berichtete: «Ich hatte etwas Angst, ob mir auch die Idee kommen würde, wie ich anschließend malen könnte. Ich wußte zwar genau, daß es nicht um eine Idee ging, auch nicht um falsch oder richtig, schön oder nicht schön, und ich war auch sicher, daß niemand sich über mein Bild lustig machen oder abfällig äußern würde, und dennoch war diese Angst da. Mein Leistungsanspruch machte mir zu schaffen, meine Angst, zu versagen, im Vergleich mit anderen nicht bestehen zu können.» Solche Ängste vermindern sich, wenn die Übung häufiger – zum Beispiel allein in vertrauter Umgebung – durchgeführt wird. Eine andere Frau, die ebenfalls sehr betroffen über ihre Ängstlichkeit beim Malen war, begann anschließend gemeinsam mit ihrer kleinen Tochter zu malen. Durch die Ungezwungenheit und Spontaneität des Kindes verlor sie ihre Hemmung.

Obwohl alle Teilnehmer die gleiche Anleitung erhielten, malten sie unterschiedliche und ganz individuelle Erfahrungen. Die bildliche Gestaltung zum Körpererleben – unabhängig davon, ob das Bild einfach, zurückhaltend oder detailfreudig oder künstlerisch gemalt ist – lösen beim Malenden und bei anderen Betrachtern unmittelbare Gefühle aus. Es ist hilfreich, diese Gefühle zuzulassen und herauszufinden, welche Gestaltungsmerkmale uns anrühren oder auch abstoßen. Wenn wir mit der im Bild dargestellten Person einen Dialog beginnen, wird meist sehr schnell deutlich, daß uns mit der Gestaltung ein (meist jüngeres)

Selbstbild begegnet. Es zeigt uns bestimmte Gefühls- und Lebensmuster, in denen wir verhaftet sind. Häufig spüren Menschen zunächst Unbehagen und Ablehnung – Gefühle, die sich zu Trauer und Wut vertiefen, aber auch zu Mitgefühl und Fürsorge wandeln können. Im Kontakt mit dem Bild werden sowohl Lebensbelastungen und Ängste wie auch Empathie, Kreativität und Selbstwertgefühl aktiviert – Empfindungen, die meist lange unter Verschluß gehalten wurden.

Die meisten Menschen zeichnen ihre Erfahrungen bei der «Reise» so auf, daß eine menschliche Körperform erkennbar wird. Manche Bilder wirken aber auch abstrakt und sind zunächst schwerer zu verstehen. Sie bringen oft ein unsicheres Lebensgefühl zum Ausdruck und ein großes Bemühen, die erlebte Schutzlosigkeit durch kognitive Kontrolle auszugleichen.

Abbildung 12 zeigt die Darstellung einer neunzehnjährigen Frau, die während eines Klinikaufenthaltes an der Übung teilnahm (Kuschel 1992). Sie litt seit zwei Jahren (nach der Scheidung der Eltern) an einer schweren bulimischen Eßstörung. Bevor sie die Klinik aufsuchte, erlebte sie täglich etwa sechs Heißhungerattacken und erbrach bis zu zwölfmal. Psychologische Tests ergaben, daß sie ihre Wahrnehmung überstark – hypochondrisch – auf Körpervorgänge richtete und in ihrem emotionalen Ausdruck gehemmt war. Bei der Übung spürte sie sich «in meinem Bauch» und malte sich als kleine, gelbe, embryonenhafte Form.

Das kleine Wesen wird von vielfältigen Impulsen vor allem an Kopf und Bauch getroffen. Diese Reize gehen von einer zweigeteilten Kugelform aus. Embryo und Kugel sind von einer blauen Hülle umschlossen, der Bildgrund ist hellblau gemalt – «ein Schutzwasser, das mich umgibt». Das Bild zeigt, wie klein und schutzlos sich die junge Frau fühlt. Ein Ich-Gefühl verbindet sie nur mit ihrem Bauch. Dieses Ich hat keine feste Körpergrenze, keine Sinnes- und Handlungsorgane, mit denen es den Berührungsreizen antworten könnte. Die Malerin ist sehr bemüht, ihre Erfahrungen kognitiv zu ordnen. «Mir wird bewußt», sagt sie zu ihrem Bild, «daß ich im Moment aus zwei Teilen bestehe. Beide wollen gesund werden. Meine Schale schafft es leichter als

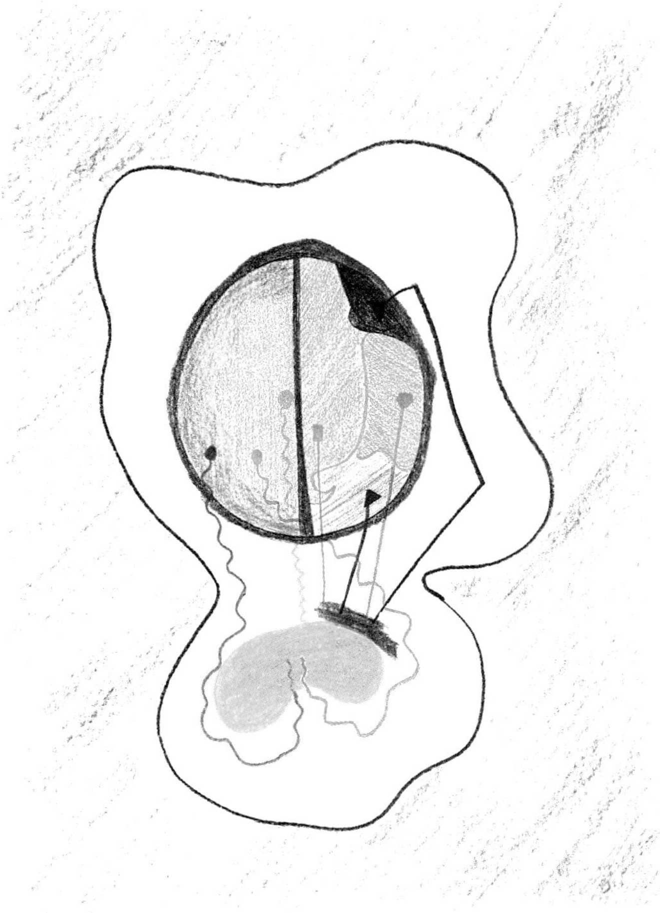

Abb. 12: Abstrakte Darstellung

mein Kern. Ich muß wahrscheinlich erst ein bißchen aus meiner Schale heraus.»

Die Sicherheit, die sie in ihrer «Schale», im Innern ihres Bauches und durch das phantasierte «Schutzwasser» spürt, kann sie vermutlich aber nur dann verlassen, wenn sie klärt, warum sie sich im «Kern» so schwach und hilflos fühlt. Dazu müßte sie die emotionale Bedeutung ihrer Körperempfindungen im Kontext ihrer Lebensgeschichte erkunden. Sie müßte lernen, ihre «Kern»-Bedürfnisse zu verstehen und aktiv zum Ausdruck zu führen. – Die Angaben der jungen Frau zu Belastungen in der Kindheit legen die Vermutung nahe, daß sie sexuell ausgebeutet und in der Entwicklung ihrer Körper-Ich-Grenze verletzt wurde.

In einem Seminar in Salzburg malten zu meiner Überraschung fast alle Teilnehmer Landschaften ohne Körperformen. In der Aussprache fanden wir heraus, daß die Wahrnehmung des eigenen Körpers und leiblicher Empfindungen für viele etwas Schlechtes oder Verbotenes war. So fühlten sie sich bei der Erkundung ihres Körpers durch diese Wertungen blockiert und wichen in zarte, märchenhafte, lichtvolle Phantasievorstellungen aus. Einige Teilnehmer brachten dieses Verhaltensmuster auch in Zusammenhang mit ihrer religiösen Erziehung.

Manche Darstellungen bilden zusätzlich zum Körper einen Hintergrund ab, der Gefühle und Lebenserfahrungen symbolisieren kann. Das sind meist Erfahrungen, die von der Eigenwahrnehmung noch abgetrennt sind.

Abbildung 13 zeigt die Erfahrung einer achtundzwanzigjährigen Frau. Sie berichtete über angenehme Gefühle zu der Übung und war beeindruckt, daß sie ihren Körper «ganz» spüren konnte. Sie hat in ihrem Bild mit Blau gekennzeichnet, daß sich ihre Hände kalt anfühlten, und mit Schwarz, daß ihr Hals, ihr Nacken, ihre Schultern schmerzten. In der Darstellung wirken der rechte Arm und das rechte Bein kräftiger als die Gliedmaßen der linken Körperseite, der Oberkörper und die Schultern sind gegenüber dem unteren Körperbereich betont. Insgesamt wirkt der Körper eher starr und unlebendig. Im Hintergrund – in der Höhe von Schultern und Kopf, teilweise als Verlängerung der schwarzen Spannungslinien – werden acht Berge sichtbar, vier auf jeder Seite der Person. Die Berge sind mit Rot (wie der Körperumriß) und Violett gezeichnet. Violett sind auch die Augen gemalt. Diese Farbe wirkt in dem sonst so zurückhaltenden Bild auffällig und deutet Leiden und Betroffenheit an. Die Malerin gab zunächst keine Erkrankungen an. Erst im Nachgespräch wurde deutlich, daß sie häufig an heftigen Migräneanfällen litt. Die Anfälle begannen im Alter von acht Jahren mit der Trennung der Eltern. Psychologische Tests zeigten, daß die junge Frau starke aggressive Impulse angestaut hatte, die sich in den Migräneanfällen ausdrückten. Angeregt durch die Bildaussage, begann die Malerin diese Zeichen einer Leidenserfahrung im Zusammenhang mit frühen, noch nicht bewältigten Lebenserfahrungen zu verstehen.

Die Größe einer Zeichnung kann ein Hinweis auf das Selbstwertgefühl eines Menschen und die Stellung sein, die er in der Welt für sich beansprucht. Sehr kleine Körperzeichnungen deuten an, daß die Person sich klein, unbedeutend, scheu und hilflos fühlt. Schuster (1989) versteht die Nutzung des Bildraums als symbolischen Ausdruck für den Umgang mit dem real zur Verfügung stehenden Lebensraum. Swantje Ohl (1988) fand einen statistisch bedeutsamen Zusammenhang zwischen der Größe der gemalten Person und ihrem Realitätsbezug. Zusätzlich kann von Bedeutung sein, ob ein Mensch sich zentral an der Bildmitte oder am Rand darstellt.

Abbildung 14 zeigt das Bild einer zweiundfünfzigjährigen Frau, die an Brustkrebs erkrankt war. Die Gestalt wirkt sehr kindlich, sie ist nur im Umriß, klein und unscheinbar in die rechte untere Bildecke gemalt. Ihre wichtigste Erfahrung bei der Übung war: «Ich fühlte mich klein und sehr unsicher.» Die Bildaussage wurde durch psychologische Testdaten bestätigt. Sie zeigten, daß es für diese Frau wichtig ist, ihre gefühlsmäßige Zurückhaltung, vor allem die Abwehr aggressiver Impulse, zu erkennen und ihre Bedürfnisse in alltäglichen Situationen stärker zum Ausdruck zu bringen. Die Stellung der Person im unteren rechten Bildraum läßt auch vermuten, daß sich die scheue Zurückhaltung in der Beziehung zur Mutter entwickelte. Das Bild rührt die meisten Betrachter an und weckt den Wunsch, das kleine Mädchen bei der Hand zu nehmen und ihm Mut zu machen, sich vertrauensvoller zu zeigen.

Manchmal wird die Person so in den Bildraum gesetzt, daß bestimmte Körperteile keinen Platz mehr finden und herausfallen. Dies geschieht nicht zufällig, wiederholt sich meist bei weiteren Bildern und entzieht sich einer absichtsvollen Planung. Eine Frau, deren Füße kaum Platz auf der Malfläche fanden, berich-

Abb. 13: Körperbild mit Hintergrund

Abb. 14: Das Körperbild nimmt nur wenig Raum ein

tete: «Die Proportionen stimmen nicht. Das springt mir besonders ins Auge, da ich Modezeichnen und somit einiges über Proportionen gelernt habe. Aber schon damals [vor etwa 25 Jahren] hatte ich Schwierigkeiten, meine Skizzen so anzulegen, daß die Füße der Figuren noch Platz auf dem Zeichenbrett hatten. Obwohl mir dies auch zum Zeitpunkt des Malens bewußt war, ist es mir dennoch nicht gelungen, die Größe des Blattes entsprechend aufzuteilen. Wenn ich das Bild betrachte, fällt mir auf, daß die dargestellte Person sehr viel Raum beansprucht und einnimmt und daß sie keinen guten Bodenkontakt hat, da Teile der Füße fehlen.» Die Malerin wunderte sich zunächst über ihre Gestaltung, denn sie hatte von sich den Eindruck, «fest auf dem Boden zu stehen». Dann wurde ihr bewußt, daß dies nur für vertraute Situationen gilt und daß sie ihre Füße bei der Übung kaum spüren konnte, so daß sie in ihrer Wahrnehmung nicht vorhanden waren.

Bilder zum Körpererleben werden überwiegend aus der Frontansicht gemalt, so daß der Betrachter Augenkontakt mit ihnen aufnehmen kann. Einige Bilder zeigen die Personen von der Seite. Diese Darstellungen wirken distanziert, abgewandt und geben meist wenig Einblick in die Körperempfindungen und Gefühle der Malenden. Mit dieser Perspektive vermeiden sie zunächst eine direkte Begegnung mit sich selbst, doch können sie anhand des Bildes erkunden, wovor sie Angst haben, was sie nicht sehen oder zeigen mögen.

Mit Farben werden Empfindungen und Gefühle ausgedrückt. Gesundheit und Wohlbefinden lassen sich häufig an der Vielzahl der verwendeten Farben erkennen. Kranke und Menschen in Lebenskrisen verwenden eher wenig Farbe oder malen farblos. Farblose Darstellungen deuten einen «überschatteten» Zustand, einen Mangel an Vitalität und eine Entfremdung vom emotionalen Erleben an.

Farben haben eine ganz individuelle Bedeutung. Bei Bildern zum Körpererleben werden jedoch mit Blau häufig Kälteempfindungen, mit Schwarz und Rot Mißempfindungen, Spannung, Schmerz ausgedrückt. Orangerot signalisiert Wärme und Vitalität. Emotionale Zurückhaltung, mangelnde Vitalität oder Angst können auch in einer sehr zarten Strichführung zum Ausdruck kommen.

Reine Umrißzeichnungen deuten einen Mangel an Vitalität an und eine Unfähigkeit, sich selbst zu spüren; sie stammen häufig von schwerkranken Menschen. Jolande Jacobi (1985) weist darauf hin, daß sehr sparsame Darstellungen, die nur Konturen zeigen, auf ein «Nichtgebenkönnen», «Nichtgebenwollen» hindeuten, auf eine «Angst, die den Einsatz fürchtet» und sich auf ein «Minimum an Hingabe und Festlegung» beschränken möchte.

In Umrißzeichnungen sind manchmal einzelne Körperbereiche gekennzeichnet. Erkrankte Körperbereiche werden häufig mit Rot und Schwarz betont und als kalt, eng, verkrampft, starr oder brennend empfunden. Es werden jedoch auch Körperbereiche betont, mit denen angenehme Gefühle, Wohlbehagen, Vitalität verbunden sind. Leer gelassen werden Körperbereiche, die für den Malenden schwer zu spüren sind, mit denen er unangenehme Erlebnisse verbindet oder die er im Zusammenhang mit spezifischen Lebenserfahrungen ablehnt und von der Eigenwahrnehmung abgespalten hat.

Mit der gemalten Körpergrenze stellt ein Mensch dar, inwieweit er sich von der Umwelt abgrenzen und unterscheiden kann. Unterbrochene, gestrichelte Grenzzeichnungen finden sich häufig in den Bildern kranker Menschen. Sie zeigen genau, welche Körperbereiche mit Angst, Unsicherheit und Unzulänglichkeit verbunden sind. Solche Bilder bringen eine empfundene Verletzlichkeit und Schutzlosigkeit zum Ausdruck und zeigen dem Malenden, daß er lernen muß, sich besser abzugrenzen, zu wehren, zu behaupten.

Abbildung 15 zeigt einen aus der Seitenansicht und stark stilisiert gemalten Körper. Arme und Beine sind nur durch nebeneinander verlaufende Linien angedeutet, Hände und Füße fehlen ganz. Der Kopf ist tropfenförmig dargestellt und enthält in seiner Mitte einen blauen Kreis. Körperschema und Körpergrenze sind nur ganz schwach angedeutet und werden überlagert von zwölf roten Strahlen, die vor allem vom Oberkörper ausgehen. Das Bild wurde von einer achtundvierzigjährigen Frau gemalt,

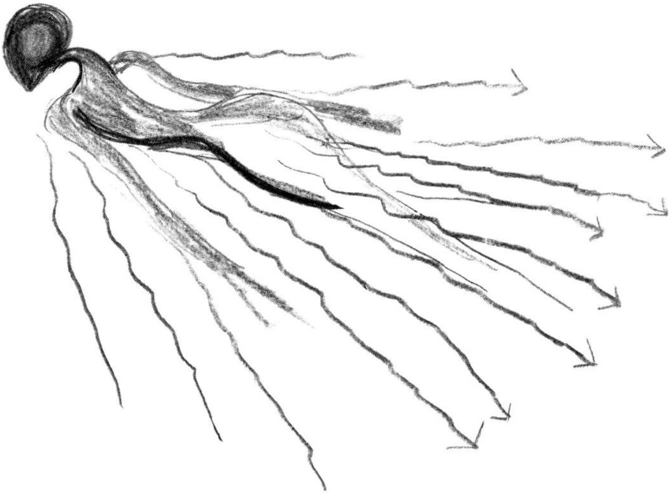

Abb. 15: Die Körpergrenze ist nicht spürbar

die an starker Erschöpfung litt. Ihre psychologischen Testdaten zeigten, daß sie in der realitätsgerechten Konfliktlösung und ihrer emotionalen Ausdrucksfähigkeit extrem gehemmt war. Sie staute aggressive Impulse und mied Auseinandersetzungen mit der sozialen Umwelt. Sie berichtete, daß sie bei der Übung fühlte, wie sie sich strahlenförmig in den Raum erstreckte, wobei sie ihre Körpergrenze nicht spürte. Ihr Körperbild wirkt «aufgelöst» und erinnert an Strahlenfiguren, wie sie Kinder mit etwa fünf Jahren malen. Mit dem Bild deutet die Frau an, daß ihre «Ausstrahlung» mit einem Mangel an Abgrenzungsfähigkeit verbunden ist und daß sie lernen muß, sich in ihrer Form zu stabilisieren. Das Ausströmen der roten Lebensimpulse macht ihren Erschöpfungszustand nachvollziehbar.

Abbildung 16 zeigt das Körpererleben einer dreiundzwanzigjährigen Frau. Die Figur ist von einem grau-schwarzen Hintergrund umgeben und nur durch eine zarte gelbe Umrißlinie geschützt. Die Dunkelheit des Hintergrundes, die sie als Atmosphäre von Angst und Bedrängnis fühlte, scheint in Füße, Beine,

Abb. 16: Die Körpergrenze ist durchlässig

Hände und die Brust eingeflossen zu sein. Den Unterleib, der durch die linke Hand geschützt wird, spürte sie warm, das Rot setzt sich in Hals und Kopf fort. Die junge Frau leidet seit ihrer Kindheit an Neurodermitis und Asthma. Sie hat große Schwierigkeiten, ihre Gefühle – vor allem aggressive Impulse – wahrzunehmen und auszudrücken, und ist unfähig, Konflikte im Alltag auszutragen. Sie hat ein starkes Bedürfnis nach Schutz und Geborgenheit und noch keine Eigenständigkeit gegenüber Bezugspersonen gefunden. Ihr Bild zeigt, daß sie ihre Körpergrenze stabilisieren, die Wahrnehmung des Mundes – das Äußern ihrer Bedürfnisse – und das Gespür für ihre weibliche Geschlechtsidentität stärken müßte. Vor allem ist es für sie wichtig, aufzuklären, was die dunkle Atmosphäre verbirgt, wodurch sie sich also konkret bedroht fühlt.

Bei kranken Menschen tritt häufig der akut erkrankte oder schmerzende Körperbereich ganz in den Vordergrund der Aufmerksamkeit und wird auch im Bild besonders hervorgehoben, während sie andere Körperbereiche und gesunde Funktionen weniger klar spüren und auch in der Darstellung «vergessen». Die fehlenden Körperbereiche geben oftmals einen Hinweis darauf, was ein Mensch dringend benötigt, um sein Wohlbefinden, seine Lebendigkeit und Handlungsfähigkeit zu stärken. In den Bildern fehlen besonders häufig Geschlechtsteile, Sinnesorgane (mit denen spezifische Wahrnehmungsfähigkeiten verbunden sind), der Mund (das Organ der Nahrungsaufnahme, des Genusses und verbalen Ausdrucks), Beine und Füße, die ein Gefühl der Standfestigkeit und Sicherheit geben und Fortbewegung ermöglichen. Fehlende Hände weisen oft auf Gefühle der Unzulänglichkeit hin; fehlende Augen können eine Weigerung ausdrücken, «der Realität ins Auge zu sehen»; ein fehlender Mund deutet häufig die Verweigerung sozialen verbalen Kontakts und eines klaren Ausdrucks von Gefühlen und Bedürfnissen an.

Mit wiederholten Übungen zur Körperwahrnehmung verbessert sich der Kontakt zu den «vergessenen» und «abgespaltenen» Körperbereichen. Diese Körperbereiche melden sich zunächst oft verspannt und schmerzhaft. Mit solchen Empfindungen erinnert sich der Betreffende dann häufig an Lebensbelastungen, die er mit diesem Körperteil verbunden hat. Häufig werden aggressive Impulse belebt, die lange Zeit zurückgehalten wurden. Eine achtunddreißigjährige Frau spürte zunächst Schmerzen in ihren Händen und Unterarmen; plötzlich fühlte sie eine große Wut und erinnerte sich an ihre Kindheit, an große Überforderung und an einen Entschluß, den sie als Kind gefaßt hatte: «Meine Unterarme sind durchtrennt. Ich will nichts mehr für meine Mutter, meine Geschwister machen. Die Hände sind ab. Ich kann nichts mehr für euch tun!»

Obwohl bei der Reise durch den Körper die Aufmerksamkeit auch auf die Geschlechtsteile gelenkt wird – und schon kleine

Kinder sich ihres Geschlechts bewußt sind –, werden sie nur selten in Körperbildern dargestellt. Aufgrund des gemalten Körperschemas wirken viele Bilder jedoch eher männlich oder eher weiblich. Swantje Ohl (1988) stellte fest, daß ein Drittel der von ihr untersuchten Körperzeichnungen keinem Geschlecht zugeordnet werden konnte. Die restlichen Bilder wirkten aufgrund der Geschlechtsmerkmale, vor allem aber durch das Körperschema, männlich oder weiblich. Ein Vergleich mit dem realen Geschlecht zeigte jedoch, daß 13 Prozent dieser Bilder «falsch» zugeordnet worden waren. Dies betraf nur Bilder von Frauen, die ein männlich betontes Körperschema gemalt hatten. Ihre psychologischen Testdaten zeigten (gegenüber den Testdaten von Frauen, die sich weiblich gemalt hatten), daß es ihnen schwerfiel, erlebte Widersprüche in ihrer sozialen Situation wahrzunehmen und aktiv zu bewältigen, und daß sie statt dessen Schutz und Geborgenheit bei anderen Personen suchten. Ihre Körperzeichnungen deuten darauf hin, daß sie versuchten, die erlebte Schutzlosigkeit durch eine verzerrte Körperwahrnehmung auszugleichen.

Längsschnittuntersuchungen zur Entwicklung von Körperzeichnungen zeigten, daß sich die Körperwahrnehmung nach dem vierzehnten Lebensjahr im allgemeinen nicht mehr bedeutend differenziert. Danach kann man vermuten, daß Menschen unserer Kultur Lebenserfahrungen, die sie nach der Geschlechtsreife machen, oftmals nicht in ihr Körperbild integrieren, so daß gemalte Körperbilder jünger wirken als die reale Person. Diese Vermutung bestätigte sich bei sehr vielen Bildern, die ich gesehen habe. Ohl fand, daß nur sieben der 63 von Erwachsenen gemalten Bilder auch erwachsene Menschen darstellten. Im Mittel zeigten die Bilder etwa achtjährige Personen, gaben also eine vorpubertäre, kindliche Entwicklungsphase wieder – dabei unterschieden sich Frauen und Männer nicht. Das mit dem Körperbild angedeutete Alter gibt jedoch oft einen Hinweis darauf, wann jemand schwierige und traumatische Erfahrungen durchlebt hat, die noch nicht verarbeitet und integriert werden konnten. Solche konflikthaften Lebenserfahrungen kann man anhand der Bilder erkunden – vor allem, wenn der Betrachter sich in das Bild hineinversetzt und einmal zu spüren versucht, wie sich der dargestellte Mensch fühlen mag, wie es ihm geht, was er braucht. Wenn man sich dem eigenen Körperbild zuwendet, spürt man oft, wie sich damit ein jüngeres Selbstbild – zunächst oft scheu und vorsichtig – zeigt. Das Kind, das wir einst waren und das noch heute in uns lebt, rührt auch elterliche Impulse an: das Bedürfnis, es zu verstehen, zu beschützen, zu ermutigen, zu stärken.

Während der Reise durch den Körper empfinden viele Unterschiede zwischen der rechten und der linken Körperseite, zwischen der oberen und der unteren Körperhälfte oder auch eine Trennung zwischen Kopf und Körper. Meist wirkt einer der Körperbereiche unlebendiger, kann weniger gut gespürt werden oder tritt als verspannt oder schmerzhaft in die Aufmerksamkeit.

Disharmonien in der Körperwahrnehmung sind unangenehm und – vor allem, wenn sie mit Schmerzen verbunden sind – sehr störend. Trotzdem haben viele Teilnehmer diese Wahrnehmungen oft weitgehend zugelassen, genau im Bild dargestellt und in anschließenden Gesprächen erkundet. Dabei entdeckten viele fasziniert, daß bedeutsame Lebenserfahrungen und damit verbundene Gefühle nicht vergessen sind, sondern von ihrem Körper und in ihrem Bild ausgedrückt werden. Oft wächst anschließend der Wunsch, diese Muster weiter aufzuklären und mehr über die Bildersprache des Körpers zu lernen. Eine Intensivierung der Körperwahrnehmung – zum Beispiel unter dem Schutz einer therapeutischen Betreuung – führt meist zu sehr eindrucksvollen Erkenntnissen. Ein Mann berichtete: «Die Unterscheidung zwischen Ich/Bewußtsein/Geist und Körper, die ich zu denken und zu fühlen gelernt habe, war verschwunden. Ich habe mich – ich glaube, zum erstenmal bewußt – als Körper empfunden mit einer Ausstrahlung, mit großer Energie.» – «Mein Körper ‹denkt›», schrieb eine Frau nach der Übung, «das Gehirn sitzt in meinem ganzen Körper. So steigen uralte Schmerzen, die ganz tief in mir liegen, hoch, und ich befreie mich von ihnen durch meinen Körper und mit meinem Körper.»

Disharmonien in der Körperwahrnehmung sind immer mit

persönlichen Lebenserfahrungen verbunden. Das Wissen über ihre Bedeutung kann ein Mensch nur aus sich selbst heraus gewinnen und im Gespräch mit anderen klären und vertiefen. Die folgenden Beispiele können jedoch helfen, den Schlüssel zur eigenen Wahrnehmung zu finden und benutzen zu lernen.

Disharmonien zwischen der rechten und der linken Körperseite werden besonders häufig empfunden und dargestellt. Viele Teilnehmer berichten auch, daß immer wieder dieselbe Körperseite von Spannung, Schmerz, Erkrankungen oder auch Verletzungen (bei Unfällen) betroffen ist. Häufig können sie diese Körperseite weniger gut spüren, oder sie wirkt kleiner, kühler, unvitaler, leer. Manche Menschen haben auch den Eindruck, daß ihre beiden Körperseiten völlig verschieden sind und zwei Seiten ihrer Persönlichkeit darstellen. Brigitte Matz (1990) beobachtete, daß in den Körperbildern von fünfzehn an Brustkrebs erkrankten Frauen jeweils die gesamte Körperseite, an der sich der Tumor entwickelt hatte, disharmonisch wirkte. Auf dieser Seite war die Schulter besonders verspannt oder hochgezogen, waren Arm und Bein dünner oder verkürzt gemalt.

Die rechte Körperseite ist sensorisch und motorisch mit der linken Großhirnhemisphäre verbunden, die Informationen über die Realität eher analytisch, sequentiell, logisch und linear aufschlüsselt. Die linke Körperseite dagegen steht mit der rechten Hemisphäre in Verbindung, die Informationen über die Realität eher ganzheitlich, bildhaft und intuitiv-emotional auswertet. Menschen, deren rechte Körperhälfte kräftiger entwickelt oder in der Eigenwahrnehmung stärker repräsentiert und spürbar ist, bevorzugen oft eine von Logik, Vernunft und Aktivität bestimmte Einstellung und Handlungsweise, während bei Menschen, deren linke Körperhälfte stärker entwickelt oder in der Wahrnehmung repräsentiert ist, oft gefühlsmäßig-intuitive und passiv-empfängliche Haltungen betont sind.

Abbildung 17 zeigt die Körperwahrnehmung einer fünfundzwanzigjährigen Frau. Sie stellte zwei ganz unterschiedliche Körper- und Gesichtshälften dar, die im Widerstreit miteinander liegen und einen Konflikt zwischen Verstand (rechte Körperseite, hell, leer) und Gefühl (linke Körperseite, dunkel) austragen. Die Frau erlebte ihre rechte Seite als «soziale Maske» und deren Gefühle als «bedrohlich». Das Bild ist mit Bleistift gemalt; nur ein «Druck», der als Bedrohung mit der Atmosphäre des Hintergrunds verbunden ist und auf Kopf, Körpermitte und Füße einwirkt, ist mit Braun betont. Die Malerin schrieb zu der mangelnden Farbigkeit der Darstellung: «Und dann stand da der Kasten mit den vielen bunten Farben, und ich dachte: Was soll ich damit? Es war für mich völlig klar, ich brauche keine Farben.» Die linke (emotionale) Körperhälfte ist mit Bleistift ausgemalt, wie auch der Hintergrund, der die Figur zur linken Bildseite niederzudrücken scheint und sie den Halt verlieren läßt. Die Stellung der Figur wirkt auch so, als ob sie versucht, sich anzulehnen – aber da ist kein Halt; ein Mensch, der ihr nahestand, hat sie verlassen.

Das Bild machte der jungen Frau zunächst angst; sie nahm dennoch Kontakt mit ihm auf und entdeckte: «Die dunkle Seite ist viel lebendiger. Das Auge hat Ausdruck. Ich würde gern so sein, wie diese lebendige Seite ist, aber ich habe Angst vor Konflikten, vor Ablehnung. Ich habe einfach nicht gelernt, Konflikte auszutragen. Zu Hause war es genauso. Dann haben meine Eltern nicht mehr mit uns gesprochen.» Die Zurückhaltung des Gefühlsausdrucks und die Tendenz, Konflikte zu vermeiden, führten sie immer erneut dazu, Halt und Schutz durch andere zu suchen. In der Auseinandersetzung mit ihrem Bild begann die Frau, behutsam Kontakt mit ihren Gefühlen und Bedürfnissen aufzunehmen: «Das Bild sieht mich so fordernd an. Zwei Seiten sprechen zu mir. Es ist jetzt nicht mehr so schlimm, das Bild anzusehen. Es fühlt sich eher gut an. Ich bin gespannt. Vielleicht kommt mit dem Dunklen das Bunte? Vielleicht muß ich da einfach durchgehen; erst mal durch die Ängste durch, und dann kommt etwas Neues.» Das Bild zeigt ihr, daß es sich lohnt, die eigenen Gefühle zu erkunden, und daß sie sich aufrichten und stabilisieren kann, wenn sie ihre Bedürfnisse klärt und sich aktiv für sich selbst einsetzt.

Viele spüren auch eine Trennungslinie, die quer durch die Magengegend, die Taille oder auch in Höhe des Bauchnabels verläuft. Abbildung 18 zeigt das Körpergefühl eines vierzigjährigen

Abb. 17: Disharmonien zwischen linker und rechter Körperseite

Mannes. Während einer atemtherapeutischen Sitzung spürte er starke Verspannungen an den Händen und um die Körpermitte und erlebte schmerzhaft verdeutlicht, wie er mit der chronischen Spannung über lange Jahre intensive Wut angestaut hatte und zurückhielt. «Ich fühle mich durch ein festes, schweres Band über dem Magen festgehalten. Es wird immer enger. Gleichzeitig verkrampfen sich meine Unterarme. Ich liege gefesselt am Boden ... Ich spüre die starken Verkrampfungen, die über den Körper gelegten Fesseln. Ich bin verzweifelt und handlungsunfähig. Plötzlich sehe ich meine Mutter, meine Frau, wie sie mich immer in etwas hineinzwingen wollen. Ich werde wütend, ich muß mich wehren! Plötzlich halte ich ein langes Messer in der Hand. Ich bedrohe sie, verteidige meinen Lebensraum. Die Spannungen lassen nach. Ein glückliches und lustvolles Gefühl.»

Mit der Erkundung eines Spannungsringes um die Körpermitte entdecken einige Menschen auch, daß diese Blockierung zwei Bewußtseinswelten trennt. Die obere Welt ist meist mit einer rationalen, oft auch moralischen Einstellung verbunden, die untere mit dem Gefühls- und Triebleben.

Abbildung 19 zeigt das Erlebnis einer achtundzwanzigjährigen Frau. Den oberen Körperbereich verbindet sie mit Anforderungen, Geboten, aber auch einer kultivierten Atmosphäre. Um den Verpflichtungen nachzukommen, die vor allem die Mutter ihr aufbürdete, verspannt sie sich in den Schultern, schnürt sich in ein «Korsett», einen «Panzer» ein. Die untere Körperhälfte fühlt sich lebendiger an; mit ihr sind Sinnlichkeit und ein vitaler Rhythmus verbunden. Zur unteren Körperhälfte gehören jedoch auch die zu Fäusten geballten und verkrampften Hände. Mit dieser Trennung in der Körpermitte und der starken Diskrepanz zwischen den beiden Bewußtseinswelten ist es schwer, zu einem sicheren Standpunkt in der Realität zu finden. In ihrem Bild fehlen die Füße und ein sicherer Boden.

Die obere Körperhälfte ist mit Sinnesorganen (Augen, Ohren, Nase, Mund), Armen und Händen, mit Wahrnehmung, Kommunikation sowie gestalterischen und handelnden Fähigkeiten und zentralen kognitiven Funktionen verbunden. Die untere Körperhälfte steht im Kontakt mit dem Boden, sie dient der Stabilität, der Balance, Standfestigkeit und Bewegung. Zu ihr gehören auch die Eingeweide und Ausscheidungsprozesse und die Geschlechtsorgane sowie Bewertungen zu diesen Funktionen.

Ist der Oberkörper gegenüber dem Unterkörper besonders kräftig ausgebildet oder in der Eigenwahrnehmung betont, ist dies häufig damit verbunden, daß der Mensch sich stark auf äußere Aktivitäten und Ziele, soziale Kommunikation, Konkur-

Abb. 18: «Ich liege gefesselt am Boden»

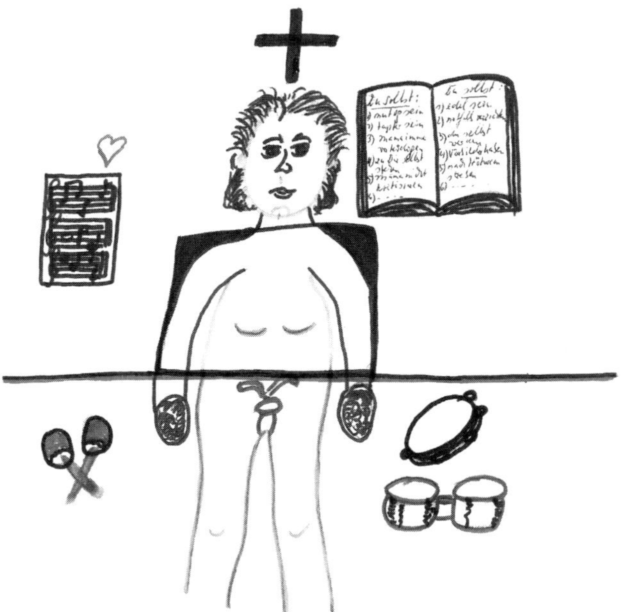

Abb. 19: Zwei Bewußtseinswelten

renz und Selbstbehauptung ausrichtet. Ein schwach entwickelter oder gespürter Unterkörper kann auf emotionale Unausgeglichenheit, Mangel an Standfestigkeit und innerem Rückhalt und auf eine Abwehr von Triebkräften hindeuten. Menschen mit einer ausgeprägten oder stärker gespürten unteren Körperhälfte sind dagegen eher auf private, häusliche und auch haltgebende Aspekte des Lebens ausgerichtet. Sie streben vermehrt nach dauerhaften festen Bindungen oder auch Abhängigkeiten. Bei Menschen mit einer zusammengezogenen oder nur schwach gespürten oberen Körperhälfte ist häufig die Fähigkeit zum Selbstausdruck, zum aktiven Handeln, zur Selbstbehauptung und zur Kommunikation eingeschränkt.

Nach den Geschlechtsrollenstereotypen unserer Kultur könnte man vermuten, daß in ihrem Erleben und ihren Darstellungen Frauen häufiger die untere und Männer eher die obere Körperhälfte betonen. In den gemalten Bildern zeigen sich jedoch unabhängig vom Geschlecht meist Betonungen der oberen Körperhälfte, die darin zum Ausdruck kommen, daß diese vergrößert und verbreitert sowie stärker ausgemalt und differenziert erscheinen. – Die Trennung zwischen oben und unten wurde häufig noch extremer als Disharmonie zwischen Kopf und Körper und als Trennung zwischen Geist/Intellekt und Gefühl/Triebkraft gespürt und verbildlicht.

Abbildung 20 zeigt das Bild einer neunundzwanzigjährigen Frau. Die vitale Energie des Körpers wird durch den aufgesetzten Kopf in Schach gehalten und durch Gedanken gehemmt und kontrolliert. Sie explodiert im Bauch. Hände und Füße sind abgeschnitten. Der in den Gliedmaßen dargestellte Energiestrom findet keine Ausdrucksmöglichkeit und strebt ins Leere. Die Frau kontrolliert ihre Gefühle stark, vor allem den Ausdruck aggressiver und sexueller Triebkräfte. Sie malt ihren Körper vor einem grünen Hintergrund. Mit dieser Farbe drückt sie die Hoffnung aus, «daß es vielleicht irgendwann möglich sein wird, mehr von meinen Gefühlen herauszulassen». Mit ihrem Bild macht sie deutlich, daß sie dazu ihre Vitalität annehmen, ihre kognitive Kontrolle lockern und ihre Handlungsfähigkeit und Standfestigkeit stärken muß.

Abb. 20: Der aufgesetzte Kopf kontrolliert vitale Energie

Im Rumpf befinden sich alle lebenswichtigen Organe; er ist das «Kernstück des Seins» und verbindet uns mit den vegetativen Lebenserfahrungen der frühen Kindheit. Die Gliedmaßen schaffen hingegen die Möglichkeit, sich zu bewegen, Gefühle auszudrücken, Kontakt herzustellen, und sie führen Handlungen aus. Wenn der Rumpf in der Körperlichkeit oder Eigenwahrnehmung stark betont und abgegrenzt ist, die Gliedmaßen jedoch nur schwach ausgeprägt sind, kann ein Mensch sich an-

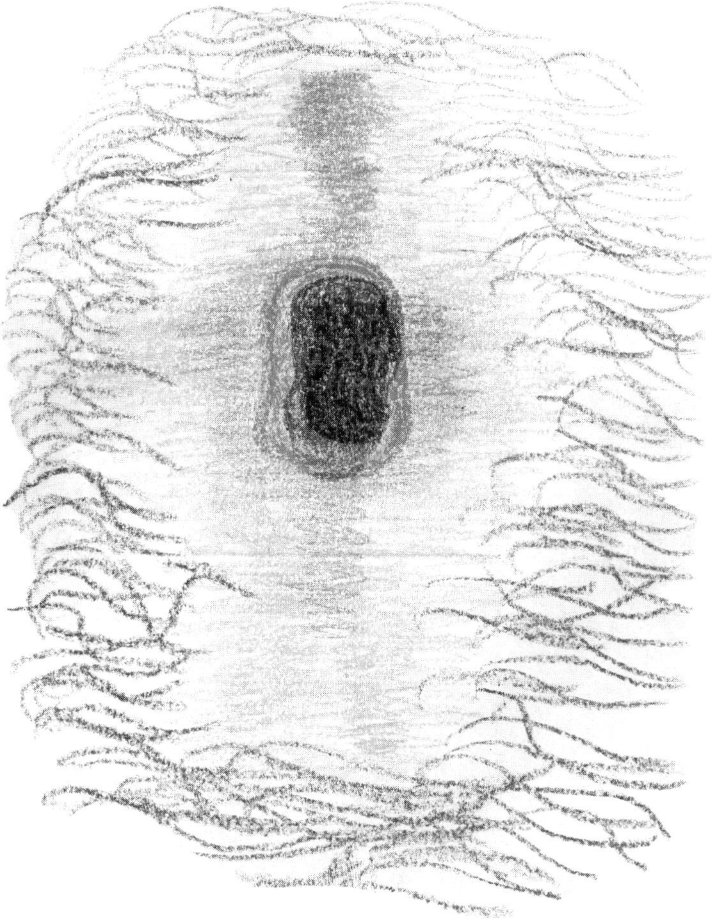

Abb. 21: Entspannungswellen im Rumpf

gefüllt mit starken Emotionen fühlen, aber unfähig sein, sie auszudrücken und in Handlungen und Kommunikation umzusetzen. Stark entwickelte Gliedmaßen und ein schwach ausgeprägter Rumpf können dagegen eine Überbetonung von Kontakt- und Handlungsbereitschaft und einen Mangel an Ruhe, Entspannung, Innerlichkeit andeuten.

Übungen, die angstlösend und entspannend wirken, bahnen oft den Weg zu Erinnerungen an angenehme coenästhetische Erfahrungen und an das Urvertrauen des Säuglings. Abbildung 21 zeigt das Körperbild einer einundzwanzigjährigen Frau, das eine solche Erfahrung darstellt: Das Gespür für den Körperumriß, für Kopf und Gliedmaßen tritt während der Übung in den Hintergrund. Die Wahrnehmung zentriert sich auf den Rumpf. Mit der Bewegung des Atems spürt sie ihn als lebendig, von Wellen tiefer Entspannung durchströmt. Die Entspannungswellen wirken auf die Körperperipherie und vitalisieren sie mit einem «Kribbeln». Von den Wellen fühlt sie sich getragen; sie malt sie auch als Bildhintergrund. Darstellung und Farbigkeit des Bildes drücken Harmonie und Wohlbefinden aus. Ein solcher Kontakt mit der körperlichen «Innerlichkeit» wirkt oft heilsam, stärkt das Selbstwertgefühl und das Vertrauen in andere. In dieser Erfahrung wird die Körpergrenze sehr stark erweitert und der subjektive Raum vertrauensvoll ausgedehnt. Zugleich verliert die Malerin dabei aber auch das Gespür für Sinnesorgane, den Mund, Arme und Hände, Geschlechtsteile, Beine und Füße. So wird es ihr schwer, das Wohlbefinden in alltägliche Situationen zu übertragen und im Kontakt zu anderen auszuleben.

Bestimmte Verzerrungen und Abspaltungen im Körperschema lassen sich im Zusammenhang mit traumatischen Lebenserfahrungen, Erkrankungen und operativen Eingriffen besser verstehen. Der verletzte Körperbereich fühlt sich oft unlebendig und desintegriert an, gespannt, schmerzhaft, angeschwollen. Die Verbindung zu angrenzenden Körperbereichen ist abgebrochen, unscharf oder verzerrt.

Abbildung 22 zeigt das Körpererleben eines siebenundzwanzigjährigen Mannes. In Rumpf, Oberkörper und Armen sind verschiedene Empfindungen differenziert dargestellt. Die Beine dagegen wirken sehr dünn (vor allem das linke), leer, wie angesetzt und kaum mit der Eigenwahrnehmung verbunden. Ins Auge fällt auch die schwarz ausgemalte und zusätzlich eingekreiste «feste, eiserne Klammer, Zwinge» im Schulter-, Nacken- und Halsbereich. Sie verbildlicht starke Verspannungen und liegt «wie ein Deckel» auf den lebendigen Gefühlen von Wärme und Bewegung. Sie wirkt «wie ein Pfropfen, der die aus dem Unterleib kommende Energie kaum durchläßt». Im Unterleib wird eine rote Kugel sichtbar, die von einer orange und gelb gemalten Strahlung umgeben ist. Sie stellt das Gefühl von «Wärme, Leben und Bewegungsdrang» dar. In der Körpermitte ist diese lebendige Energie von einem braunen Band überlagert, mit dem «Ballast» und «taube, behindernde Gefühle» ausgedrückt werden. Durch diesen Gürtel dringen einige Energiestrahlen in Brust, Arme und Hände – bis sie von der schwarzen Blockierung gestoppt werden. Nach unten in die Beine fließt keine Energie, sie wird mit einer roten Umgrenzung im Unterleib gehalten. Während der Kontakt mit dem übrigen Körper verschiedenartige Gefühle – angenehme und unangenehme – weckt, spürt der Mann seine Beine kaum; sie wirken unlebendig. Er empfindet sie als «zu schwach, um den Körper richtig zu tragen».

Die im Bild ausgedrückte Schwäche der Beine steht im Zusammenhang mit einer Erkrankung und Gehbehinderung. Der Mann erkrankte im Alter von dreizehn Monaten an Kinderlähmung. Die Gehbehinderung entstand durch Muskelatrophie im linken Bein und durch eine Fehlstellung des linken Fußes. Die Einschränkung der Stand- und Bewegungsfähigkeit hat er später durch eine stark entwickelte Rückenmuskulatur kompensiert. Mit fünf Operationen (im Alter von neun, elf, zwölf, dreizehn und fünfzehn Jahren) wurde versucht, die durch die Kinderlähmung bedingte Fehlentwicklung von Knie und Fußgelenken zu korrigieren. Der Mann versteht die im Bild ausgedrückten Spannungen, die Unbelebtheit der Beine wie auch seine emotionale Zurückhaltung im Zusammenhang mit diesen traumatischen Lebenserfahrungen: «Die akute Erkrankung hatte ich mit dreizehn Monaten. Ich wurde von meiner Mutter und meiner Familie getrennt. Ich mußte ins Krankenhaus und wurde aufgrund der Ansteckungsgefahr in Quarantäne gehalten. Ich glaube, das ist für ein Kleinkind ein Hammer! Ich sehe auch eine Verbindung zwischen dieser Zeit und dem ‹Panzer›. Ich wurde für vierzehn Tage eingegipst und fixiert, konnte mich nicht bewegen.

Zwei Monate bevor ich an der Kinderlähmung erkrankt bin, hatte ich gerade laufen gelernt. Danach konnte ich nie mehr ‹richtig› laufen. Ich denke auch, daß meine aggressive Hemmung damit in Zusammenhang steht!» Er hat sich während seiner Kindheit und Jugend sehr unglücklich und depressiv gefühlt, doch vermutet er auch, daß seine geistigen Fähigkeiten, seine Kreativität und Sensibilität durch dieses Leiden und die Körperbehinderung gefördert worden sind. Das Bild deutet auch an, daß der in der Kehle festgehaltene Schrei – das Gefühl von Schmerz, Angst und Wut – nach Ausdruck drängt und daß mit

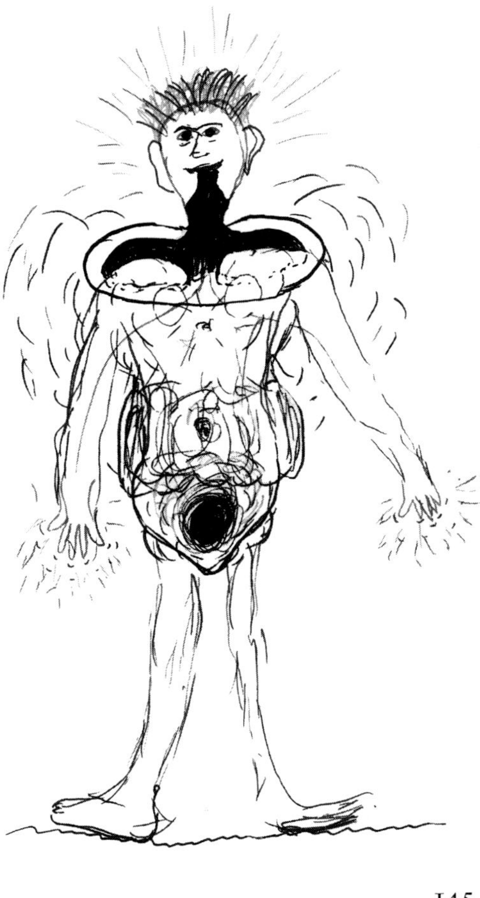

Abb. 22: Abspaltungen im Körperschema

dem Ausdruck der Gefühle die Beine nicht mehr ausgegrenzt, sondern angenommen werden können. Der Mann hat in seinem Bild die schwarze Klammer, mit der er seine Gefühle zurückhält, besonders betont und ihre zentrale Bedeutung durch die Umkreisung hervorgehoben. Dieser Bereich ist ihm besonders wichtig, diese «Zwinge» muß gelockert werden.

Abbildung 23 zeigt das Körperbild einer an Brustkrebs erkrankten einundfünfzigjährigen Frau. Es ist sorgfältig und in sensiblem Kontakt mit der Körperwahrnehmung gemalt. Die

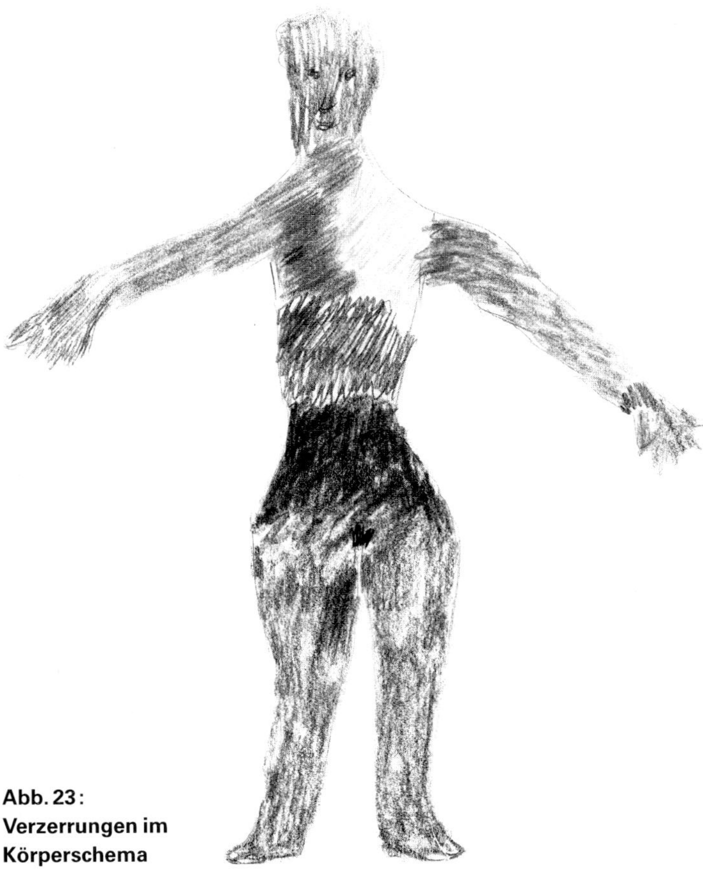

Abb. 23: Verzerrungen im Körperschema

Verzerrungen im Oberkörper bilden Verletzungen ihres Körpererlebens sehr genau ab. Im Zusammenhang mit dem Tumor in der linken Brust und seiner operativen Entfernung empfand die Malerin starke Spannungen in Brust, Schultern und Armen. Der linke Brustbereich fühlte sich kalt an (türkis ausgemalt), und die Verbindung zu Armen, Hals und Kopf sowie deren Proportionen hat sie als verzerrt erlebt. Die Verletzung des Körperbildes wird hier sehr mutig und genau verbildlicht, und die Kontaktaufnahme mit dem Körper war für die Frau ingesamt eine angenehme Erfahrung. Dies ist im allgemeinen ein Hinweis darauf, daß die körperbezogene Übung– wenn sie regelmäßig durchgeführt wird – heilend auf das innere Körperbild wirkt und helfen kann, den verletzten Körperbereich wieder anzunehmen und zu integrieren.

Die folgende Abbildung zeigt das Körpergefühl einer neunundzwanzigjährigen Frau, die als Kind jahrelang von ihrem Onkel sexuell mißbraucht worden ist. Wie viele Opfer sexueller Gewalt hat sie ihre Erfahrung lange schweigend ertragen und sich selbst dafür die Schuld gegeben. Obwohl es ihr schwerfiel, mit ihrem Körper Kontakt aufzunehmen, stellt sie ihre Wahrnehmungen mutig und ausdrucksstark dar. Sie kann ihren Körper nur teilweise spüren und nimmt ihn eher von außen – wie durch eine Wand – wahr. Nur die Augen sind lebendig (und farbig – türkis – gemalt). Sie drücken Hilflosigkeit, Angst, «unendliche Traurigkeit» aus und die Sehnsucht, verstanden zu werden. Mit den schwarzen Schraffierungen deutet die Frau schmerzhafte Spannungsmuster an, mit denen sie Gefühle ohnmächtiger Wut zurückhält. Die Aggressionen, die sie gegenüber dem Täter nicht ausdrücken konnte und auch heute noch verschweigt und zurückhält, wenden sich – als verletzende (Selbstmord-)Gedanken, Migräne, Haareausreißen – gegen das eigene Selbst, den eigenen Körper. Der Genitalbereich schützt sich mit verstärkter Behaarung, die Brüste machen sich durch Erschlaffung unattraktiv. Die Füße sind nicht spürbar, es fehlt an festem Halt und Standfestigkeit. «Ich habe Haß auf meinen Körper», schreibt die Frau. «Das ist immer so, wenn ich mich mit ihm auseinandersetze, egal ob beim Sport, beim Tanzen, beim Arbeiten oder bei so

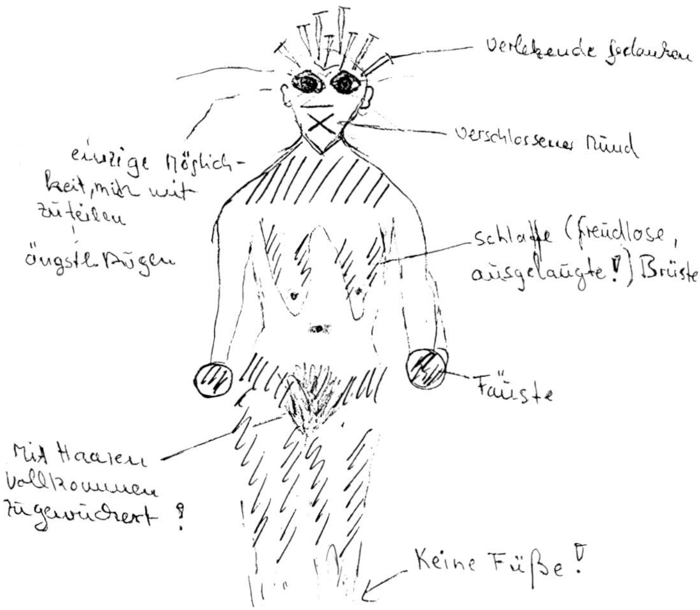

Abb. 24: Haß auf den entfremdeten Körper

einer Reise. Er funktioniert einfach nicht so, wie ich es will. Ich kann ihn nicht beherrschen, er ist der Verräter in mir.»

Mit ihrem Bild zeigt sie stellvertretend für viele Betroffene, wie schwerwiegend ein Kind durch sexuellen Mißbrauch verletzt wird und wie tiefgreifend sich eine solche Grenzverletzung auf die Entwicklung des Selbstwert- und Körpergefühls auswirkt. Das Bild und die geschilderten Empfindungen verdeutlichen jedoch auch, wie wichtig es ist, sich die körperliche Eigenwahrnehmung wieder anzueignen, um zu erkennen, daß man sich immer noch mit kindlichen Widerstandsmustern schützt, auch wenn die akute Bedrohung nicht mehr vorhanden ist.

Abbildung 25 zeigt vier Darstellungen zum Körpererleben von Frauen und Männern, die im Rahmen einer Erhebung über sexuelle Mißhandlungen in der Kindheit berichteten (Teegen *et al.* 1992). Sie zeigen exemplarisch, wie die traumatischen Er-

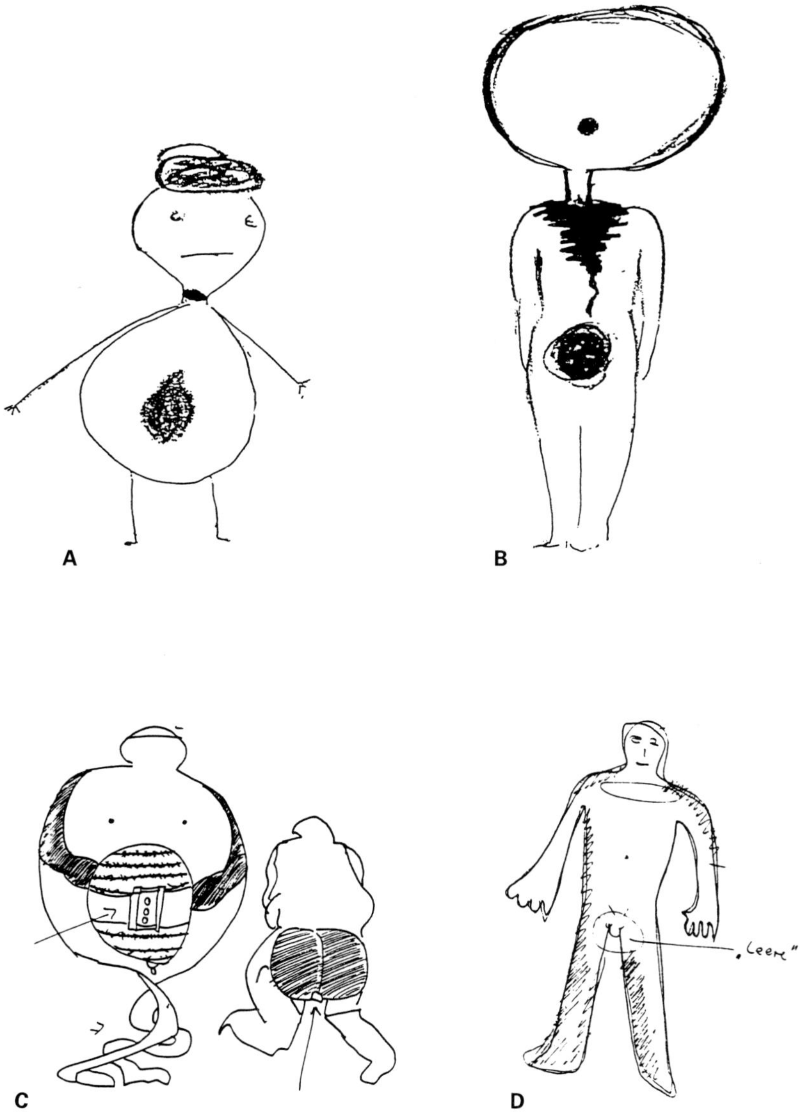

Abb. 25: Zeichnungen zum Körpererleben von Erwachsenen, die in der Kindheit / im Jugendalter sexuell mißhandelt wurden

fahrungen auch im Erwachsenenalter noch als Leere und Verletzung im Bauch, im Genitalbereich oder am Gesäß wirken, wie das Schweigegebot immer noch die Kehle zuschnürt oder das gesamte Körperschema in einer kindlichen oder verzerrten Form festgehalten ist. Abbildung A zeigt das Körpergefühl einer sechsundzwanzigjährigen Frau, die vom zweiten bis zum zwölften Lebensjahr von Vater, Großvater und Bruder sexuell ausgebeutet wurde. Sie leidet auch heute noch unter großer Angst, einem verminderten Selbstwertgefühl und Vaginismus. Ihr Bild zeigt, wie sie sich innerlich sehr klein und ohnmächtig fühlt. Abbildung B zeigt das Körpergefühl einer dreiundzwanzigjährigen Frau, die vom fünften bis zum zwölften Lebensjahr vom Vater, von der Mutter und von Liebhabern der Mutter sexuell mißhandelt wurde. Sie leidet auch heute noch an vielfältigen Ängsten, Waschzwang, autoaggressivem Verhalten und hat mehrmals versucht, sich selbst zu töten. Der übergroße Kopf veranschaulicht ihr starkes Bemühen um Kontrolle von Gefühlen und Erinnerungen. Mund, Brust und Genitalbereich sind mit Schwarz und Rot als angst- und schmerzbesetzt gekennzeichnet. Insgesamt drückt ihre Zeichnung die körperlich gespürten und weiter wirksamen Erinnerungen an das «Stillhaltenmüssen» während des sexuellen Mißbrauchs aus. Abbildung C zeigt das Körpergefühl eines achtunddreißigjährigen Mannes. Er wurde vom ersten bis zum neunten Lebensjahr von seiner Mutter sexuell ausgebeutet. Er spürt auch heute noch: «Die Mutter hat die Macht über das Glied und den After und die Gefühle. – Ich fühle meinen Körper durch Schmerzen der Muskeln, Verschlingungen der Därme und den Magendruck.» Abbildung D veranschaulicht das Körpergefühl eines dreiunddreißigjährigen Mannes, der vom zehnten bis zum siebzehnten Lebensjahr von der Mutter sexuell mißbraucht wurde. Er hat erst Jahre später wahrnehmen können, daß «diese Form von Kontakt ungewöhnlich war». Sein heutiges Lebensgefühl beschreibt er als überwiegend gut, schämt sich jedoch seines Körpers. Um sich innerlich zu bewahren, hat er den Genitalbereich geopfert und von seinem Selbstgefühl getrennt. Damit fehlt ihm ein wichtiger Teil seiner männlichen Identität und Selbstbestimmung. Die «Leere» im Genital und die (mit Schraffierungen angedeutete) Unsicherheit im Gespür für die Körpergrenze machen es ihm schwer, Konflikte offen auszutragen und Intimität angstfrei zu genießen. Die «Leere» im Bereich der seelischen Potenz ruft immer wieder das erlernte fremdbestimmte Muster von Dominanz und Unterwerfung auf den Plan. In diesem Beziehungsmuster sind Empfindungen von Angst, Wut, Lust, von willfährigem Geschehenlassen und feindseliger Bemächtigung, Gefühle von «Schwäche» und (Pseudo-)«Stärke» ambivalent vermischt.

Wenn Menschen zu bedrohlichen und traumatischen Lebenserfahrungen Kontakt aufnehmen und sie allmählich zu verstehen und zu integrieren lernen, spiegelt sich ein solcher Lernprozeß auch in der körperlichen Eigenwahrnehmung wider. Körper- und Selbstbild differenzieren sich und reifen. Dies ist ein allmählicher und bei schweren Störungen auch lang andauernder Selbstheilungsprozeß, der mit der Überwindung oder Linderung von Krankheitssymptomen und Verhaltensauffälligkeiten noch nicht abgeschlossen ist. Die oftmals lange Dauer eines Heilungsprozesses wird verständlich, wenn man berücksichtigt, daß schwere Störungen immer auch im Kontext traumatischer Lebenserfahrungen zu verstehen sind. Die Schwere und Art der entwickelten Körper- und Verhaltensstörung entspricht im allgemeinen der Schwere des erlittenen Traumas und betrifft körperliche, seelische, geistige und soziale Erlebnisdimensionen wie auch ihr Zusammenspiel.

Schwere Eßstörungen, zum Beispiel Magersucht, gehören zu den das Leben gefährdenden Erkrankungen. Sie werden meist von Mädchen mit Beginn der Geschlechtsreife und häufig im Zusammenhang mit einmaligem oder auch langjährigem sexuellen Mißbrauch entwickelt. Die Heilung der erlebten körperlichen und seelisch-geistigen Grenzverletzung, des Identitäts- und Selbstgefühls ist immer ein langwieriger Prozeß. Abbildung 26 zeigt das Bild einer Frau, das sie in der Erinnerung an ihr Lebens- und Körpergefühl im Alter von dreizehn Jahren malte. Sie litt damals an einer schweren Eßstörung, die sich im Ekel vor Nahrungsmitteln, Hungern, Erbrechen und im Mißbrauch von Abführmitteln äußerte. Sie sagte zu ihrem Bild: «Ich eben mit

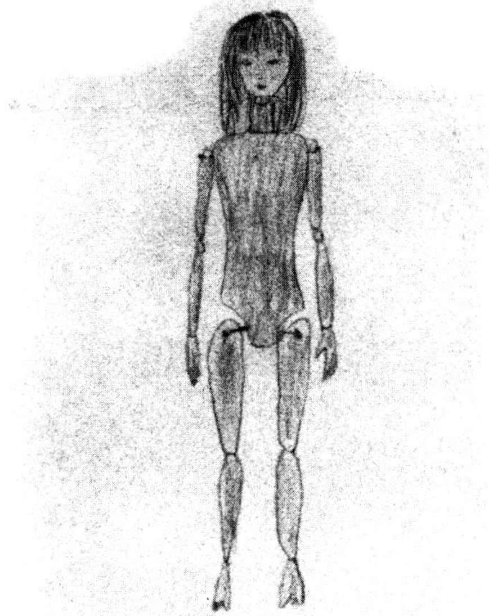

Abb. 26 und 27:
Körperbild während und nach Überwindung einer schweren Eßstörung

diesem Holzkörper, wie so eine Marionette, aber ohne Fäden. Total starr. Eine gut funktionierende Puppe. Ich mußte den Erwartungen entsprechen. Ich mußte mich schützen, daß ich das bißchen Leben noch behalte. Ich bin das nicht selbst. Ich habe keinen Bezug zu mir.» Die Symptome dauerten bis zu ihrem zweiundzwanzigsten Lebensjahr an; sie verminderten sich allmählich während einer Psychotherapie.

Abbildung 27 zeigt ihr Körper- und Lebensgefühl mit 36 Jahren. Sie ist seit vierzehn Jahren symptomfrei. Mit Orangerot malte sie den Umriß einer zarten weiblichen Gestalt, die in einer Blüte steht (liegt, schwebt?). Um das Bild herum schrieb sie: «Ich fühle mich voller Leben – aber noch immer nicht ganz lebendig.» Die genauere Betrachtung des Bildes läßt vermuten, daß der Mangel an Lebendigkeit, den die Frau spürte, mit ihrer Zurückhaltung zusammenhängt: Die Arme sind fest an den Körper gepreßt, die Beine eng zusammengehalten, die Augen geschlossen. Die Körperform ist zwar mit einem lebendigen Rot gemalt, der Körper selbst bleibt jedoch leer. Der nach innen gewandte Blick und die noch zurückgehaltene Handlungsfähigkeit lassen vermuten, daß sich die Frau noch nicht frei auf ihre Umwelt und andere Menschen einläßt, ihre Bedürfnisse und Wünsche nicht deutlich zeigt und sich daher einsam fühlt. Sie sagte: «Es ist so, daß ich mich voll akzeptiere, nicht nur äußerlich, sondern auch als ganze Person; im Gegensatz zu früher ist das eine farbige Vielfalt an Möglichkeiten. Eine riesige bunte Welt – aber ich habe immer das Gefühl, alles allein zu machen.»*

* Bilder und Zitate sind einer Untersuchung von Gabriele Gross (1982) entnommen.

Die Reise durch den Körper

Legen Sie Papier und bunte Stifte bereit, und sorgen Sie dafür, daß Sie während der Übung ungestört sind. Bei dieser Übung tragen Sie bequeme Kleidung. Legen Sie sich mit dem Rücken auf den Boden. Die Arme liegen neben dem Körper, die Beine parallel. Die Übung dauert etwa zehn bis fünfzehn Minuten, das Aufmalen der Körperempfindungen zwischen fünf und dreißig Minuten.

Während der nächsten zehn Minuten richten Sie Ihre Aufmerksamkeit langsam auf alle Teile Ihres Körpers. Dabei versuchen Sie, mit geschlossenen Augen jeden Körperteil zu fühlen und ihn sich mit Ihrem inneren Auge jeweils vorzustellen. Nehmen Sie bei der Reise wahr, wie sich die einzelnen Körperbereiche anfühlen. Manche Körperbereiche werden Sie ganz leicht wahrnehmen können, andere können Sie vielleicht weniger gut spüren. Manche Bereiche werden sich lebendig anfühlen, in anderen empfinden Sie vielleicht Spannung oder Schmerz. Lassen Sie all die verschiedenen Empfindungen zu.

Legen Sie sich so bequem wie möglich hin. Lassen Sie sich während der Übung vom Boden tragen. Schließen Sie die Augen und spüren Sie nach innen. Nehmen Sie nun die Bewegung des Atems wahr, das Heben und Senken von Brust und Bauch mit dem Ein- und Ausatmen. Spüren Sie der Bewegung der Atemwelle nach ....

Nun lenken Sie Ihre Aufmerksamkeit zum rechten Bein, zum rechten Fuß, zu den Zehen. Spüren Sie den großen Zeh, den zweiten Zeh, den mittleren Zeh, den Zeh daneben, den kleinen Zeh. Sie nehmen die Fußsohle wahr... die Oberseite des rechten Fußes, das Fußgelenk. Sie wandern den rechten Unterschenkel hoch, spüren das rechte Knie... den rechten Oberschenkel. Sie nehmen die rechte Hüfte wahr… spüren die rechte Gesäßbacke… den Anus, die Geschlechtsteile. Sie nehmen die linke Gesäßbacke wahr… die linke Hüfte… und wandern zum linken Bein, zunächst zum linken Fuß, zu den Zehen. Sie spüren den großen Zeh, den Zeh daneben, den mittleren Zeh, den Zeh daneben, den kleinen Zeh. Sie nehmen die Fußsohle wahr… die Oberseite des linken Fußes, das Fußgelenk. Sie wandern den linken Unterschenkel hoch, spüren das linke Knie… den linken Oberschenkel. Sie spüren noch einmal die linke Hüfte, die linke Gesäßbacke und gelangen zum unteren Ende der Wirbelsäule. Und nun wandern Sie die Wirbelsäule Wirbel für Wirbel hoch. Sie spüren zunächst die Lendenwirbel… die Wirbel im Taillenbereich… die Wirbel im oberen Rücken… die Nackenwirbel… die Halswirbel… und gelangen zum Kopf. Sie spüren die Kopfhaut, da, wo die Haare wachsen… Sie spüren die Stirn… die Augenbrauen… die Augen… die Nase… die Wangen… die Ohren… den Mund, die Oberlippe und den Oberkiefer mit den Zähnen, die Unterlippe und den Unterkiefer mit den Zähnen, den Hals… Sie nehmen die rechte Schulter wahr… und wandern zum rechten Arm, zunächst zur rechten Hand, zu den Fingern. Sie spüren den Daumen, den Zeigefinger, den Mittelfinger, den Ringfinger, den kleinen Finger, die Innenseite der rechten Hand… die Außenseite der rechten Hand… das Handgelenk… den rechten Unterarm… den Ellenbogen… den rechten Oberarm. Sie nehmen die rechte Schulter wahr… den Nacken… Sie wandern weiter zur linken Schulter… zum linken Arm, zunächst zur linken Hand, zu den Fingern. Sie spüren den Daumen… den Zeigefinger… den Mittelfinger… den Ringfinger… den kleinen Finger. Sie fühlen die Innenseite der linken Hand… die Außenseite der linken Hand… das Handgelenk… den Unterarm… den Ellenbogen… den linken Oberarm… die linke Schulter… den Hals. Sie wandern zur Vorderseite des Körpers… zur Brust. Sie spüren den Bauch… den Unterleib und das Becken.

Nachdem Sie die einzelnen Bereiche des Körpers durchwandert haben, nehmen Sie Ihren Körper nun insgesamt wahr, seine Form, seine Grenze zur Umwelt… Wenn es bei der Reise durch den Körper Bereiche gab, die sich unlebendig anfühlten, wo Sie Spannung oder Schmerz fühlten, so schicken Sie Ihre innere Anteilnahme mit Ihrem Atem nun noch einmal ganz besonders dorthin...

Nun spüren Sie zum Abschluß noch einmal die Form Ihres Körpers und alle Körperbereiche mit den verschiedenen Empfindungen...

Kommen Sie nun zurück, und halten Sie Ihre Körperempfindungen mit den Farben auf dem Papier fest.

Die Anweisung sollte langsam und mit ruhiger Stimme gegeben werden. Sie können den Text auf eine Ton-Kassette sprechen oder sich auch selbst (innerlich) die jeweiligen Anweisungen sagen. Lassen Sie die Pausen beim Ansprechen verschiedener Körperbereiche nicht zu lang werden. Die Körperempfindungen melden sich in ihrer jeweiligen Qualität relativ schnell. Bei längeren Pausen schweift die Aufmerksamkeit von den Körperempfindungen zu Phantasien, Gedanken und Bewertungen ab.

Zweiter Teil

Die Bildersprache der Widerstandskraft

Körperliche Abwehr und seelisches Erleben

In den letzten Jahren hat sich unser Wissen über Arbeitsweise und Bedeutung des Immunsystems und über den Zusammenhang zwischen neuronalen, immunologischen, hormonellen und emotionalen Prozessen sehr erweitert. Wir wissen heute, daß das Immunsystem, das unsere körperliche Identität und unser Überleben sichert, nicht isoliert arbeitet. Es steht vielmehr in einem ständigen Informationsaustausch mit dem Gehirn und ist über ein chemisches Kommunikationsnetz mit allen organismischen Funktionen verbunden. Über diese Verbindungen reagiert das Immunsystem auch auf psychosoziale Belastungen und seelische Erfahrungen. Neuere Forschungen zeigen, daß das Immunsystem nicht nur hochdifferenziert ist, sondern auch über eine Erinnerungs- und Lernfähigkeit verfügt. Candace Pert (1991), eine führende Expertin auf dem Gebiet der Neurobiologie, schlägt sogar vor, das Immunsystem als eine Art Sinnesorgan zu betrachten, das sich in Gestalt der Immunzellen frei im Körper bewegt. Aus einigen Untersuchungen geht auch hervor, daß die Immunität durch Entspannung und Imagination angesprochen und modifiziert werden kann.

Da das Immunsystem von grundlegender Bedeutung für unsere Gesundheit ist, ist es wichtig, über seine Funktion und über psychoimmunologische Zusammenhänge informiert zu sein. Es ist jedoch nicht leicht, die komplizierten Zusammenhänge zu verstehen und auf das eigene Verhalten zu beziehen – selbst wenn sie vereinfacht und anschaulich vermittelt werden. So bieten sich Imaginationsübungen als didaktisches Mittel an, um das Verständnis für die psychoimmunologischen Zusammenhänge zu vertiefen. Aus der Imagery-Forschung (Schuster 1989) wissen wir, daß sich komplexe (theoretische, wissenschaftliche) Lerninhalte mit Hilfe individueller Vorstellungsbilder leichter verarbeiten lassen und daß sich die Merkfähigkeit dadurch verbessert. Darüber hinaus spiegeln solche Vorstellungsbilder auch jeweils persönliche Bedeutungen wider, die ein Mensch den Informationen zumißt. Vorstellungsbilder zum Immunsystem reflektieren vor allem seelische Erfahrungen, die mit Themen wie «persönliche Identität», «Abwehr gegen fremde Eindringlinge», «Umgehen mit Bedrohung» verbunden sind.

Ich gehe zunächst in stark vereinfachter Form auf die Arbeitsweise des Immunsystems und Zusammenhänge zwischen Immunstatus und seelischen Erlebnisprozessen ein.* In den folgenden Kapiteln erläutere und veranschauliche ich dann Vorstellungsübungen zum Immunsystem, die in verschiedenen Forschungsprojekten auf ihre Wirksamkeit überprüft und danach verbessert wurden.

Ohne ein funktionsfähiges Abwehrsystem sind wir nicht lebensfähig; wir würden der Vielzahl von Parasiten und Krankheitserregern, die in unseren Organismus eindringen und sich dort vermehren, erliegen. Das Immunsystem ist ein bewegliches System und besteht aus verschiedenen spezialisierten Zellen, die untereinander mit Hilfe von Botenstoffen Informationen austauschen. Die Immunzellen sind weiße Blutkörperchen. Sie werden im Knochenmark gebildet und durchlaufen anschließend verschiedene Reifungs- und «Erziehungs»-Stationen. Sie bewegen sich in den Blut- und Lymphbahnen durch den Körper und halten sich in hoher Konzentration in den Lymphknoten, den Mandeln, der Thymusdrüse, der Milz, im lymphatischen Gewebe des Darms sowie in der Haut und den Schleimhäuten auf.

Die Immunzellen haben die Fähigkeit, zwischen körpereigenen und körperfremden Zellen zu unterscheiden. So können sie auf ihrer Reise durch den Körper fremde Organismen aufspüren

* Meine Darstellung stützt sich vor allem auf: Ader *et al.* 1991; Birbaumer & Schmidt 1990; Griffin 1989; Miketta 1991; Pelletier & Herzing 1988; Roitt *et al.* 1987; Tonegawa 1987.

und vernichten. Die Unterscheidung zwischen «selbst» und «fremd» wird durch charakteristische Markierungen der Zelloberfläche ermöglicht. Alle gesunden Körperzellen eines Menschen tragen dieselbe, für diesen Menschen charakteristische Markierung.* Alles, was diese körpereigene Markierung nicht aufweist, einen anderen Code hat, wird von den Immunzellen als «fremd» erkannt und angegriffen. Aufgrund der andersartigen Paßform der Zelloberfläche können aber nicht nur Eindringlinge aufgespürt werden, sondern auch infizierte, abgestorbene und falsch reproduzierte Körperzellen (abnorme Zellen, Krebszellen). Damit ein Immunsystem effektiv funktioniert, muß eine große Zahl verschiedener Zellen, Moleküle und Signalstoffe in einer fein abgestimmten Art und Weise zusammenwirken. Um den Körper zu schützen, haben sich verschiedene spezialisierte Abwehrzellen herausgebildet, die als «Team» kooperieren. Zwei Grundformen der Abwehrtätigkeit lassen sich unterscheiden: eine unspezifische Abwehr, die von Freßzellen, und eine spezifische Abwehr, die von T- und B-Lymphozyten geleistet wird.

Betrachten wir zunächst die *spezifische Abwehr* und hier die Aufgaben der T-Lymphozyten: Diese wandern nach ihrer Entstehung im Knochenmark in die Thymusdrüse (T steht für Thymus). In der Thymusdrüse werden sie in ihrer Unterscheidungsfähigkeit «trainiert», indem sie mit der Selbstmarkierung und verschiedenen Fremdmarkierungen konfrontiert werden. Bei der Durchwanderung des Thymus lernen die T-Zellen Toleranz gegenüber der Selbstmarkierung. Auch sie erhalten spezifische Markierungen auf der Zelloberfläche entsprechend der jeweiligen Funktion, für die sie «geschult» wurden. Nach ihren spezifischen Aufgaben unterscheidet man T-Helferzellen, T-Suppressorzellen (oder T-Hemmzellen) und T-Killerzellen. Immunzellen, die die Toleranz gegen die Selbstmarkierung

* Dieser «Gewebeverträglichkeitskomplex» ist im allgemeinen nur bei eineiigen Zwillingen identisch und bei nahen Verwandten ähnlich. Alle Körperzellen müssen dem Immunsystem ständig dieses molekulare Paßbild zeigen, um als «selbst» erkannt und nicht angegriffen zu werden.

nicht lernen, werden im allgemeinen von der Thymusdrüse zurückgehalten. Bei körperlich-seelischen Schwächezuständen versagt diese Regulation, so daß unreife, intolerante Immunzellen in die Blutbahn gelangen, die nicht angemessen zwischen körpereigen und körperfremd unterscheiden können.

T-Helferzellen sind besonders gut trainierte Immunzellen. Sie haben eine übergeordnete Funktion bei der Erkennung von Krankheitserregern, bei der Aktivierung eines Abwehrkampfes und bei der Anleitung anderer Immunzellen. Sind T-Helferzellen geschwächt oder in ihrer Anzahl reduziert, hat dies erhebliche Folgen für die Abwehrfähigkeit. Ohne angemessene Aktivierung und Anleitung durch Helferzellen wird ein Immunsystem führerlos und «faul» – ohne auf gezielte Abwehr zu stoßen, können sich Viren, Bakterien, Pilze und Krebszellen im Körper ausbreiten.*

Der aktivierenden Tätigkeit der T-Helferzelle wirkt die *T-Hemmzelle* entgegen. Die Hemmzelle ist ähnlich gut geschult und achtet darauf, daß das Immunsystem nicht zu aktiv wird. Sie bremst überschießende Immuntätigkeit, die körpereigenes Gewebe schädigen könnte. In einem gesunden Immunsystem ist das Verhältnis von Helfer- und Hemmzellen zwei zu eins. Wird dieses regulative Gleichgewicht gestört, kann es zu einer Lähmung der Abwehrtätigkeit kommen (Überzahl, Überaktivität der Hemmzellen) oder umgekehrt zu einer autoaggressiven Zerstörung körpereigener Gewebezellen (Überzahl, Überaktivität der Helferzellen), wie sie bei verschiedenen Autoimmunerkrankungen auftritt.

T-Killerzellen werden bei Bedarf von der Helferzelle aktiviert; sie greifen körperfremde Zellen an, indem sie deren Zellhülle verletzen und sie so zum Platzen bringen. T-Killerzellen sind auch für die Beseitigung virusinfizierter Körperzellen und abnormer Körperzellen von großer Bedeutung. Abbildung 28 zeigt

* Das HI-Virus, das die Aids-Erkrankung (das erworbene Immunschwäche-Syndrom) auslösen kann, greift vor allem diese wichtige Immunzelle an. Das HI-Virus versucht, in die Helferzelle einzudringen und ihre Erbinformation für seine Reproduktion umzuschreiben und zu übernehmen.

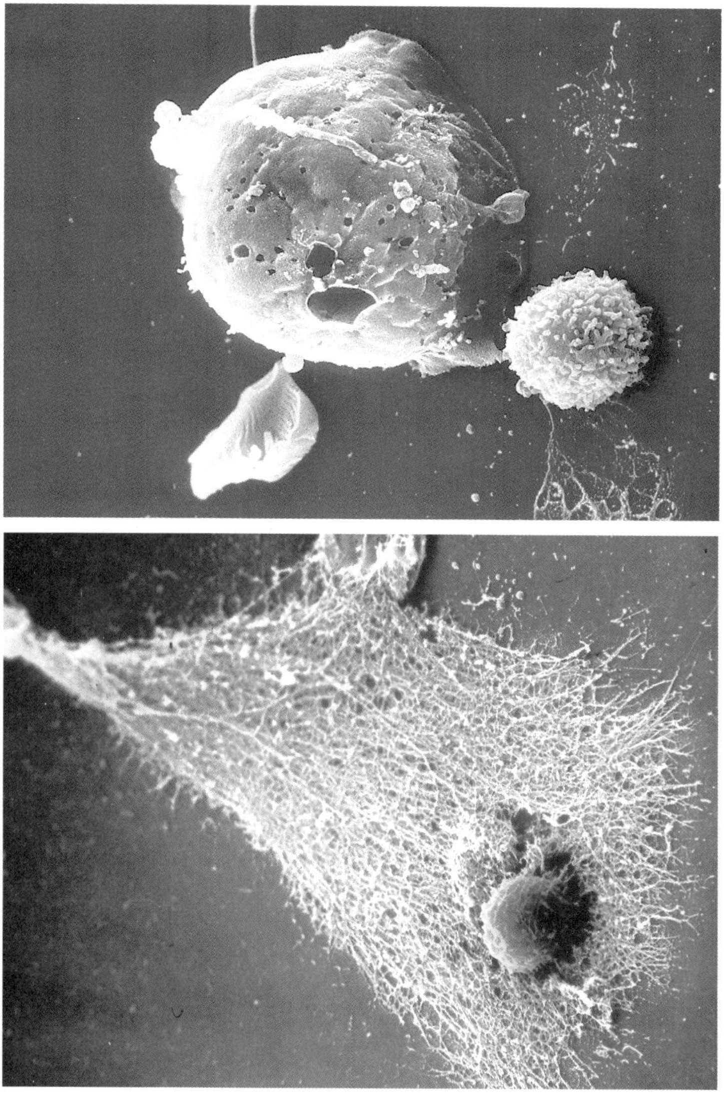

Abb. 28: Zerstörung einer Krebszelle. Eine Killerzelle (kleine Zelle im Vordergrund) hat ein Loch in die Zellwand einer Krebszelle gerissen und Gift hineingespritzt. Der Zellinhalt sickert aus. Die Krebszelle kann nicht überleben. Die Killerzelle kehrt zum Ruhezustand zurück. Copyright © Boehringer Ingelheim International GmbH, Dr. Karl Thomae GmbH, Biberach a. d. Riss.

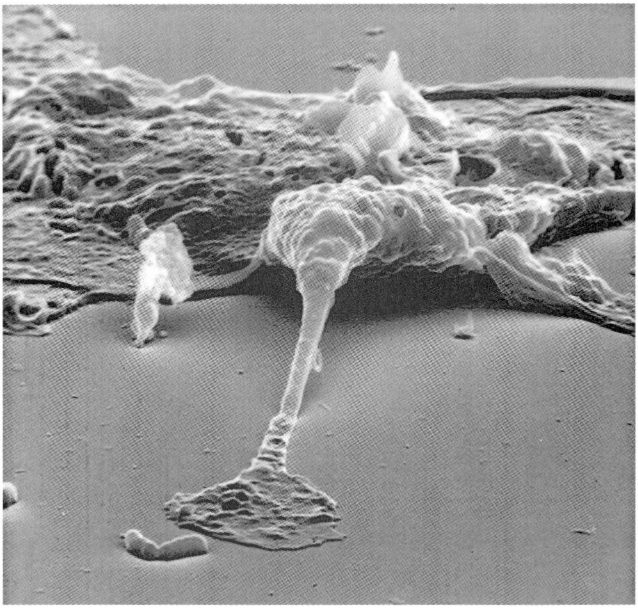

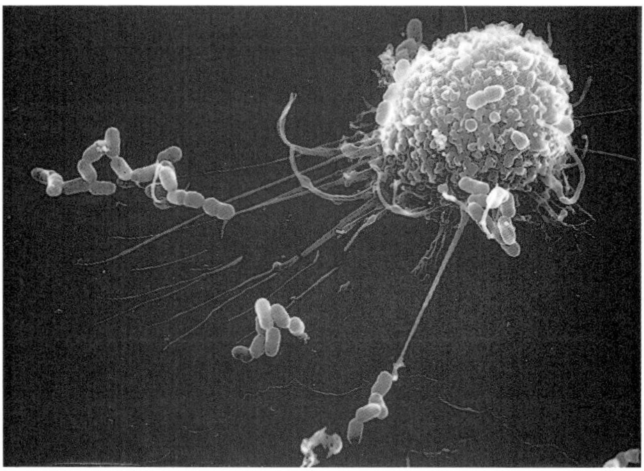

Abb. 29: Einfangen von Bakterien. Eine Freßzelle schickt «Pseudoärmchen» aus, um Bakterien einzufangen, in ihren Zelleib hineinzuziehen und dort zu verdauen. Copyright © Boehringer Ingelheim International GmbH, Dr. Karl Thomae GmbH, Biberach a.d. Riss.

elektronenmikroskopische Aufnahmen von Lennard Nilsson (1987): Eine Killerzelle greift eine wesentlich größere Krebszelle an und reißt ein Loch in ihre Zellhülle. Der Inhalt der Krebszelle sickert aus; sie kann nicht überleben. Die Killerzelle kehrt anschließend zum Ruhezustand zurück.

Zur spezifischen Immunabwehr gehören auch die *B-Lymphozyten* (B von *bone marrow*, Knochenmark), die ohne Aufenthalt im Thymus nach einer Schulung im Lymphgewebe in das Blut gelangen. Werden sie von der Helferzelle aktiviert, so können sie spezifische Y-förmige Markierstoffe, Antikörper, herstellen. Diese Antikörper heften sich an körperfremde Zellen, blockieren sie und kennzeichnen sie, so daß Killer- und Freßzellen sie schnell auffinden und vernichten können. Antikörper können so auch viele Zellgifte binden und neutralisieren. Die Erinnerung an spezifische Krankheitserreger und die zu ihnen passenden Antikörper wird in *B-Gedächtniszellen* gespeichert. Bei einem erneuten Kontakt des Organismus mit diesen Krankheitserregern können dann sehr schnell Antikörper ausgeschüttet und die Erreger in kurzer Zeit unschädlich gemacht werden.

Die *unspezifische Abwehr* wird von Phagozyten, *Freßzellen*, organisiert. Sie können aufgrund ihrer Fähigkeit, ihre Form zu verändern, die Blut- und Lymphbahnen verlassen und sich wie Amöben durch das Körpergewebe bewegen. Sie verfügen über Pseudopodien, «Pseudoärmchen», die sie ausstrecken, um zum Beispiel Bakterien einzufangen (Abb. 29).

Sie können Bakterien, Viren, Pilze, Parasiten auffinden, sie umschließen und in ihrem Zelleib verdauen. So sind die Freßzellen eine Art Müllabfuhr oder Putzkolonne für den Organismus. Sie sind meist die ersten Abwehrzellen, die am Ort einer Infektion eintreffen. Finden sie Eindringlinge, die ihnen unbekannt sind, so präsentieren sie diese der T-Helferzelle, die sie genau analysiert und daraufhin einen gezielten Abwehrkampf einleitet. Unter den Phagozyten gibt es auch die sogenannten «natürlichen Killerzellen», die eine wichtige Rolle bei der Vernichtung von Krebszellen spielen. Auch im Gehirn verrichten die Freßzellen – als Mikrogliazellen – ihre wichtige Putzarbeit.

Was geschieht, wenn ein Krankheitserreger durch Verletzungen der Haut oder über die Atemwege in den Organismus eindringt? Die Gefährdung des Organismus hängt von der Anzahl der eingedrungenen Erreger ab, davon, ob sie dem Immunsystem schon bekannt sind, und auch davon, wie funktionsfähig das Abwehrsystem ist – das Immunsystem kann zum Beispiel durch schlechte Ernährung*, Umweltgifte, ein Übermaß an Sonnenbestrahlung, eine vorherige Infektion oder ein allgemein schlechtes körperlich-seelisches Befinden des Menschen geschwächt sein. Im allgemeinen werden die Krankheitserreger von patrouillierenden Freßzellen gefunden und angegriffen. Sind die Freßzellen durch eine Vielzahl von Erregern überfordert oder sind ihnen die Erreger unbekannt, so präsentieren sie sie der Helferzelle. Diese stimuliert andere Immunzellen, vor allem die B-Lymphozyten. Ist der Erreger dem Organismus schon bekannt, können die B-Gedächtniszellen innerhalb kurzer Zeit passende Antikörper ausschütten, die sich an den Erreger heften und ihn blockieren. So sind die Killer- und Freßzellen in der Lage, Fremdorganismen rasch zu erkennen und zu beseitigen, bevor sie körpereigenes Gewebe erheblich schädigen. Ist das Immunsystem geschwächt, kommt es vor, daß Erreger nicht oder erst verspätet aufgefunden werden, so daß die Erreger Zeit haben, dem Körpergewebe Schaden zuzufügen.

Wird das Abwehrsystem mit einem ihm unbekannten Erreger konfrontiert – zum Beispiel einem Grippevirus –, so dauert es einige Tage, bis ihn die T-Helferzelle analysiert und die B-Zelle unter ihrer Anleitung passende Antikörper hergestellt hat. In dieser Zeit können die Viren ungehindert in Körperzellen eindringen und sich dort vermehren, so daß größere Gewebebereiche geschädigt und zerstört werden. Killer- und Freßzellen können erst mit ihrem Abwehrkampf beginnen, wenn die Antikörper ausgeschüttet worden sind und sich an die Erreger geheftet haben. Um die inzwischen große Anzahl von Erregern und infizierten Körperzellen zu vernichten, müssen viele Immunzellen aktiviert und zum Ort der Infektion gerufen werden. Bei

* Unter anderem ein Übermaß an raffinierter Nahrung, Vitamin- und Mineralstoffmangel.

einem solchen Abwehrkampf können die Lymphknoten anschwellen; er kann zu Fieber und großer Schwächung des Organismus führen. Sind schließlich alle Krankheitserreger und infizierten Körperzellen aufgefunden und beseitigt, geben die T-Hemmzellen das Signal zur Beendigung des Kampfes. Die Immunzellen und der gesamte Organismus kehren zu einem Ruhestand zurück und regenerieren sich. Kampftrümmer werden von den Freßzellen beseitigt (Eiterbildung), verletzte Teile des Körpergewebes erneuert, zerstörte Immunzellen neu gebildet. Wird der Organismus wieder mit diesem Virus konfrontiert, ist es den Abwehrzellen schon bekannt und wird gezielt und schnell beseitigt; der Körper ist gegen diesen Erreger immun geworden.

Grundinformationen zur Immunität werden vor der Geburt durch die Placenta und in der Stillzeit durch die Muttermilch auf das Kind übertragen.* Anschließend lernen die Immunzellen lebenslang in der Auseinandersetzung mit fremden Organismen weiter. Impfungen trainieren das Immunsystem für die Auseinandersetzung mit gefährlichen Krankheitserregern: Das Abwehrsystem wird mit dem Erreger in einer abgeschwächten Form konfrontiert, lernt ihn kennen, entwickelt spezifische Antikörper und wird gegen ihn immun. Ist das Immunsystem geschwächt oder sind einige Immunzellen in ihrer Aktivität oder Anzahl vermindert, ist das Abwehrsystem weniger gut in der Lage, Krankheitserreger aufzufinden und effektiv zu vernichten. Auch zur Entstehung von Krebs, vermutet man, trägt eine Schwäche der Immunüberwachung bei.

Das Abwehrsystem kann jedoch auch überaktiv reagieren. Dann entwickelt es überschießende, allergische Reaktionen** –

* Im allgemeinen greift das Immunsystem alle körperfremden Zellen und Gewebe an. Deshalb müssen Immunreaktionen gegen Organtransplantate zunächst völlig unterdrückt werden. Die befruchtete Eizelle und der Embryo sind für den mütterlichen Organismus ebenso «fremd». Während der Schwangerschaft dämpfen spezielle Mechanismen die mütterliche Abwehr gegen den Embryo, so daß er von ihrem Organismus toleriert wird.

** Dabei reagieren Antikörper überempfindlich auf bestimmte Substanzen und stimulieren Freßzellen zur Freisetzung von Histamin. Dieses Gewebehormon kann unter anderem Blutgefäße dazu veranlassen, sich auszudeh-

Juckreiz, Heuschnupfen, Asthma – auf eigentlich harmlose Substanzen oder greift irrtümlich körpereigenes Gewebe an. Die verschiedenen immunologischen Fehlreaktionen und die damit verbundenen Krankheiten veranschaulicht das folgende Schema:

	Überaktiv, unsinnig	Zu schwach
Reaktion auf äußere Reize	Allergien	(häufige, schwere) Infektionen
Reaktion auf innere Reize	Autoimmun-erkrankungen	Krebs

Abb. 30: Störungen des Immunsystems. Nach Borysenko 1987.

Zwischen dem Zentralnervensystem und dem Immunsystem wurden zahlreiche Wechselwirkungen beobachtet. Zentralnervöse Prozesse können immunologische Reaktionen auf vielfältige Weise beeinflussen, und die Immunantworten wirken auf zentrale Prozesse zurück. Das bedeutet: Emotionen, Kognitionen, Verhaltenstendenzen und Immunreaktionen hängen zusammen und beeinflussen sich gegenseitig. Diese Interaktionen werden über das autonome Nervensystem und vor allem über signalgebende Stoffe (Hormone, Neurotransmitter, körpereigene Opiate) übermittelt. Das lymphatische Gewebe wird sowohl sympathisch als auch parasympathisch innerviert.* Im-

nen, so daß mehr Blut in die Gewebe strömt (quaddelige Hautrötungen), der Blutdruck kann stark absinken (anaphylaktischer Schock), die Nasenschleimhaut kann zu starken Absonderungen stimuliert werden (Heuschnupfen). An den Bronchien bewirkt Histamin eine Kontraktion der glatten Muskulatur, so daß das Atmen erschwert ist.

* Elektrische Reizungen im Hypothalamus modifizieren die Immunaktivität – bei verstärkter Immuntätigkeit wurden im Hypothalamus spezifische Aktivierungsmuster beobachtet (Besedovsky *et al.* 1977).

munzellen nehmen biochemische Signale über spezifische Rezeptoren auf und produzieren ihrerseits Signalstoffe, um Informationen weiterzugeben. Sowohl das Zentralnervensystem als auch das Immunsystem sind daher über alle psychophysiologischen Prozesse informiert und tauschen sich darüber aus.

Unter Belastungen – bei Auslösung der Alarmreaktion – werden die immunologischen Prozesse durch Streßhormone moduliert. So kann Adrenalin innerhalb kürzester Zeit einen Anstieg der Killerzellenaktivität bewirken, langfristig kann es die Antikörperproduktion hemmen und – über eine Aktivierung der Hemmzellen – die Immunkraft dämpfen. Noradrenalin aktiviert die Killerzellen und dämpft die Freßzellen. Erhöhte Kortisolwerte dämpfen überschießende Immunreaktionen. Normalisiert sich der Streßhormonspiegel, kehrt auch das Immunsystem zur Homöostase zurück. Dann werden zum Beispiel durch Insulin und Wachstumshormone die T- und B-Zellen gestärkt. Setzt eine Schon- und Rückzugsreaktion unter Angst, Depression und Hilflosigkeit ein, wird die Immunfunktion (über einen weiterhin erhöhten Kortisolspiegel) jedoch weiterhin gedämpft und langfristig geschwächt.

Von besonderer Bedeutung für Störungen der Immunfunktion scheinen gelernte Reaktionen auf Belastungen zu sein, die dem Menschen das Gefühl geben, daß sein Handeln sinnlos ist, so daß er sich als Opfer widriger Umstände und ohne aktive Kontrolle erlebt. Viele Störungen der Immunreaktion können als erlernt betrachtet werden. Sie wurden – im Kontext komplexer Verhaltensantworten – unter traumatischen Bedingungen erworben und treten auch dann noch auf, wenn die ursprünglich erlebte Gefährdung real nicht mehr vorhanden ist. Um sie auszulösen, genügt es, daß ein oder mehrere Situationsmerkmale vorhanden sind, die mit dem traumatischen Erlebnis assoziiert sind und unterschwellige Erinnerungen an die Unfähigkeit zur Kontrolle aversiver Reize wecken.

Ich möchte diese Zusammenhänge am Beispiel einer Katzenallergie verdeutlichen. Eine junge Frau hatte vor einigen Jahren begonnen, in der Gegenwart von Katzen Juckreiz und Atembeschwerden zu entwickeln. Die Beschwerden, die auf einer übermäßigen Immunreaktion beruhen, verschlimmerten sich und traten zum Teil auch auf, wenn sie sich nur vorstellte, einer Katze zu begegnen. Im Rahmen einer Psychotherapie gelang es ihr, den Beginn der allergischen Reaktion aufzuklären: Sie war von einer Reise frühzeitig zurückgekehrt und freute sich darauf, ihren Freund zu überraschen. Sie betrat die gemeinsame Wohnung leise und fand ihn im Schlafzimmer, im Bett mit einer anderen Frau. Obwohl sie heftige Eifersucht, Wut und Haß spürte, schloß sie die Tür wieder und verließ die Wohnung unbemerkt. Sie sprach mit ihrem Freund nicht über das Erlebnis, fühlte sich jedoch von ihm zutiefst betrogen. Ihr Schweigen wurde im Zusammenhang mit sexuellen Mißhandlungen im Kindesalter verständlich. Nach diesem Erlebnis begann die Katzenallergie. Sie mußte ihre Katze, die sie sehr liebte, weggeben. Erst nachträglich wurde deutlich: Die Katze war ebenfalls im Schlafzimmer gewesen, und jede Begegnung mit dieser und auch anderen Katzen rief unterschwellig heftige Wut, Trauer und Hilflosigkeit, zugleich aber auch die Unterdrückung des Emotionsausdrucks hervor, so daß die junge Frau ihre Gefühle nicht bewußt wahrnehmen und nicht offen für ihre Bedürfnisse eintreten konnte. Mit dem Einblick in die Zusammenhänge nach der Entwicklung offener Gefühls- und Verhaltensreaktionen milderten sich die allergischen Symptome.

Tierexperimente haben gezeigt, daß immunologisch geschwächte Tiere ihre Symptome offenbar wahrnehmen und aktiv nach Möglichkeiten der Selbstmedikation suchen. So besitzen zum Beispiel Nagetiere die Fähigkeit, Assoziationen zwischen einem bestimmten Geschmack und immunologischen Symptomen herzustellen. Mäuse mit einer Autoimmunkrankheit nahmen bereitwillig süße Milchshakes auf, die mit einem Immunsuppressor versetzt waren. Gesunde Mäuse lernten dagegen sehr schnell, dieses Nahrungsmittel zu meiden. Während das beigemengte Medikament die gesunde Immunfunktion schwächt, beruhigt es irritierte und überaktive Immunfunktionen, die das eigene Körpergewebe schädigen. Offensichtlich können Mäuse Veränderungen des immunologischen Gleichgewichts wahrnehmen. Sie meiden Bedingungen, die sie schwächen, und suchen nach Möglichkeiten, die Homöostase zu verbessern. Diese «organismische Weisheit» beruht auf biochemischen Selbstregulationen (Feedbackschleifen zwischen optischen Reizen, Geschmacksanalysen, neuro- und biochemischen Prozessen), mit dem Tiere zum Beispiel gezielt nach Nahrungsmitteln suchen, die einen bestimmten Mangel im Körper ausgleichen können. Auch Menschen haben solche «Antennen», die jedoch durch «Ernährungswissen» oft überdeckt sind: Schon Babies sind in der Lage, die für sie passende Milch auszuwählen. An Rachitis erkrankte Kinder entwickelten eine spontane Vorliebe für den sonst verpönten Lebertran, der ihren Krankheitssymptomen entgegenwirkte.*

Die Psychoneuroimmunologie befaßt sich mit Zusammenhängen zwischen spezifischen Lebenssituationen, seelischem Befinden, Persönlichkeitsmerkmalen und dem Immunstatus. Die Psychologin Janice Kiecolt-Glaser und der Immunologe Ronald Glaser (1988, 1991) untersuchten Menschen, die verschiedene Belastungen durchlebten, und konnten parallel dazu immunologische Veränderungen bei ihnen nachweisen. So fanden sie eine Abnahme der Killerzellen- und Helferzellenaktivität bei Medizinstudenten während längerer Block-Examina. Von großer Bedeutung für den Immunstatus scheint auch die Qualität der zwischenmenschlichen Beziehungen und das Ausmaß sozialer Unterstützung zu sein: Bei Studenten, die sich einsamer fühlten als ihre Kommilitonen, war die Killerzellenaktivität vermindert. Zu ähnlichen Ergebnissen kamen Untersuchungen zum Immunstatus von Menschen, die ihre Partnerschaft als ungünstig erleb-

* Ernährung hat eine große Bedeutung für den Immunstatus. Mangelernährung (Mangel an Proteinen, Vitaminen und Mineralstoffen) kann zu einer Atrophie des Thymus und zur Verminderung der Lymphozyten führen. Auch Übergewicht und ein erhöhter Cholesterinspiegel schwächen die Abwehrzellen, ebenso Alkohol und Nikotin in hoher Dosierung. Die Immunreaktion wird auch geschwächt durch Schwermetalle (wie Quecksilber, Nickel, Blei, Cadmium), die mit der Nahrung aufgenommen werden, ferner durch intensive Röntgenbestrahlung und Chemotherapie. Schlafmangel und Schichtarbeit sind ebenfalls Stressoren, die zu einer Verminderung der Lymphozytenreaktion führen können.

ten, die sich von ihrem Partner getrennt hatten oder deren Partner gestorben war. Nach Trennungs- und Verlusterfahrungen ist (verbunden mit einer Immunschwäche) das Risiko, an Infektionen oder auch Krebs zu erkranken, erhöht. Für spezifische Phasen der Trauerreaktion und für Depressionen konnten deutliche Schwächungen der Immunfunktion nachgewiesen werden.* Untersuchungen an Familienangehörigen und Betreuern von Patienten, die an der Alzheimerschen Krankheit litten, zeigten, daß sie sich im Vergleich zu Kontrollpersonen belasteter, depressiver fühlten und ihre Immunfunktionen signifikant schwächer waren. Dies könnte auch auf Betreuer anderer Schwerkranker zutreffen.

Verschiedene Forscher (Locke *et al.* 1984; Tecoma & Leighton 1985) haben darauf hingewiesen, daß nicht alle Menschen auf Lebensbelastungen mit Störungen der Immunfunktion reagieren. Wichtiger als die objektiven Stressoren scheint die subjektiv-emotionale Bewertung der Situation zu sein: vor allem das Ausmaß erlebter Feindseligkeit, Angst, Hilflosigkeit, Einsamkeit, Depression beziehungsweise das Vertrauen, die Belastung bewältigen zu können. So zeigten die Untersuchungen von Locke und seinen Mitarbeitern keine signifikanten Zusammenhänge zwischen objektiv eingeschätzten Belastungswerten und der in verschiedenen Zeitabständen untersuchten Immunfunktion bei 114 Studenten. Als in die Analyse jedoch Persönlichkeitsmerkmale (Depression, Ängstlichkeit, Zwanghaftigkeit) einbezogen wurden, zeigten sich sehr interessante Ergebnisse: Menschen mit einem höheren Ausmaß an seelischen Störungen waren Lebensveränderungen und Belastungen weniger gut gewachsen und reagierten auch mit einer Verminderung der Immunkompetenz, während psychisch stabile Personen dieselben Belastungen besser bewältigten und zugleich eine höhere Immunkompetenz hatten.

Wichtig für die gesunde Immunität scheint die Erfahrung zu sein, bei Belastungen eine gewisse Kontrolle über die Lebens-

* Bartrop *et al.* 1977; Gottschalk *et al.* 1983; Irwin *et al.* 1987; Kronfold *et al.* 1988; Schleifer *et al.* 1983.

situation zu haben. Angst und Hoffnungslosigkeit, das Gefühl, einer schwierigen Situation nicht entfliehen und sie nicht kontrollieren zu können, beeinträchtigen die Immunfunktion besonders stark. Dies ist vor allem in Tierversuchen gut nachgewiesen. So reagierten Ratten, die aversiven Reizen hilflos ausgeliefert waren, mit einer Verminderung der Killerzellenaktivität. Ratten, die unter Versuchsbedingungen lebten, in denen sie lernten, die aversiven Reize durch ihr Verhalten zu kontrollieren, entwickelten dagegen besonders aktive T-Lymphozyten (Laudenslager & Maier 1983).

Zusammenhänge zwischen dem Immunstatus und aktiver beziehungsweise passiver Krankheitsbewältigung wurden bei Krebspatienten beobachtet. Sandra Levy (1984) untersuchte 75 Brustkrebs-Patientinnen eine Woche und drei Monate nach der Brustoperation. Sie kontrollierte jeweils die Aktivität der Killerzellen, die eine besondere Rolle bei der Beseitigung abnormer Zellen spielen. Parallel erhob sie psychologische Testdaten und ermittelte, wie die Frauen sich mit ihrer Krankheit auseinandersetzten. Sie stellte fest, daß die Aktivität der Killerzellen bei denjenigen Frauen besonders verringert war, die passiv und depressiv reagierten. Ähnliche Effekte wurden bei Frauen im Zusammenhang mit depressiver beziehungsweise nichtdepressiver Verarbeitung einer Fehlgeburt beobachtet (Naor *et al.* 1983).

Überraschende Beobachtungen zur selektiven Wirkung von Persönlichkeitsmerkmalen und psychosozialem Streß auf Helfer- und Hemmzellen machten Medizinpsychologen an der Universität Wien (Kropiunigg *et al.* 1989). Sie untersuchten seelische Haltungen und Immunreaktionen von gesunden Medizinstudenten, die (freiwillig) an einem Selbsterfahrungsseminar teilnahmen. Fünf Tage lang beschäftigten sie sich mit ihrer zukünftigen Rolle als Arzt, setzten sich mit persönlichen Einstellungen und der Wirkung ihrer Person auseinander. Das Seminar stellte einen erheblichen Stressor dar. Die Situation forderte intellektuelle Einsicht und emotionale Offenheit und gab keine Anhaltspunkte für «richtiges» Verhalten vor. Zusätzlich wurden emotionale und psychosomatische Reaktionen der Teilnehmer in den Lernprozeß einbezogen. Sechs Tage vor Beginn des

Seminars erfolgte ein psychologischer Test und eine erste Überprüfung des Immunstatus. Am vierten Seminartag (höchstes Belastungsniveau) wurde der Immunstatus erneut kontrolliert. Am Ende des Seminars bewerteten die Teilnehmer ihre Erfahrungen (alle positiv). Drei Wochen später wurde der Immunstatus erneut überprüft.

Bei Teilnehmern mit einem erhöhten Anlehnungsbedürfnis, die Schutz, Zuwendung, Rat, Trost bei anderen suchten oder diese Bedürfnisse durch Hilfsbereitschaft und Aufopferung kompensierten, zeigte sich am vierten Seminartag eine deutliche Verminderung ihrer Helferzellen. Teilnehmer mit ausgeprägtem Leistungsstreben, hoher Disziplin und Wettbewerbsorientierung entwickelten dagegen eine erhöhte Anzahl von Hemmzellen. Beide Reaktionen – die Verminderung der Helferzellen wie der Anstieg der Hemmzellen – bewirken eine Schwächung des Immunstatus. Sowohl die übertriebene soziale Orientierung als auch das selbstbezogene Leistungsstreben reflektieren Aspekte der Selbstunsicherheit. Beide Haltungen können unter sozialem Druck, in Situationen, die keine klare Verhaltensorientierung vorgeben, immunologisch riskant sein.

Drei Wochen nach Ende des Seminars zeigten sich ungünstige Langzeiteffekte für den Immunstatus bei Teilnehmern mit hohem sozialem Anerkennungsbedürfnis, die immer noch stark mit ihren Erlebnissen beschäftigt und um ihren Ruf besorgt waren. Teilnehmer, die im Anschluß ein geringes Geselligkeitsbedürfnis hatten, lieber allein waren, zeigten normale Immunfunktionen. Die Untersuchung macht auch deutlich, daß Selbsterfahrungsgruppen durchaus erhebliche und gefährdende Stressoren darstellen. Nicht immer gelingt es den Leitern, die Teilnehmer zu einer im seelischen und immunologischen Sinne heilsamen Bewältigung ihrer Erfahrungen zu führen.

Es liegen mehrere Untersuchungen vor, die sich mit Interventionen zur Beeinflussung der Immunfunktion befassen. Einige Studien deuten darauf hin, daß Entspannung einen günstigen Einfluß haben kann. Kiecolt-Glaser & Glaser (1988) untersuchten die Killerzellenaktivität bei alten Menschen im Zusammenhang mit (a) sozialem Kontakt und (b) einem Entspannungstraining und verglichen die Effekte mit einer Kontrollgruppe. Die alten Menschen, die einen Monat lang dreimal wöchentlich eine Entspannungsübung durchführten, entwickelten eine deutlich höhere Killerzellenaktivität, das heißt, sie verbesserten ihren Immunstatus. Soziale Kontakte – Besuche von Studenten – führten zwar zu einer Verbesserung der Stimmung, hatten jedoch keinen nachweisbaren Einfluß auf den Immunstatus. Auch bei Medizinstudenten, deren Immunstatus während anstrengender Block-Examina geschwächt war (was nicht auf Mangelernährung beruhte) und die ein regelmäßiges Entspannungstraining praktizierten, konnten positive Effekte beobachtet werden. Weitere Studien (Peavey *et al.* 1985; Jasnovski & Kugler 1987) zeigten, daß bei Gesunden, die unter hohem Streß standen, regelmäßige Entspannungsübungen leichte Störungen der Immunfunktion verbesserten und das Vertrauen stärkten, die Belastungen bewältigen zu können.

Mit anderen Studien gingen Kiecolt-Glaser & Glaser (1988) der Vermutung nach, daß die offene Auseinandersetzung mit belastenden Erfahrungen sich günstig auf das psychophysiologische Befinden auswirkt. Sie regten zwei Studentengruppen an, über einen Zeitraum von sechs Wochen in einem Tagebuch (a) traumatische Erlebnisse, (b) weniger bedeutsame, eher alltägliche Erfahrungen zu notieren. Bei den Studenten, die sich mit traumatischen Erfahrungen beschäftigten, zeigte sich eine positive Aktivierung des Immunstatus; sie benötigten auch weniger medizinische Betreuung. Besonders positive Veränderungen des seelischen, körperlichen und immunologischen Befindens wurden bei Studenten beobachtet, die den Mut hatten, sich mit Belastungen und «Geheimnissen», die sie jahrelang geleugnet hatten, sowohl in ihrem Tagebuch als auch in Gesprächen mit anderen auseinanderzusetzen.

Andere Studien deuten an, daß die Immunfunktion durch Vorstellungsübungen beeinflußt werden kann: Howard Hall (1982) gab gesunden Versuchspersonen unter Hypnose verschiedene Bilder zur Stärkung und Aktivierung der T-Zellen vor. Jüngere und leicht zu hypnotisierende Teilnehmer reagierten mit einem deutlichen Anstieg der T-Lymphozytenzahl. John Schneider und seine Mitarbeiter (1983) leiteten gesunde Studenten unter Entspannung zur Imagination spezifischer Freßzellenaktivitäten an. Die Teilnehmer sollten sich vorstellen, wie die Freßzellen die Blutbahn verlassen und Abfallprodukte im Körpergewebe beseitigen. Die Effekte der Imagination wurden durch Blutuntersuchungen vor und nach der Übung überprüft, um festzustellen, ob sich die Anzahl der Freßzellen im Blut der Teilnehmer *tatsächlich* verringert hatte. Es wurde – auch bei Wiederholungen des Versuchs – ein signifikantes Absinken der Freßzellenanzahl nach der Imagination gemessen.

Eine Studie (Gruber *et al.* 1988) kontrollierte immunologische und Einstellungsveränderungen von zehn Krebspatienten, die über ein Jahr regelmäßig Imaginationen zum Immunsystem durchführten. Sie stellten sich (nach Simonton) in entspanntem Zustand vor, wie ihre Immunzellen den Krebs beseitigen. Die Patienten – sie litten an verschiedenen metastasierenden Krebsformen – nahmen freiwillig teil; sie führten die Übung zweimal täglich durch und berichteten jede Woche schriftlich über ihre Erfahrungen und ihr Befinden. Einmal im Monat traf sich die Gruppe, die Übung wurde gemeinsam durchgeführt und der Immunstatus kontrolliert. Alle drei Monate wurden die psychologischen Werte erhoben. Nach etwa einem halben Jahr waren deutlich immunologische Effekte nachweisbar. Sie zeigten sich vor allem in einer Verbesserung der Killerzellenaktivität bei der Beseitigung von Tumorzellen. Parallel nahmen Gefühle von Hoffnung und Selbstkontrolle zu.

Forscher an der Yale University leiteten 32 Asthmatiker sechs Wochen lang an, sich die gesunde Funktion ihrer Hemmzellen zu vergegenwärtigen und sich vorzustellen, wie die Hemmzellen histaminabhängige Überreaktionen – die asthmatischen Reaktionen auf spezifische Reize zugrunde liegen – unter Kontrolle bringen. Im Vergleich zu unbehandelten Patienten verbesserten sich die Immunreaktion und die Reaktion der Bronchien auf bestimmte Reize. Zusätzlich beobachteten die Forscher, daß ein offener Umgang mit belastenden Gefühlen die Immunstörung und die Atemfunktion positiv beeinflußte (Polonsky *et al.* 1985).

Die psychoimmunologischen Erkenntnisse geben einen Einblick in das differenzierte Zusammenspiel zwischen seelischer und körperlicher Abwehrkraft. Sie zeigen auch, wie wichtig es ist, lebensgeschichtlich geprägte Ängste, Depression und Hilflosigkeit aufzuklären und überwinden zu lernen. Von Bedeutung für die psychosomatische Widerstandskraft scheinen vor allem das Vertrauen in die eigenen Fähigkeiten und in die Wirksamkeit des eigenen Handelns sowie die Überwindung von Passivität und Meidungsverhalten zu sein. Über Imaginationen zum Immunsystem können solche persönlichen Haltungen zur Abwehr von Bedrohungen zugänglich werden, man kann sie erkunden und neue Strategien überlegen und durchspielen.

Vorstellungsbilder zur Abwehr von Krankheitserregern

Vorstellungsübungen zum Immunsystem habe ich in den letzten Jahren häufig in Seminaren über Gesundheitsförderung und Krankheitsbewältigung erprobt. In erster Linie soll die Imagination das Verständnis für die Arbeitsweise und Bedeutung des Immunsystems fördern und vertiefen. Für die meisten Menschen ist der Versuch, sich das Immunsystem vorzustellen, eine spannende Erfahrung, und bei fast allen stellen sich Einfälle und Bilder ein, die sie anschließend aufmalen. Anhand der gemalten Vorstellungen kann man gut überprüfen, inwieweit man die Informationen verstanden und verarbeitet hat. Mit der Bildersprache werden auch subjektive und emotionale Bedeutungen, ungünstige Strategien und taktische Fehler bei der Abwehr von Bedrohungen deutlich. Die meisten Menschen haben Freude daran, ihre Bilder mit anderen gemeinsam zu erkunden und Überlegungen zu effektiven und eleganten Strategien anzustellen. Darüber hinaus geben die Bilder einen Einblick in die innere Welt des Malenden und erleichtern Beratungsgespräche über Lebensbelastungen und vertraute Formen der Konfliktbewältigung. Werden solche Gespräche in einer Atmosphäre innerer Ruhe geführt, so inspirieren sie oft eine kreative Entdeckungsfreude und ermutigen dazu, neue Lösungen in der Vorstellung zu erproben. Wird die Imagination weitergeführt, dann wirkt sie als «inneres Rollenspiel» und sinnvolle Selbsthilfeübung, um mit der seelisch-körperlichen Abwehrkraft Kontakt aufzunehmen und das eigene Potential zu erkunden, zu schulen und zu stärken.

Eine Anleitung zur Auseinandersetzung des Immunsystems mit einem Krankheitserreger (Virus) finden Sie auf Seite 200ff.

Die Anleitung greift in einfacher und erzählender Form wesentliche Informationen zum Immungeschehen auf. Die Übung fördert Vorstellungen zur Bedeutung und zur Fähigkeit eines gesunden Immunsystems, sie ist deshalb sowohl für gesunde als auch für kranke Menschen geeignet. Zunächst wird behutsam der Kontakt zum Körpererleben gebahnt und die Aufmerksamkeit auf wichtige Stationen für die Bildung und «Erziehung» der Abwehrzellen gerichtet. Dann wird zu einer Reise durch den Körper mit Hilfe des Blutstroms eingeladen und auf diesem Weg eine persönliche Vorstellung gesunder Zellen, wesentlicher Abwehrfunktionen sowie eines Krankheitserregers angeregt. Zum Schluß wird ein szenisches Bild von der Beseitigung des Krankheitserregers stimuliert. Die Imaginationsanleitung gibt keine konkreten Bilder vor, sie fördert vielmehr die Projektion persönlicher Vorstellungsinhalte im Zusammenhang mit biologischen Regulationsvorgängen. Im allgemeinen lassen sich Menschen mit ganz verschiedenem Bildungshintergrund auf diese Übung ein; sie spricht Jugendliche und auch ältere Menschen an, Gesunde wie auch Erkrankte.

Wird die Übung in Gruppen durchgeführt, entwickelt sich im Anschluß meist ein intensiver Erfahrungsaustausch. Die individuellen Vorstellungen zur taktischen und strategischen Lösung des Abwehrproblems, der spielerische Ausdruck von Aggression, aber auch die Verschiedenartigkeit der kreativen Gestaltungen faszinieren die meisten Menschen. Sehr schnell wird auch deutlich, daß die im Bild dargestellte Bewältigungsstrategie persönliche Haltungen widerspiegeln kann, die aus Alltagskonflikten vertraut sind.

Genauere Aussagen über typische Bildgestaltungen sowie Zusammenhänge mit seelischen Haltungen wurde durch eine Untersuchung möglich, die Hendrik Haardt (1988) unter meiner Anleitung durchführte. An der Erhebung nahmen Personen teil, die an einer Information über das Immunsystem und über die Auswirkungen einer HIV-Infektion sowie an einer Imaginationsanleitung interessiert und auch bereit waren, sich einem psychodiagnostischen Test zu unterziehen. Die Informationen zum Immunsystem wurden durch Ausschnitte aus einem Film von Marlene Linke veranschaulicht.* Gezeigt wurde unter anderem die Auseinandersetzung des Immunsystems mit einem Grippe- und mit dem HI-Virus. Die anschließende Imagination leitete dazu an, sich das Immunsystem in der Auseinandersetzung mit einem Virus vorzustellen.

Von den 54 Teilnehmern gingen 28 (17 Frauen) davon aus, daß sie nicht HIV-infiziert waren. 13 Teilnehmer (5 Frauen) hielten eine Infektion für möglich, hatten dies aber nicht überprüfen lassen. Außerdem nahmen 13 Personen (2 Frauen) mit einer HIV-positiv-Diagnose sowie zwei an Aids erkrankte Männer teil. Im Durchschnitt waren die Teilnehmer 32 Jahre alt, ihre psychologischen Testdaten waren insgesamt eher unauffällig.** Die Testdaten der beiden Aids-Kranken wichen allerdings stark von der Gesamtgruppe ab und spiegelten schwerwiegende seelische Belastungen wider. Allen Teilnehmern wurden anschließend Beratungsgespräche zu ihren Bildern und eine weitere Imaginationsanleitung angeboten. Die im Anschluß an die Imagination gemalten Vorstellungsbilder wurden von geschulten Beurteilern nach verschiedenen Aspekten ausgewertet und auf statistisch bedeutsame Zusammenhänge mit psychologischen Testdaten überprüft. Im folgenden möchte ich die wichtigsten Ergebnisse darstellen und mit Beispielen veranschaulichen.

Imaginationen zum Immunsystem sind nur selten direkt an Vorgaben (zum Beispiel einem Informationsfilm) orientiert. Im allgemeinen finden die Teilnehmer ganz persönliche Bilder. Sie wählen auch aus den Informationen und der Imaginationsanleitung diejenigen szenischen Hinweise aus, die ihnen für ihr Verständnis und im Zusammenhang mit ihrem Befinden wichtig sind. So stellten bei gleicher Anleitung diejenigen Teilnehmer, die sich durch eine HIV-Infektion nicht gefährdet fühlten, einen relativ harmlosen Krankheitserreger dar. HIV-Infizierte und Aids-Kranke stellten dagegen einen bedrohlichen Fremdkörper

* Der sehr informative Film «Aids – klarer gesehen» (1986) ist über Aids-Beratungsstellen zugänglich.

** Erhoben wurden Daten zum Lebenshintergrund, zur Abschätzung psychosomatischen Krankheitsgeschehens (FAPK, Koch 1981) und zur Selbstkommunikation (ISE, ISE–Z, Tönnies 1986).

dar. Sie bildeten den Krankheitserreger oft sehr machtvoll ab oder zeigten, wie er in eine Körperzelle eingedrungen ist. Teilnehmer, die sich durch eine HIV-Infektion gefährdet fühlten, stellten den Krankheitserreger ebenfalls oft übermächtig dar oder wichen einer Konfrontation mit ihm aus, indem sie ihn nicht visualisierten. Wenn sie die Auseinandersetzung mit einer – wohl angstvoll erlebten – Bedrohung vermieden, konnten sie sich auch die Fähigkeit ihres Abwehrsystems nur schwer vorstellen. Diese Teilnehmer waren auch insgesamt in ihrer Darstellung eher zurückhaltend – im Mittel malten sie nur etwa 20 Prozent der Bildfläche aus. Alle anderen Teilnehmer nutzten überwiegend mehr als die Hälfte des Bildraums für ihr Vorstellungsbild.

Das «Fremde» wird oft als einfaches Partikel oder als geometrische Figur dargestellt, vermutlich wird damit sein «unlebendiger» Charakter ausgedrückt. Farblich tritt es eher dunkel in Erscheinung (schwarz, grau); manchmal wird es auch rot gemalt, vermutlich um eine verletzende und alarmierende Bedrohlichkeit auszudrücken. In symbolischen Darstellungen tritt das Virus als Teufelsmaske, Schlange, Spinne auf. HIV-Infizierte und Teilnehmer, die sich durch eine Infektion gefährdet fühlten, stellten das Virus auch als «System» dar. Solche Systeme bedrohen das «Selbst» etwa als Piratenschiff, das Kanonenkugeln abfeuert, als Vulkan, der Spinnen auf das körpereigene Gewebe katapultiert, als Woge, die das Ich überrollt, oder als Roboter, der den Ich-Roboter herausfordert. Diese Vorstellungen wirken besonders erschreckend, da sie dem Virus eine große Macht, Eigenständigkeit und auch Faszination zuschreiben, dem die Abwehrkräfte hilflos gegenüberstehen. Im Zusammenhang mit den lebensbedrohlichen Folgen einer HIV-Infektion sind die Darstellungen jedoch verständlich. Sie spiegeln die empfundene Angst und Ohnmacht gegenüber einer Infektion, für die sich die meisten keine Heilung vorstellen können.

Die relative Größe, mit der das Fremde dargestellt wird, kann einen wichtigen Hinweis auf das seelische Erleben des Malenden geben. Zwischen diesen Bildmerkmalen und psychologischen Testdaten wurden statistisch bedeutsame Zusammenhänge gefunden. Sie zeigen, daß Teilnehmer, die einen im Verhältnis zu den Immunzellen relativ großen Krankheitserreger malten, in der realitätsgerechten Konfliktbewältigung und ihrem Gefühlsausdruck vermindert waren, sich stark kontrollierten und aggressive Impulse anstauten. Diese Aspekte des inneren Erlebens werden auf das «Fremde» projiziert und mit ihm dargestellt. – Dies ermöglicht aber auch eine Auseinandersetzung mit erlebten Bedrohungen.

Fast alle Teilnehmer können sich Elemente des Immunsystems vorstellen. Am leichtesten fällt die Vorstellung der Killer-, Freß- und B-Zellen. Vor allem die vital-aktiven Funktionen der Killer- und Freßzellen werden oft symbolisch dargestellt. Sie erscheinen als Tiere – Amöben, Fische, Krokodile, Mäuse, Hunde –, aber auch als Soldaten, Bogenschützen oder als Werkzeuge (Hämmer, Beile, Schwerter, Besen, Staubsauger). Die erkennende und anleitende Funktion der Helferzelle läßt sich schwerer nachvollziehen. Obwohl gerade die Funktion dieser Zelle in der Information besonders herausgestellt wurde, griff sie mehr als die Hälfte der Teilnehmer entweder gar nicht auf oder stellte sie ohne erkennbare Fähigkeiten dar. Viele Teilnehmer suchten jedoch intensiv nach Ausdrucksmöglichkeiten, um sich dieser Funktion zu nähern und sie zu begreifen. Die Fähigkeit der Helferzelle, zwischen «selbst» und «fremd» zu unterscheiden und «Mitarbeiter» zu führen, spiegelt auch seelische Potentiale der Klarheit und Selbstsicherheit, die vielen Menschen nur vage vertraut sind. Möglicherweise fehlen uns in unserer Kultur aber auch überzeugende soziale Modelle, Metaphern und Symbole, die uns diese Fähigkeiten verdeutlichen könnten. Farblich tritt die Helferzelle dem dunkel gestalteten «Fremden» mit hellen und leuchtenden Farben (besonders Gelb) gegenüber. Ihr werden Attribute wie Augen und Hände gegeben, Hilfsmittel zur Verfügung gestellt – Fernglas, Computer, Mikroskop, Bibliothek – und Erkenntnisfähigkeit und Weisheit zugeschrieben. Die Helferzelle tritt auf als Ritter, Wissenschaftler, Lehrer, Magier, Weiser, Heiliger, Krankenschwester. Die symbolische Darstellung ist jedoch nicht unbedingt mit einer sinnvollen Ausübung ihrer Funktion verbunden: Ritter koordinieren ihre Truppen nicht, Magier leiten ohne Feindsicht zu Überaktivität an, Heilige bemerken eine übertriebene Antikörperproduktion nicht, Krankenschwestern können trotz großer Brillen nicht klar sehen.

Auch für die bildliche Umsetzung der körperlichen Abwehrkraft wurden Zusammenhänge mit psychologischen Testdaten gefunden: Teilnehmer, die sich ihre Immunkraft weniger gut vorstellen konnten, waren in der realitätsgerechten Konfliktlösung und in ihrem Gefühlsausdruck vermindert und neigten dazu, sich selbst zu entmutigen. Besonders substantielle Zusammenhänge zwischen der Darstellung der Immunzellen und seelischen Haltungen zeigten sich bei der Gruppe der HIV-Infizierten: HIV-Infizierte, die ihre Abwehrzellen klar darstellten, hatten eine gut entwickelte Fähigkeit, Konflikte realitätsgerecht zu lösen, sie neigten nicht zu gefühlsmäßiger Zurückhaltung, Selbstentmutigung oder Geringschätzung anderer. Vermutlich spiegelt die Darstellung der eigenen Abwehrkraft das aktive Bemühen wider, die bedrohliche Infektion seelisch zu bewältigen.

Verschiedene Abwehrfähigkeiten griffen die Teilnehmer zwar auf, die im Bild dargestellte Aktion wirkte jedoch nicht immer sinnvoll und effektiv. So wurden Killer- und Freßzellen zwar mit Werkzeugen ausgestattet, doch benutzen sie sie häufig nicht angemessen, sondern schauen zum Beispiel passiv zu, wie das Virus Körperzellen bedroht, oder sie reagieren übertrieben und schädigen mit blinder Aggression körpereigenes Gewebe. Oft fehlt der klare Überblick und eine kompetente Anleitung der Helferzelle. Wenn sie in Erscheinung tritt, ist sie oftmals passiv, blind oder verwirrt. Häufig arbeiten die einzelnen Abwehrzellen nicht sinnvoll zum Schutz des Organismus zusammen, oder die gesamte Aktion wirkt schwach, desintegriert oder übererregt.

Auf Seite 205 f finden Sie eine einfache Anleitung zur Auswertung solcher Vorstellungsbilder. Um eine Bildaussage verstehen zu können, muß man die Angaben des Malenden zur Bedeutung der Bildelemente hinzuziehen. Es ist sinnvoll, zunächst zu überprüfen, welche Aspekte der Imaginationsanleitung aufgegriffen wurden und ob man zum Beispiel die Funktion der einzelnen Immunzellen in der bildlichen Darstellung erkennen kann. Abschließend kann man dann versuchen, diese Beobachtungen zusammenzufassen und einzuschätzen, wie «kompetent», «effektiv» die dargestellte Immunreaktion insgesamt wirkt. Aus dieser Einschätzung können sich Überlegungen ergeben, wie die Abwehrkraft eventuell effektiver arbeiten könnte, welche Fähigkeiten gestärkt werden sollten. Beratungsgespräche zur Vertiefung solcher Fragen stimulieren in verdeckter oder auch offener Form die Auseinandersetzung eines Menschen mit seinen seelischen Potentialen.

Anhand des Auswertungsschemas und mit Hilfe von Beispielen, die gemeinsam erkundet und kommentiert werden, lernen die meisten Menschen in kurzer Zeit, solche Vorstellungsbilder zu «lesen» und passive oder überaktive Abwehrtendenzen zu erkennen. Über einen Austausch zu den Bildern in Kleingruppen oder in Beratungsgesprächen erschließen sich meist hilfreiche Anregungen, um über das eigene Verhalten bei Belastungen nachzudenken: Den meisten Menschen fällt es leicht, das Vorstellungsbild eines anderen zu verstehen. Einen Zugang zur Bedeutung der eigenen Vorstellungen findet man jedoch oft nur mit der Unterstützung unbefangener Beobachter. Im folgenden möchte ich einige Vorstellungsbilder genauer erläutern und beispielhaft «passive», «überaktive» und eher «kompetente» Bewältigungsstrategien veranschaulichen.

Die Darstellung der Immunantwort auf ein Virus wirkt passiv, ineffektiv, schwach: Das Immunsystem wird gar nicht oder nur ganz global ohne seine verschiedenen Fähigkeiten dargestellt. Es zeigt keinen Impuls, sich mit einem Fremdkörper auseinanderzusetzen, oder wirkt dabei schwach und passiv. Die Darstellung macht nicht deutlich, daß das Immunsystem den Krankheitserreger klar erkennt, aktiv angreift und effektiv beseitigt. Oft sind alle Immunzellen gleich dargestellt (eventuell nur durch Farben unterschieden), oder sie sind isoliert und arbeiten nicht sinnvoll zusammen. In anderen Fällen sind die Viren gleich groß, größer oder auch zahlreicher als die Immunzellen oder durch Farbe und Symbolik potenter ausgestattet. Die Frage «Kann das hier dargestellte Immunsystem mit dem Krankheitserreger fertig werden?» kann nicht klar mit Ja beantwortet werden.

Abbildung 31 stellt die Imagination eines dreißigjährigen

Abb. 31: Roboter

Mannes dar. Sichtbar wird die an einen Science-fiction-Film angelehnte Auseinandersetzung zwischen zwei Robotern. Links wird im Vordergrund das gepanzerte Virus in Grün-Grau vor grauem Hintergrund darstellt. Rechts rollt der Vertreter der Immunabwehr (rot mit rotem Hintergrund) herbei; er trägt ein blaues Schwert. In dieser Vorstellung sind Immunantwort und Fremdkörper einander sehr ähnlich, die Immunkraft ist jedoch bedeutend kleiner. Die Funktionen der verschiedenen Immunzellen hat der Mann nicht aufgegriffen. Es wird nicht deutlich, daß und wie das Immunsystem mit dieser Bedrohung fertig werden kann. Es stellt sich die Frage: Wie kommt es, daß der Mann die Fähigkeit seines Immunsystems so kalt und technisch erlebt? Wie könnte man das Roboter-Virus effektiver ausschalten? Der Maler dieses Bildes ist HIV-infiziert, und sein Bild veranschaulicht, daß er sich durch die Infektion stark bedroht fühlt und ihr nicht mit differenzierten Bewältigungsstrategien zu begegnen vermag.

Die Darstellung der Immunantwort auf ein Virus wirkt übertrieben aktiv oder autoaggressiv: Die Darstellung zeigt ein übertriebenes, für den dargestellten Fremdkörper unnötig hohes Aufgebot an Immunzellen. Manchmal fehlt der «Feind» ganz in der Darstellung. Auch mangelt es oft an einer kompetenten Anleitung durch die Helferzelle, so daß die Aktivität verwirrt, ungerichtet wirkt und unter Umständen eigene Körperzellen gefährden kann. Meist muß die Kompetenz der Helferzellen gestärkt oder auch die Funktion der Hemmzelle aktiviert werden.

Abb. 32: Überschießende Immunenergie

Abbildung 32 stellt die Imagination eines siebenunddreißigjährigen Mannes dar. Das Vorstellungsbild ist mit kräftigen und leuchtenden Farben gestaltet. Die verschiedenen Fähigkeiten des Immunsystems sind differenziert dargestellt. Auf den ersten Blick wirkt die Abwehrtätigkeit kraftvoll und gut integriert. Auf der Burgzinne steht ein Magier (Helferzelle) und schaut durch ein Fernrohr, Bogenschützen (B-Zellen) schießen ihre Pfeile ab (Antikörper). Hunde (Freßzellen) suchen eine Fährte am Boden. «Explodierende» Immunenergie entströmt einer Röhre am Bildgrund. Ein «Feind», auf den sich die vitale Energie richten könnte, wird jedoch im Bild nicht sichtbar. Und die Gefahr, daß die Pfeile die eigenen Freßzellen-Hunde treffen, ist recht groß. Möglicherweise spiegelt diese unsinnige Überaktivität den psychosomatischen Zustand nach einer Hepatitisimpfung, die kurze Zeit vor der Imagination erfolgte.

Die Darstellung der Immunantwort wirkt angemessen, kompetent, «gerecht»: Die Darstellung zeigt, wie die Immunzellen den Krankheitserreger klar erkennen und effektiv beseitigen. Die Immunzellen arbeiten gut zusammen, ihre einzelnen Funktionen sind deutlich zu erkennen und sinnvoll eingesetzt. Farben und Symbole wirken angemessen. Solche vollkommenen Vorstellungsbilder zum Immunsystem habe ich bisher nicht gesehen. Viele Bilder wirken jedoch im Ansatz kompetent. Und gerade gewisse Unvollkommenheiten werfen interessante Fragen zu typischen Haltungen und Bewältigungsstrategien bei Konflikten auf. So kann das Bild auf einseitige oder auch ungünstige Haltungen hinweisen, die das eigentlich starke Potential schwächen.

Abbildung 33 zeigt das Vorstellungsbild eines vierundzwanzigjährigen Mannes. Rechts unten im Bild ist die Helferzelle als schwarz umrandeter Ritter mit roter Schärpe dargestellt, der eine rot eingefaßte Gewebelandschaft überblickt. Zwei «harmlose» blau-rosa Viren nähern sich links im Bild einer großen grauen Zelle, die sich vor dieser «Gefahr» wie eine «Stahlkugel» verschließt und «unangreifbar» macht. Aus roten Aderzuflüssen eilen «Spezialisten» herbei: große grüne Freßzellen, sternförmige gelbe Killerzellen. In Rot und Blau sind zahlreiche Anti-

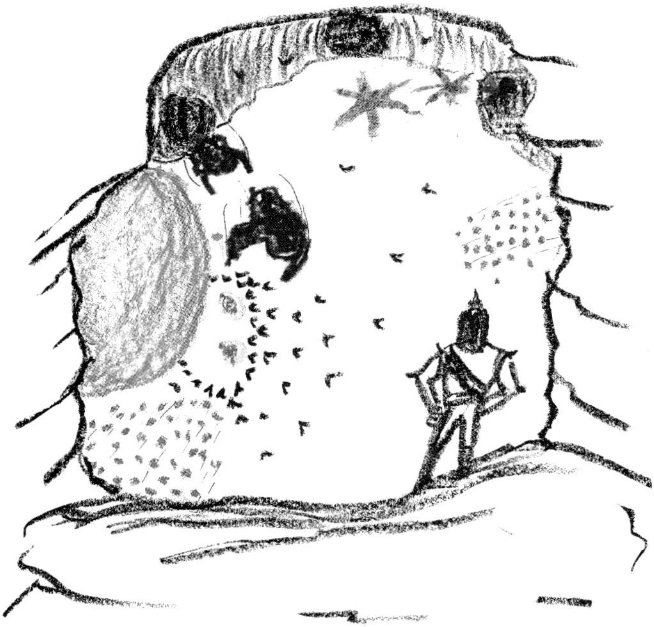

Abb. 33: Ritter überblickt Gewebelandschaft

körper gezeichnet. Die wesentlichen Abwehrfunktionen sind recht differenziert dargestellt, und auch ihre Zusammenarbeit ist angedeutet. Im Verhältnis zum Fremdkörper wirken die Abwehrmaßnahmen aber etwas übertrieben. Auffällig ist, daß die bedrohte Zelle offensichtlich kein Vertrauen zur Abwehrfähigkeit des Körpers hat. Sie verpanzert sich und isoliert sich damit vom Zellverband und von Kommunikations- und Ernährungsmöglichkeiten. Langfristig läßt sich eine solche Verpanzerung sicherlich nicht durchhalten. Sich zurückziehen und vor Angriffen und Kritik verschließen kann kurzfristig entlastend sein. Aber manchmal bemerkt man nicht, daß der Angriff eher harmlos war, vergißt, wie kompetent man eigentlich ist, und trennt sich unnötig von der Unterstützung anderer ab.

Abbildung 34 zeigt das Vorstellungsbild einer zweiundzwanzigjährigen Frau. Die Bewältigung des «Fremden» scheint gut zu

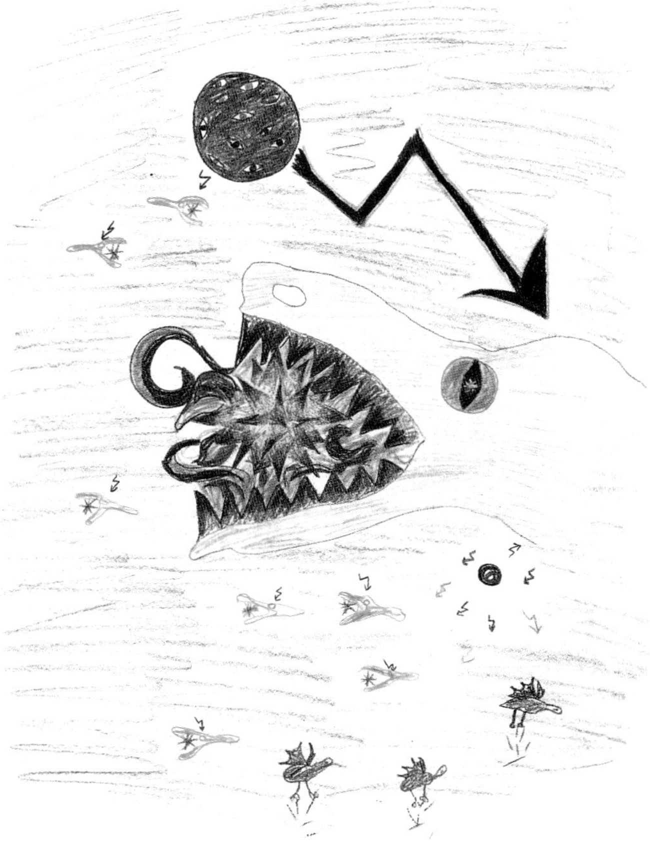

Abb. 34: Das Virus wird gefressen

gelingen, und die aggressive Auseinandersetzung wird von der Malerin vital und lustvoll erlebt. In der Bildmitte ist eine große hellgrüne Freßzelle dargestellt, die in ihrem feurigen und zahnbewehrten Maul ein stacheliges blaues Virus zu zermalmen beginnt. In ihrer Pupille trägt die Freßzelle ein kleines Abbild des Virus – sie kann es erkennen. Zusätzlich wird sie von der Helferzelle, einer «Seherkugel» mit vielen Augen, durch einen orangefarbenen «Impuls» aktiviert und angeleitet. Im unteren Bildraum wird dieselbe Aktivität – verkleinert – mehrmals wiederholt und geübt.

Vor allem HIV-infizierte und an Aids erkrankte Teilnehmer hatten den Eindruck, daß die Imagination zum Immunsystem sie bei der Auseinandersetzung mit ihrer Gefährdung unterstützen könnte, und nutzten das Angebot zu Beratungsgesprächen und weiterer Imaginationsanleitung.

Vorstellungsbilder zum Immun- und Krankheitsgeschehen reflektieren innere Haltungen, die lebensgeschichtlich gewachsen sind. Sie können durch rein intellektuelle und Willensanstrengungen nicht modifiziert werden. Nähert man sich den Bildgehalten jedoch mit empathischem Interesse, so kann man vorbewußte Verhaltensgewohnheiten erkunden und verstehen lernen. Mit dem Begreifen und Benennen der subjektiven und emotionalen Bedeutungen erschließen sich auch neue Möglichkeiten, Bedrohungen zu bewältigen.

Das folgende Beispiel* veranschaulicht, wie ein von einer HIV-Infektion Betroffener seine Gefährdung zum Anlaß nimmt, sich mit krankheitsbezogenen Einstellungen und Verhaltensmustern auseinanderzusetzen. Es zeigt, wie er mit der Imagination zunehmend kraftvollere Vorstellungsbilder und Symbole zur Abwehr der Bedrohung entwickelt und wie die Bilder eine neue Ebene der Auseinandersetzung und einen Zugang zur eigenen Lebenskraft bahnen.

Herr G. war 27 Jahre alt, als er an der Imagination zum Immunsystem teilnahm, und befand sich in der Abschlußphase seines Studiums. Fünf Monate zuvor hatte er eine HIV-positiv-Diagnose erhalten. Herr G. hatte schon vor der Diagnose eine körperorientierte Therapie begonnen. Er vermutete, daß er mit der Therapie unbewußt der wohl damals schon bestehenden Infektion hatte begegnen wollen. Herr G. war von der Diagnose sehr betroffen. Sie war für ihn jedoch ein Anlaß, sich intensiver mit Lebensbelastungen auseinanderzusetzen und Beziehungen zu wichtigen Bezugspersonen zu klären. Er ließ seinen Immunstatus trotz der großen Angst, die mit der Untersuchung immer wieder verbunden war, regelmäßig kontrollieren. Sein körper-

* Dieses und das nächste Beispiel sind an Fallstudien von Haardt (1988) angelehnt.

liches und seelisches Befinden war gut. Dies spiegelt sich auch in seinen psychologischen Testdaten wider. Sie verdeutlichten, daß Herr G. sich offen und intensiv bemühte, die bedrohliche Infektion zu bewältigen. Er erhoffte sich von der Imaginationsanleitung eine zusätzliche Unterstützung.

Im Zentrum des Bildes, das er nach der ersten Imagination malte, stellte er das HI-Virus als schwarzen Rhombus dar. Er ist umgeben von orangefarbenen «Piranhas» und roten «Schwertfischen» (Freß- und Killerzellen), die «aggressiv sind und sehr

Abb. 35: HIV-Infektion, erstes Vorstellungsbild

gut sehen können». Im oberen linken Bildquadranten wird die Helferzelle dargestellt. In einer braunen «gepanzerten» Taucherglocke wird der Oberkörper eines Tauchers sichtbar, der einen Computer bedient. Sein schwarzer Taucheranzug – «ein nochmaliger Panzer» – läßt nur die obere Gesichtshälfte mit den Augen frei. Mit der Panzerung ist der Taucher zwar gut gegen das Virus geschützt, aber es ist zweifelhaft, ob er in seiner Isolation und per Computer mit den Abwehr-Tieren kommunizieren kann. Neben der Taucherglocke wird die B-Zelle als «Frosch-Mutter-Figur» dargestellt, in deren Bauch sich «Kaulquappen-Antikörper» befinden, die durch eine scheidenartige Öffnung nach außen gelangen. Ein Tor im unteren Bildraum stellt einen Lymphknoten dar, der weitere Abwehrzellen beherbergt.

Herr G. war bei der Betrachtung seines Bildes vor allem von der Frosch-Mutter-Figur angerührt, die für ihn mit ihrer «lebenspendenden» Kraft etwas «Naturhaftes und Fruchtbares» verkörperte. Sie steht im Gegensatz zu der technischen Intelligenz der Helferzelle. Die Auseinandersetzung mit dem Virus machte Herrn G. angst. Er spürte die Gefahr, die von dem Virus ausgeht, auch körperlich: «Jedesmal wenn wir darüber sprechen, ist es wie ein Druck auf der Brust, wie das Gefühl, wenn etwas naht, was bedrohlich ist. Ein Schatten, den man körperlich spürt.» Er suchte intensiv nach einer neuen Einstellung, um der Bedrohung zu begegnen. Und er erkannte, daß die ihm vertraute Haltung, auf Belastungen verschlossen, distanziert und intellektuell zu reagieren, zu einseitig ist: «Die Taucherglocke ist zwar sicher, aber damit bin ich auch eingeengt und unbeweglich.» Die Trennung und auch Spannung zwischen kühler Intelligenz/Rationalität und dem Gespür für Körperimpulse und Gefühle fand Herr G. auch in seinem alltäglichen Erleben wieder. Unter Belastungen, in unangenehmen Situationen neigte er dazu, Körperempfindungen und Gefühle zu unterdrücken. Er versuchte dann «durchzuhalten» und erlebte zugleich, wie er sich mit diesem Verhalten schwächte. Herr G. war betroffen darüber, daß sich ein vertrautes Lebensgefühl so drastisch in seinem Bild spiegelte. Er vermutete, daß die «Intelligenz der Helferzelle» für die Bewältigung seiner Infektion wichtig sein könnte, daß sich diese

Intelligenz jedoch stärker mit emotionalen und instinktiven Impulsen verbinden müßte, um wirksam zu werden.

In der nächsten Imagination befreite sich Herr G. aus der Isolation und Starre. Die Helferzelle erscheint diesmal als bewegliches grünes Seepferdchen. Es schwimmt mit den Killer-Fischen, leitet den Angriff auf das schwarze (mit grünem Schaum markierte) Virus und auch seine Beseitigung an. Das Abwehrgeschehen wird in verschiedenen Phasen dargestellt und wirkt aktiv und vital. Die B-Zelle erscheint wiederum als Frosch-Mutter-Figur. Sie ist wesentlich größer als die Seepferdchen-Helferzelle und wirkt somit auch machtvoller, was ihrer Rolle im Abwehrgeschehen nicht entspricht. Herr G. hatte den Eindruck, daß das Seepferdchen noch recht jung und vielleicht noch etwas unerfahren sei in der Koordination des Abwehrgeschehens, so daß ihm die «mütterliche Kraft» der B-Zelle Schutz gebe. «Es kann noch reifen», sagte Herr G. Wichtig an diesem Vorstellungserlebnis war ihm jedoch, daß er dabei gewagt hatte, sich aus einer starren Abgrenzung zu lösen und mitten in das vitale Geschehen hineinzukommen. Diese Erfahrung ermutigte ihn, eine neue Zielvorstellung und Verhaltensorientierung zu entwickeln: «Es geht für mich darum, selbst die Verantwortung zu übernehmen, auch eine Kämpfer-Rolle zu übernehmen! Es gibt Phasen, wo ich sehr im Kopf lebe und dann wieder in einer Versenkung und Auflösung. Die Aufgabe ist: das Element dazwischen zu suchen, das verbindende Element.»

Das gelang ihm bei der dritten Imaginationsübung. Das Seepferdchen wuchs zu einer großen Seeschlange heran. Der Leib dieser machtvollen Helferzelle ist in sechzehn Schuppensegmente gegliedert und spiralförmig aufgerollt. In der Bildmitte – im Innern der Spirale – berührt die Schwanzspitze die Frosch-Mutter-Figur. Und in den Ringen der Spirale schwimmen geschützt weitere Abwehrzellen. Der Kopf der Schlange konfrontiert am rechten Bildrand eine infizierte Körperzelle und analysiert das «Fremde», das «Nicht-Ich» aufmerksam mit einem großen blauen Auge. Ein orangefarbener Killerfisch schwimmt wachsam in der Nähe.

Herrn B. war es wichtig, die Vorstellung einer infizierten Zelle

Abb. 36: HIV-Infektion, drittes Vorstellungsbild

in sein Bild aufzunehmen, um sich bewußtzumachen: «In dem Moment, wo das Virus die Zelle übernommen hat, ist sie nicht mehr eine Zelle des Körpers, sondern eine tote. Deshalb habe ich das hier schwarz gemalt, um den Ernst der Lage auszudrücken.» Am oberen Bildrand wird gezeigt, wie eine Abwehrzelle ein Virus umfaßt und verschlingt.

Die Helferzelle erscheint in diesem Bild in der Gestalt eines archaischen Wandlungs- und Erneuerungssymbols. Die Darstellung strahlt Wissen, Ruhe, Macht und auch Schutz aus. Die von der Schlange geformte Spirale beschrieb Herr G. als «kosmologische Form», und den Gesichtsausdruck der Schlange empfand er als «ernst, wachsam und hoheitsvoll». Das Gesicht der Seeschlange ist mit demselben hellen Grün gemalt wie die Frosch-Mutter-B-Zelle in der Bildmitte, die von dem hinteren Ende der Seeschlange berührt wird. In dieser Gestaltung scheinen Intelligenz und Wahrnehmungsfähigkeit (Kopf, Auge) und die körperlichen Kräfte sinnvoll, vertrauensvoll und wirksam miteinander verbunden zu sein.

Dieses Bild ist im Querformat gemalt, möglicherweise ein Hinweis darauf, daß Herr G. eine neue Beziehungsebene in der Auseinandersetzung mit dem «Fremden», mit seiner Gefährdung gefunden hat. Die Ausrichtung der kompetenten Helferzelle zum rechten Bildrand (zur Realität) und zur Konfrontation mit einer infizierten Zelle deutet an, daß Herr G. den Ernst der Bedrohung wahrnimmt, sich realistisch, mutig und kraftvoll mit ihr auseinandersetzt und diese neue Haltung auch im Alltag verwirklichen kann. Die bildliche Darstellung hat eine hohe Integration, und die so abgebildete seelisch-körperliche Abwehrkraft wirkt vital und kompetent.

Herr B. hat sich anschließend zu Hause weiter mit der Vorstellungsübung beschäftigt. Er hat die hier gefundenen Symbole für sein Immungeschehen beibehalten, in ein größeres Bildformat gemalt und in seinem Zimmer aufgehängt. In seiner Vorstellung erlebt er die Seeschlange nicht nur als integrierend und wachsam, sondern sieht auch ihre kraftvolle und dynamische Beweglichkeit, «wie sich die Spirale aufrollt, rausgeht und blitzschnell schlängelt». Die Frosch-Mutter-Figur ist ihm weiterhin sehr wichtig. Er verbindet mit dieser Gestaltung sein inneres körperbezogenes Wissen und seine eigene Lebenskraft, der er zunehmend vertraut. Sie führt ihn auch zu einem neuen Erleben in der Sexualität, zu Entspannung, Intimität und Vertrauen in Beziehungen.

Herr G. hat den Eindruck, daß die Bilder, die bei der Imaginationsanleitung entstanden, eine Entwicklung ausdrücken: «Die drei Bilder stellen für mich die Entwicklung eigener Männlichkeit, eines eigenen Charakters dar. Von einer völligen Abspaltung über eine untergeordnete Position – und noch nicht ganz ausgereift – bis zu einem wirklich bestimmenden Aspekt. Er hat auch etwas sehr Solides. Das dritte Bild zeigt die Verbindung zwischen Intellekt und Vegetativem, die wichtig ist, um mit der Krankheit umzugehen. Auf der einen Seite zu hören, was nicht in Ordnung ist, und dagegen zu kämpfen. Und das, was gesund ist, zu unterstützen. Ich mache das, um besser zu leben. Um an die Kraft, die irgendwo so unbewußt in einem steckt, heranzukommen.» In einem Nachgespräch – vier Monate später – berichtet

Herr G., daß sein körperliches und seelisches Befinden stabil und gut sei. Er hat weiterhin den Eindruck, daß ihn die symbolischen Vorstellungen zu seinem Immunsystem kräftigen, unterstützen und inspirieren.

Das folgende Beispiel zeigt, wie ein an Aids Erkrankter, der sich körperlich geschwächt und seelisch sehr belastet fühlt, über die Imagination und Beratung Zugang zu Erinnerungen und Glaubenserfahrungen findet, die ihm die Vorbereitung auf den Tod erleichtern können.

Herr B. war 51 Jahre alt, als er an der Imagination zum Immunsystem teilnahm. Zwei Jahre vorher hatte er die Diagnose HIV-positiv erhalten. Aufgrund häufiger Symptome, die einige Monate nach der Diagnose auftraten (Fieberschübe, Bronchitis, Pilzerkrankungen sowie eine extrem verminderte Zahl von T-Helfern im Verhältnis zu T-Suppressorzellen), wurde er als aidskrank eingestuft. Herr B. hatte zwei Jahre vor seiner Diagnose eine schwere Krise erlebt: Beide Eltern waren an Krebs gestorben, er selbst war medikamentenabhängig, sehr unzufrieden mit seinem Amt als Pastor und voller Scham über seine homosexuelle Orientierung. Er fühlte sich «kaputt und depressiv», vor allem auch aufgrund vieler unbefriedigender und enttäuschender Beziehungen (überwiegend in der homosexuellen Subkultur). Nach der Diagnose ließ er sich frühpensionieren. Er engagierte sich kurzfristig in einer HIV-Selbsthilfegruppe und begann eine Psychotherapie, die er jedoch bald wieder abbrach. Seine psychologischen Testwerte zeigten, daß Herr B. in dieser schweren Krise unter sehr starkem emotionalem Druck stand, den er kaum kanalisieren konnte.

Für die Darstellung seiner ersten Imagination benutzte er die gesamte Bildfläche und kräftige Farben. Im Zentrum des Bildes ist ein schwarzgerahmtes Sechseck dargestellt, in dessen Innerem eine spitze, ebenfalls schwarz umgrenzte Form sichtbar wird. Sie ist mit Blau ausgefüllt und von roten Spannungslinien umgeben. Herr B. stellte damit «die Schwärze und Furchtbarkeit des Virus» dar, das eine Helferzelle besetzt hat. Diese Darstellung wirkte auf ihn (und alle Betrachter des Bildes) extrem bedrohlich, «sargähnlich». Im Hintergrund des Bildes sind grüne «Lebenslinien» gemalt und weitere Immunzellen (in lebendigem Orange und hellem Rot), die Herr B. als «Signale der Auseinandersetzung und für einen guten Verlauf» empfindet. Herr B. war sich der Gefährdung durch die Krankheit bewußt, fühlte sich ihr jedoch nicht vollständig ausgeliefert. Das Ziel des Beratungsgesprächs war es, ihn in dieser offenen und mutigen Auseinandersetzung zu bestärken und ihn anzuregen, sich sein Immunsystem und seine seelischen Kräfte noch konkreter und machtvoller vorzustellen.

Abb. 37: Aids-Kranker, erstes Vorstellungsbild

In seiner zweiten Imagination begann Herr B., befallene Zellen deutlicher zu vernichten. In seinem Bild tauchen gesunde Helferzellen auf und aktive B-Zellen mit Antikörperproduktion. Herr B. imaginierte eine recht zielgerichtete und effektive Abwehrtätigkeit, die er im Bild aber eher abstrakt als eine Art «Schaltplan» ausdrückte. Dieses Erlebnis ermutigte ihn, die Imaginationsübung selbständig im Alltag weiterzuführen. Er erlebte dabei jedoch, wie hoffnungsvolle Bilder – «daß mein Körper immer wieder Helferzellen nachbilden kann» – durch entmutigende Gedanken – «es ist ja was Schlimmes, was Vergiftetes im Körper» – unterbrochen wurden. So sollte ihn das nächste Beratungsgespräch bei der Vorstellung einer wirksamen Immuntätigkeit unterstützen und ihm helfen, ein kraftvolleres Symbol für seine Helferzelle zu finden. Beim Nachsinnen über die Bedeutung der Helferzelle erinnerte sich Herr B. an Momente tiefer Ruhe, die er oft bei der Teilnahme am Abendmahl empfunden hatte. Im Kontakt mit dieser Erinnerung entwickelte er bei der Imagination ein drittes Bild (Abb. 38).

Im oberen Bildraum ist ein Kreis von 21 blaugemalten Menschen dargestellt, die sich an den Händen halten. In ihrer Mitte werden die christlichen Symbole des Abendmahls rot abgebildet: das Kreuz, der Kelch, das Buch, das Brot. Von den Symbolen gehen hellgelbe Strahlen aus, die über den Kreis der Menschen «ausstrahlen» auf «Gegenpole» im unteren Bildraum: «depressiver Mensch» (liegende Figur im schwarzem Rechteck), «schlechte Ernährung» (rotes Feuer mit schwarzen Partikeln), «dunkle Gedanken» (Gesicht mit Pfeil), «Sexualität» (Schlange und liegende Acht).

Es fällt zwar Licht auf diese «ungünstigen Verhaltensaspekte», die Herr B. mit dem Virus und mit seiner Erkrankung verbindet, doch kommt es zu keiner Auseinandersetzung. Zwei Pole stehen sich in dieser Vorstellung gegenüber: oben/unten, gut/böse, geistige Erhabenheit/«verdorbene, triebhafte» körperliche Ebene. Die Vereinigung und Ganzwerdung im Abendmahlkreis der 21 Menschen (21 ist auch das Alter des Erwachsenseins) mit der Ausstrahlung der christlichen Symbole läßt eine starke Sehnsucht nach Erlösung spüren. Dies führt jedoch

Abb. 38: Aids-Kranker, drittes Vorstellungsbild

nicht zu einer Annahme oder Versöhnung mit den körperlichen «sündigen» Aspekten.

Dieses Bild entstand in einer Zeit, in der Herr B. sich körperlich geschwächt fühlte und erkannte, daß medizinische Therapien ihm nicht hatten helfen können, einer Zeit, in der er sich mit seinem Tod auseinandersetzen mußte. So zeigt das Bild auch seinen Versuch, Frieden zu finden, und drückt eine Sehnsucht nach Harmonie aus, die Herr B. vielleicht nur im Tod zu finden hoffte. Herr B. gab an, daß er die Imagination zum Immunsystem, die Beratung und vor allem auch das symbolische Bild seiner Helferzelle als Unterstützung erlebte. Er ist zehn Monate nach dem letzten Kontakt gestorben.

Imagination zum Immunsystem

Das Abwehrsystem entdeckt und beseitigt Krankheitserreger (Viren)

Wenn Sie die Übung selbst durchführen möchten, sprechen Sie den Anleitungstext langsam und mit ruhiger Stimme auf eine Tonkassette. Legen Sie vor Beginn der Übung Papier und bunte Stifte bereit, um das Vorstellungsbild anschließend aufzumalen.

Für die Durchführung der Übung setzen Sie sich auf einen bequemen Stuhl. Öffnen Sie beengende Kleidung. Lehnen Sie den Rücken an, stellen Sie beide Füße auf den Boden und lassen Sie die Hände locker in den Schoß fallen. Wenn Sie die Übung im Liegen durchführen möchten, legen Sie sich auf den Rücken und strecken die Beine aus; die Arme liegen neben dem Körper. Bleiben Sie während der Übung ruhig sitzen oder liegen, und lassen Sie die Augen geschlossen.

Legen oder setzen Sie sich bequem hin, schließen Sie die Augen und lassen Sie zu, daß sich Ihre Aufmerksamkeit nach innen wendet, zu Ihrem Körper. Sie nehmen Ihre Füße wahr und die Beine... das Gesäß, den Unterleib und das Becken... Sie nehmen Ihren Rücken wahr und die Brust... den Nacken, die Schultern... Arme und Hände... Sie nehmen den Hals wahr, den Kopf, das Gesicht mit der Stirn, den Augen, der Nase, dem Mund und den Ohren... Und Sie spüren die Atembewegung in Ihrem Körper, in Brust und Bauch, die Atemwelle, mit dem Ausatmen und dem Einatmen. Sie spüren, wie Sie mit dem Ausatmen auch immer wieder verbrauchte Energie loslassen... und wie Sie mit dem Einatmen neue, frische Energie aufnehmen... Und während Sie Ihrem Atem nachspüren, bereiten Sie sich vor auf eine Reise durch Ihren Körper. Bei dieser Reise lernen Sie Ihre körperliche Abwehrkraft, Ihr Immunsystem, kennen. Es ist ein bewegliches, kooperatives, intelligentes und lernfähiges System. Es schätzt Ihre persönliche Identität und verteidigt Sie gegen fremde Eindringlinge. Es besteht aus einzelnen Abwehrzellen, den weißen Blutkörperchen, die verschiedene Aufgaben haben und gut zusammenarbeiten, um Ihren Körper gegen Krankheitserreger und Parasiten zu schützen... Sie spüren noch einmal die Atembewegung... und da ist noch ein anderer Rhythmus in Ihrem Körper: Mit dem Herzschlag, mit dem Kreislauf des Blutes wird immerfort Energie in alle Bereiche Ihres Körpers gebracht...

Und nun wandern Sie mit Ihrer Aufmerksamkeit zu den festen Bestandteilen Ihres Körpers, zu den Knochen, zu Ihrer Wirbelsäule, in das Innere Ihrer Wirbelsäule. Dort ist das Knochenmark, wo die roten und auch die weißen Blutkörperchen gebildet werden. Die weißen Blutkörperchen, die Zellen Ihres Abwehrsystems, können hier im Knochenmark immer wieder neu gebildet werden.

Nun wandern Sie mit Ihrer Aufmerksamkeit in die Mitte der Brust, dorthin, wo Sie hinfühlen oder auch hinfassen, wenn Sie sagen «Ich». Hier sitzt die Thymusdrüse. In der Thymusdrüse werden viele Abwehrzellen geschult. Dort lernen sie, genau zu unterscheiden zwischen den körpereigenen Zellen und fremden Eindringlingen, bis sie entlassen werden und mit dem Blutstrom durch Ihren Körper wandern und überall nach dem Rechten sehen, um fremde Zellen, die Ihr Körper nicht braucht – Krankheitserreger, aber auch Schlacken und abgestorbene Zellen –, aufzuspüren und zu beseitigen.

Beginnen Sie nun, mit dem Blutstrom durch Ihren Körper zu reisen. Auf dieser Reise werden Sie Ihren Abwehrzellen begegnen und sie mit ihren verschiedenen Fähigkeiten kennenlernen und bei ihrer Arbeit beobachten. Vielleicht werden Sie das Geschehen vor Ihrem inneren Auge sehen, vielleicht erscheinen die Abwehrzellen als Tiere oder andere Wesen... vielleicht spüren Sie das Geschehen auch eher, empfinden es... oder es steigen bestimmte Ideen in Ihnen auf. Lassen Sie, ohne Anstrengung, alle Ausgestaltungen Ihrer Vorstellungskraft und Phantasie zu.

Während Sie mit dem Blutstrom durch Ihren Körper reisen, betrachten Sie die Gewebelandschaften, die gesunden Körperzellen, wie sie in einem vitalen Rhythmus pulsieren und zusammenarbeiten. Sie beobachten, wie alle Zellen Ihres Körpers ihre individuelle Kennzeichnung tragen. Und Sie reisen weiter. Jetzt begegnen Sie Ihrer Helferzelle. Die Helferzelle ist eine gut geschulte Zelle mit großem Wissen. Sie kann genau unterscheiden, was zu Ihrem Körper gehört und was fremd ist. Sie kann alles Fremde analysieren, und sie kann – wenn es nötig ist – andere Abwehrzellen rufen, sie aktivieren, damit sie fremde Eindringlinge beseitigen. Betrachten Sie Ihre Helferzelle. Wie sieht sie aus? Woran erkennen Sie ihre geschulte Unterscheidungsfähigkeit, ihre Kompetenz, andere Abwehrzellen anzuleiten? Die Helferzelle selbst greift nicht an, sie beaufsichtigt und reguliert die Aktivität der anderen Abwehrzellen. Wie sieht Ihre Helferzelle aus? Woran erkennen Sie ihre besonderen Fähigkeiten?

Und nun reisen Sie weiter mit dem Blutstrom. Jetzt begegnet Ihnen eine B-Zelle. Die B-Zelle kann auf Anweisung der Helferzelle Markierstoffe und Antikörper herstellen, mit denen ein fremder Eindringling gekennzeichnet und neutralisiert wird. Wie sieht Ihre B-Zelle aus? Woran erkennen Sie ihre besonderen Fähigkeiten?

Und Sie reisen weiter. Jetzt treffen Sie eine Killerzelle. Die Killerzelle kann Fremdes angreifen, die Umhüllung fremder Zellen verletzen, Gift in das Innere spritzen. Die Killerzelle kann markierte Krankheitserreger angreifen und zerstören. Wie sieht Ihre Killerzelle aus? Woran erkennen Sie ihre besonderen Fähigkeiten, Fremdes anzugreifen?

Sie reisen weiter und treffen jetzt eine Freßzelle. Die Freßzelle kann ihre Form verändern und in allen Körpergeweben nach dem Rechten sehen. Die Freßzelle kann markierte Krankheitserreger, Unbrauchbares und Kampftrümmer umfließen, schlukken und verdauen. Fremde Eindringlinge, die ihr unbekannt sind, kann sie packen und der Helferzelle präsentieren, damit sie von ihr analysiert werden. Wie sieht Ihre Freßzelle aus? Woran erkennen Sie ihre besonderen Fähigkeiten?

Sie reisen wieder weiter und begegnen nun der Hemmzelle.

Die Hemmzelle ist eine sehr geschulte Zelle, die der Helferzelle bei der Regelung der Abwehrarbeit zur Seite steht. Sie kann erkennen, wann ein Abwehrkampf vorbei ist. Dann gibt sie den Abwehrzellen ein Signal, daß sie sich zurückziehen und ausruhen können. Die Hemmzelle achtet darauf, daß nicht irrtümlich die eigenen gesunden Körperzellen angegriffen werden, daß nicht unsinnig gekämpft wird. Wie sieht Ihre Hemmzelle aus? Woran erkennen Sie ihre besonderen Fähigkeiten?

Sie reisen weiter mit dem Blutstrom durch den Körper und betrachten die Gewebelandschaften und die Zellen Ihres Körpers. Sie nehmen ihre Lebendigkeit wahr, wie sie rhythmisch pulsieren, wie sie zusammenarbeiten, um Ihrem Organismus zu dienen. Alle gesunden Körperzellen haben ein gemeinsames Kennzeichen, das anzeigt, daß sie zu Ihnen, zu Ihrem Körper gehören. Das Kennzeichen Ihrer gesunden Körperzellen können Sie noch klarer wahrnehmen, wenn Sie jetzt in ein Gebiet gelangen, in das etwas Fremdes eingedrungen ist. Das Fremde sieht ganz anders aus als Ihre körpereigenen Zellen, vielleicht hat es auch eine andere Ausstrahlung... Viren, Krankheitserreger, die kleiner sind als Ihre Körperzellen, sind eingedrungen; sie versuchen, in Körperzellen zu gelangen, um sie für ihre Bedürfnisse auszunutzen. Beobachten Sie das Fremde genau. Wie viele Eindringlinge erkennen Sie? Wie sehen sie aus? Welche Form, welche Farbe haben sie? Was tun sie?

Und nun sehen Sie, wie Ihre Abwehrzellen erscheinen. Die Helferzelle erkennt die Viren als «fremd», sie ruft ihre Mitarbeiter. Die B-Zelle taucht auf und bekommt von der Helferzelle klare Hinweise, um spezielle Markierstoffe freizugeben. Die Antikörper heften sich an die fremden Eindringlinge und blockieren sie. Nun greifen die Killerzellen an, zerstören die Hülle der Viren. Die Freßzellen schlucken die Kampftrümmer eifrig auf. Jetzt sind alle Eindringlinge erkannt, angegriffen und beseitigt worden. Die Hemmzelle erscheint und gibt das Zeichen zum Ende des Kampfes. Sie sehen, wie sich die Abwehrzellen zurückziehen, sich erholen und wie das verletzte Körpergebiet, in dem gekämpft wurde, mit frischer Energie und mit Nährstoffen versorgt wird; wie sich das Körpergewebe ausbessert und erholt;

wie sich all Ihre Körperzellen kräftigen und in einem lebendigen Rhythmus pulsieren.

Sie erinnern sich, wie Ihre Abwehrzellen die Eindringlinge erkannten und Ihren Körper gegen sie verteidigt und beschützt haben. Wenn Sie bereit sind, öffnen Sie die Augen und halten Ihr inneres Bild mit den Farbstiften auf dem Papier fest – die wichtigste Kampfszene: wie Ihre Abwehrzellen fremde Eindringlinge erkennen, angreifen und beseitigen.

Um das Bild anschließend zu erkunden und im Zusammenhang mit dem körperlichen und seelischen Befinden zu verstehen, kann es hilfreich sein, im Anschluß an das Malen die folgenden Fragen zu beantworten:

- Was waren Ihre wichtigsten Gefühle und Gedanken während der Übung und beim Malen des Bildes?
- Was stellen die einzelnen Formen und Farben in Ihrem Bild dar?
- Wie war Ihr körperliches Befinden in den letzten vier Wochen? Litten Sie an Infektionen, Allergien, Erschöpfung? Wurden Sie geimpft? Hatten Sie Fieber? Leiden Sie an einer chronischen Krankheit? Oder fühlten Sie sich kraftvoll und wohl?
- Gab es in der letzten Zeit besondere Belastungen und Veränderungen in Ihrem Leben?
- Wie ist Ihr seelisches Befinden? Fühlen Sie sich ausgeglichen und wohl? Oder fühlen Sie sich beeinträchtigt und belastet (zum Beispiel durch Sorgen, Depressionen, Versagensängste, hohe Spannung, Wut und Ärger)?

Das Immunsystem entdeckt und beseitigt Krankheitserreger / Viren

Anleitung zur Auswertung des Vorstellungsbildes und zur Einschätzung der Kompetenz der Immunantwort

1. Das «Fremde» (Krankheitserreger/Virus, der/das versucht, in körpereigene Zellen einzudringen): Ist es dargestellt? Als «fremd» erkennbar (zum Beispiel im Vergleich zu Körperzellen)? Wirkt es gegenüber den Immunzellen mächtig ○ oder weniger mächtig ○ (zum Beispiel durch Größe, Anzahl, Farbe, Symbolik)?

2. Die körperliche Abwehrkraft	dargestellt?	Funktion erkennbar?	Funktion sinnvoll eingesetzt?
Helferzelle (übergeordnet, anleitend, aktivierend)			
B-Zelle (Produktion von Markierstoffen, Antikörpern)			
Killerzelle (direkter Angriff auf Fremdkörper)			
Freßzelle (Umfließen, «Fressen», Beseitigen von Fremdem, Unbrauchbarem)			
Hemmzelle (übergeordnet, Anleitung zur Beendigung des Kampfes, zur Verminderung unsinniger Abwehraktivität)			

3. Sonstiges (kann die Bildaussage klarer machen, spezifische Fähigkeiten betonen)
Normales, gesundes Zellgewebe ○, Knochenmark (Produktion von Abwehrzellen) ○, Blutbahn (Beweglichkeit) ○, Botenstoffe (Kommunikation) ○.
Wenn diese Elemente dargestellt sind, überprüfen Sie, ob die jeweilige Funktion klar erkennbar und sinnvoll dargestellt ist.

Einschätzung der Bildaussage:
Die dargestellte Immunantwort wirkt

○ passiv, ineffektiv, schwach: Aus der Darstellung geht nicht hervor, ob das Immunsystem den Krankheitserreger klar erkennt, aktiv angreift und effektiv beseitigt. Meist müssen die Funktionen von Helfer- und Killerzelle aktiviert werden. Oft sind die Immunzellen isoliert dargestellt und arbeiten nicht sinnvoll zusammen. Oder die Viren sind bedeutend größer oder zahlreicher als Immunzellen, in Farbe und Symbolik potenter ausgestattet.

○ übertrieben aktiv, überaggressiv: Die Darstellung zeigt ein übertriebenes (für den dargestellten Fremdkörper unnötiges) Aufgebot von Immunzellen. Eventuell fehlt auch eine kompetente Anleitung (Helferzelle), so daß die Aktivität verwirrt, ungerichtet oder auch autoaggressiv wirkt (körpereigene Zellen schädigt). Meist muß die Kompetenz der Helferzelle gestärkt und die Funktion der Hemmzelle aktiviert werden.

○ angemessen, kompetent, «gerecht»: Die Darstellung zeigt, wie die Immunabwehr den Krankheitserreger klar erkennt und effektiv beseitigt. Die Immunzellen arbeiten sinnvoll zusammen, ihre einzelnen Funktionen sind deutlich zu erkennen und sinnvoll eingesetzt. Farben und Symbole wirken angemessen.

Wenn die Immunantwort passiv/ineffektiv oder übertrieben aktiv wirkt, was müßte sich ändern, damit sich eine kompetente Immunreaktion entwickelt?

Vorstellungsbilder zu Autoimmunkrankheiten

Verschiedene schwere Krankheiten – Störungen der Schilddrüsen- oder der Nierenfunktion, Basedow, Morbus Bechterew, Lupus erythematodes, Myasthenie, Multiple Sklerose, Colitis, chronische Polyarthritis, Diabetes Typ I und andere – stehen auch im Zusammenhang mit einer Fehlsteuerung der Immunfunktion: Das Immunsystem greift irrtümlich körpereigenes Gewebe an und zerstört es. Wie es zu diesen Fehlregulationen und dem Angriff auf jeweils unterschiedliche Organe kommt, ist ungeklärt, doch wird vermutet, daß solche fehlgeleiteten Aktionen des Immunsystems in Zeiten körperlicher und seelischer Überbelastung einsetzen, zum Beispiel nach schweren Infektionen, Verlusterlebnissen und anderen seelischen und körperlichen Traumen, die nicht bewältigt werden können. Verschiedene Forscher sind zu dem Ergebnis gekommen, daß unter starken Belastungen die Ausreifung und Schulung von Immunzellen (zum Beispiel im Thymus) gestört sind, so daß Immunzellen in die Blutbahn gelangen, die keine ausreichende Selbsttoleranz entwickelt haben. Andere vertreten die Auffassung, daß unter starkem emotionalem Streß die Angriffe auf das eigene Selbst durch Störungen der biologischen Kommunikation zwischen Gehirn und Immunsystem begünstigt werden. Weiner (1991) weist darauf hin, daß Menschen mit Autoimmunerkrankungen besonders empfindlich auf Verluste und Trennungen reagieren. Er vermutet, daß sie aufgrund frühkindlicher Traumatisierung keine angemessenen Formen der Bewältigung von Trauer erworben haben, so daß sie auch spätere Verluste nicht verarbeiten können. Dies führt bei ihnen langfristig zu Depression, Hoffnungslosigkeit und Störungen der biologischen Selbstregulation.

Es liegt nahe zu vermuten, daß ein Mensch, der sich nicht zielstrebig und aktiv zu behaupten vermag und der in schwierigen Situationen keine Unterstützung und Orientierung erfährt, sein gehemmtes Aggressionspotential auch in einer irritierten und autoaggressiven Abwehrfunktion ausdrücken kann. Die Erforschung von Autoimmunstörungen steht ganz am Anfang, und die betroffenen Patienten sind über immunologische Aspekte ihrer Krankheit meist nicht informiert. Wir wissen daher auch nicht, ob ihnen solche Informationen bei der Bewältigung ihrer Krankheit helfen können.

Mit verschiedenen Teams ging ich in drei Untersuchungen folgenden Fragen nach: Sind Menschen mit schweren und chronischen Krankheiten an Informationen zu autoaggressiven Aspekten ihrer Störungen interessiert? Entwickeln sie nach einer Imaginationsanleitung persönliche Vorstellungsbilder zum Krankheitsgeschehen? Helfen ihre Bilder ihnen, in Beratungsgesprächen neue Wege der Krankheitsbewältigung zu finden? Ich gehe zunächst auf zwei Untersuchungen ein, die sich auf Krankheiten beziehen, von denen Erwachsene betroffen sind, und berichte anschließend über eine Anleitung diabetischer Kinder.

Benno Hennrich (1988) leitete 26 Patienten mit chronischer Polyarthritis und Ute Krusemark (1989) 25 Patienten mit Multipler Sklerose zur Imagination ihres Krankheitsgeschehens an. Die Patienten wurden zunächst in einfacher Form über ihre Erkrankung informiert. Die anschließende Vorstellungsübung lenkte die Aufmerksamkeit zum Ort der jeweiligen Störung und ermutigte zur Wahrnehmung des Autoimmunprozesses. Zum Schluß wurden die Patienten angeregt, sich die Funktion der Hemmzelle und ihre Fähigkeit vorzustellen, die autoaggressive Immuntätigkeit zu stoppen. Da beide Krankheiten mit motorischen Beeinträchtigungen verbunden sein können, wurden den Teilnehmern für das Malen ihrer Bilder besonders weiche Farbstifte zur Verfügung gestellt. Die Patienten wurden zu ihren Bildern und zu psychologischen Testdaten* ausführlich beraten

* Informationen zur Lebens- und Krankheitsgeschichte sowie FAPK (Koch 1981), ISE, ISEZ (Tönnies 1986).

und in der Imagination heilungsorientierter Vorstellungen unterstützt.

Bei der *chronischen Polyarthritis* (Gelenkrheuma) handelt es sich um eine lang andauernde Entzündung vieler Gelenke, die von der Gelenkinnenhaut ausgeht, zu deren Wucherung führt und auf Knorpel und Knochen zerstörend übergreift. Die Entzündung wird durch Immunzellen verursacht, die irrtümlich das körpereigene Gewebe angreifen. Die Folgen sind Schwellungen, Bewegungsschmerz, Verformung der Knochen, Beeinträchtigung von Bewegungsabläufen, unter Umständen Invalidität. 1 bis 2 Prozent der Bevölkerung sind von dieser Krankheit betroffen, Frauen zwei- bis dreimal häufiger als Männer. Die Erkrankung tritt in jedem Alter auf, am meisten jedoch zwischen dem fünfundzwanzigsten und fünfzigsten Lebensjahr und häufiger bei städtischer Bevölkerung und in niedrigeren Bildungs- und Einkommensschichten. Die Auslösung von Krankheitsschüben kann im Zusammenhang mit schwerwiegenden oder lang andauernden Belastungen und einem Zurückhalten des emotionalen Ausdrucks stehen. Chronische Polyarthritis gilt bis heute als unheilbar, sie läßt sich nur durch sogenannte Basistherapeutika und entzündungshemmende Medikamente sowie operative Eingriffe lindern. Zusätzlich werden physikalische, bewegungs- und orthotherapeutische Maßnahmen eingesetzt, um die Schmerzen zu verringern und die Bewegungsfähigkeit zu erhalten. Manchmal wird den Patienten empfohlen, sich einer Selbsthilfegruppe anzuschließen oder psychotherapeutische Hilfe zur emotionalen Stabilisierung und Krankheitsbewältigung zu suchen.

Benno Hennrich leitete 24 Frauen und zwei Männer zur Imagination ihres Krankheitsgeschehens an, die durchschnittlich 46 Jahre alt und seit vierzehn Jahren erkrankt waren. Sie waren überwiegend von massiven Zerstörungen der Gelenkinnenhaut betroffen und hatten meist Operationen hinter sich. Ein Drittel war frühberentet.

Multiple Sklerose (MS) ist ebenfalls eine Autoimmunerkrankung. Das Abwehrsystem greift irrtümlich die Myelinhülle von Nervenfasern an. Die Folgen sind: Störungen der Impulsleitung,

Mißempfindungen, Schwäche in den Beinen, Störungen der Bewegungskoordination, der Sinnesfunktionen oder auch der Sprache, unter Umständen Invalidität. 0,05 Prozent der Bevölkerung in nördlichen Breitengraden erkranken an MS, am häufigsten zwischen dem zwanzigsten und dem vierzigsten Lebensjahr; es sind doppelt so viele Frauen wie Männer betroffen. Auch hier steht die Auslösung von Krankheitsschüben oft im Zusammenhang mit psychischer Überbelastung und einer Zurückhaltung des Aggressionsausdrucks. Die Krankheitssymptome werden mit entzündungshemmenden und immunstabilisierenden Medikamenten behandelt. Auch wird den Patienten empfohlen, ihre Ernährung umzustellen, Überanstrengung, emotionale Belastung und extreme Klimaveränderungen zu meiden und emotionale Unterstützung in Selbsthilfegruppen oder Psychotherapie zu suchen.

Ute Krusemark leitete sechzehn Frauen und neun Männer zur Imagination ihres Krankheitsgeschehens an, die im Mittel vierzig Jahre alt, seit elf Jahren erkrankt und zum größten Teil frühberentet waren. Die begleitenden psychologischen Tests zeigten, daß die Patientinnen und Patienten in beiden Krankheitsgruppen dazu neigten, alltägliche Auseinandersetzungen und den Ausdruck von (vor allem aggressiven) Gefühlen zu vermeiden.

Die Patienten-Information veranschaulichte den jeweiligen Ort des Krankheitsgeschehens (Gelenkinnenhaut beziehungsweise Myelinhülle der Nervenfasern) und erklärte in einfacher Form die Bedeutung und Funktion des Immunsystems und die Folgen seiner autoaggressiven Fehlregulation. Die Anleitung zur Imagination griff diese Informationen auf und regte dazu an, den geschädigten Körperbereich wahrzunehmen. Im Kontext der biologischen Regulationsprozesse wurde dann ein «inneres Rollenspiel» initiiert: Die Patienten sollten beobachten, wie Immunzellen irrtümlich körpereigenes Gewebe angreifen und dadurch wichtige Funktionen schädigen, und dann diese unsinnige Abwehrtätigkeit in der Vorstellung mit Hilfe der Hemmzellen stoppen und wieder auf «Fremdes» (Krankheitserreger) lenken. Durch die Erinnerung an die gesunde Immunfunktion (die «Eindringlinge» erkennt und beseitigt) wurden die Patienten ermutigt, vitale Kräfte nicht gegen sich selbst zu wenden, sondern zur aktiven Auseinandersetzung mit konkreten Belastungen zu nutzen. Fast alle Patienten setzten wesentliche Aspekte der Imaginationsanleitung in ihr Vorstellungsbild um. In ihrem ersten Bild stellten sie zunächst den irrtümlichen Angriff auf das körpereigene Gewebe dar. Die wichtige Funktion der Hemmzelle erscheint bei den meisten erst im zweiten Bild, da sie sie erst nach einem Beratungsgespräch zu verstehen lernten.

Jeweils zwei Drittel der Teilnehmer setzten sich offen und mutig mit dem Krankheitsgeschehen auseinander. Sie zeigten in ihren Bildern, wie die Immunzellen die Gelenkinnenhaut beziehungsweise die Myelinhülle der Nervenfasern angreifen und zerstören. Sie identifizierten sich oft weitgehend mit diesen aggressiven Impulsen und agierten sie in ihrer Vorstellung zum Teil lustvoll und spielerisch aus. Indem sie sich auf die Wahrnehmung der autoaggressiven Impulse einließen, konnten diese Teilnehmer anschließend auch die zerstörerischen Auswirkungen betrachten und Vorstellungen zu einer gesunden Immunfunktion entwickeln. Ein Drittel der Patienten ließ sich nur sehr begrenzt auf Vorstellungen zu der selbstschädigenden Immunreaktion ein. Sie griffen diese Elemente der Anleitung in ihren Bildern nur im Ansatz, verharmlosend oder gar nicht auf. Diesen Teilnehmern fiel es schwerer, heilungsorientierte Vorstellungen zu finden. Insgesamt zeigten jüngere Teilnehmer eine größere Bereitschaft, sich auf die Erkundung ihres Krankheitsgeschehens mit Hilfe der Vorstellungsübung einzulassen. Zusätzlich zeigte die Analyse der psychologischen Testdaten, daß diejenigen Patienten, die in ihrem Gefühlsausdruck weniger gehemmt waren, krankheitsbezogene Vorstellungen direkter und offener darstellten. Von krankheitsspezifischer Bedeutung sind möglicherweise die folgenden Beobachtungen: Polyarthritis-Patienten, die in der realitätsgerechten Bearbeitung von Konflikten weniger gestört waren, konnten sich den selbstzerstörerischen Krankheitsprozeß klarer vorstellen. In der Gruppe der MS-Kranken gelang dies den Patienten besser, die weniger Angst vor Selbständigkeit hatten und noch nicht so lange erkrankt waren.

Insgesamt zeigten die Untersuchungen, daß schwer und chronisch kranke Menschen an genauen Informationen zu ihrer Krankheit interessiert sind und sich auf Vorstellungen zu ihren Beschwerden und zu dem damit verbundenen Immungeschehen einlassen. Ihre Bilder gewähren einen Einblick in ihr inneres Erleben und erleichtern Beratungen zur Krankheitsbewältigung. Die Untersuchungen verdeutlichen, daß Imagination und Beratung motivierten Patienten halfen, neue Sehweisen zu ihrem Krankheitsprozeß zu entwickeln.

Die folgenden Beispiele zeigen, wie eine jüngere und eine ältere Frau, beide langjährig und schwer an Polyarthritis erkrankt, unterschiedlich konkrete Vorstellungen zu ihrem Krankheitsgeschehen und seiner Bewältigung malten. Ein drittes Beispiel veranschaulicht, wie eine jüngere Frau, die noch nicht lange an Multipler Sklerose erkrankt war, die Anleitung nutzte, um ihre Krankheit besser zu verstehen und heilungsorientierte Vorstellungen zu stärken.

Die Abbildungen 39 und 40 zeigen die Vorstellungsbilder einer zweiundzwanzigjährigen Medizinstudentin, die vor zwanzig Jahren an Polyarthritis erkrankt war. Sie ging davon aus, daß die Störung durch eine Pockenimpfung ausgelöst wurde. Ihre Krankheit war in einem fortgeschrittenen Stadium. Durch Schmerzen und verminderte Motorik der Hände, Füße und der Hüfte fühlte sich Frau D. stark belastet, beeinträchtigt bei alltäglichen Verrichtungen – zum Beispiel, wenn sie sich anzog oder einkaufen ging –, aber auch in der Verwirklichung von Wünschen, zum Beispiel zu reisen oder für andere attraktiv zu sein. Frau D. hatte Angst, daß sich ihr Zustand weiter verschlechtern könnte. Sie versuchte, ihr Befinden und ihre Bewegungsfähigkeit durch Krankengymnastik, gute Ernährung, regelmäßigen Schlaf und die Einnahme der verordneten Medikamente positiv zu beeinflussen. Sie hatte zahlreiche Krankenhausaufenthalte und Kuren hinter sich. Ihre psychologischen Testdaten zeigten, daß sie in ihrem emotionalen Ausdruck vermindert war und Auseinandersetzungen mit ihrer sozialen Umwelt vermied.

Durch ihr Medizinstudium war Frau D. recht genau über das

Immungeschehen informiert. In ihrem Bild stellte sie den Umriß eines Gelenkes mit Gelb dar. Hier tummeln sich 22 rote Pacman-Freßzellen. Einige tragen schwarze Teufelshörner, andere nagen an der Gelenkinnenhaut. Drei blasse gelbe Hemmzellen sehen dem Geschehen hilflos zu. Eine blaue Helferzelle deutet auf zwei grüne Bakterien, die eigentlich von den Freßzellen beseitigt werden sollten. Doch aus deren Sicht ist die Helferzelle nur «ein dummer Schwätzer». Frau D. meinte zwar, daß dieser Schwätzer richtige Anweisungen gebe, doch sei die Helferzelle «zu schwach, kann nicht überzeugen». An den Aktivitäten der Freßzellen hatte sie viel Spaß: «Die sind wie kleine Teufelchen; die setzen durch, was sie wollen; Moral oder so, das kennen die nicht.» Aufgrund der Erkrankung, die schon im Kleinkindalter begonnen hatte, war Frau D. sehr früh mit Einschränkungen ihrer Bewegungs- und Spielfreude konfrontiert worden. Die roten Freßzellen (deren Anzahl dem Lebensalter der Studentin entspricht) scheinen eine kindliche und vitale Unbekümmertheit auszudrücken. Sie interessieren sich nicht für die Anweisungen der «übergeordneten» Zellen mit ihren «erwachsenen» Ermahnungen, was darauf hindeutet, daß Frau D. – eventuell auch im

Abb. 39: Freßzellen-Teufel nagen an der Gelenkinnenhaut

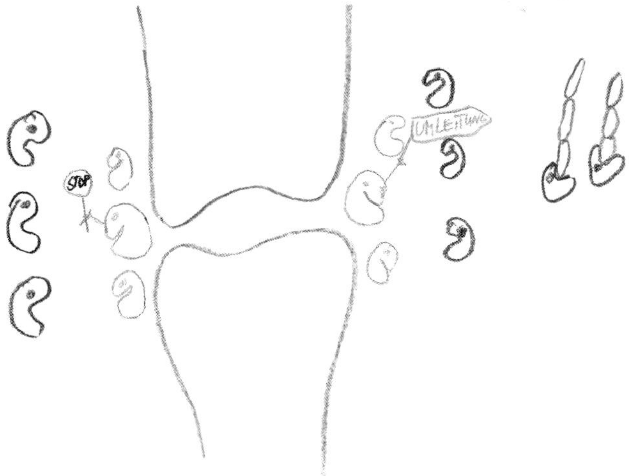

Abb. 40: Die Hemmzellen werden aktiv

Zusammenhang mit dem fordernden Studium – zuwenig Spiel, Spaß und Freude erlebte. Die im Bild dargestellten Hemmzellen sind «zu schwach»; sie können der richtungslos-aggressiven Vitalität der Teufelchen nichts entgegensetzen – «aber resignieren tun sie nicht!»

Nachdem sie den Spaß an den «teuflischen» aggressiven Impulsen ausgekostet hatte, begann Frau D. zu überlegen, wie der zerstörerische Prozeß aufgehalten werden könnte: «Die Hemmzellen müßten kräftiger werden, damit sie eine Chance haben. Aber auch die Helferzelle müßte lauter werden.» In ihrem zweiten Vorstellungsbild stärkte sie die Hemmzellen. Sie sind kraftvoller gemalt und stellen sich schützend vor die Gelenkinnenhaut. Den Freßzellen halten sie ein Stop-Signal entgegen und leiten sie um zur Beseitigung von Krankheitserregern. Sie geben diese klare Anweisung mit einem freundlichen Lächeln, und den Freßzellen scheint es nichts auszumachen, ihre vitalen Bedürfnisse an den Krankheitserregern zu stillen. «Das gefällt mir schon besser», sagte Frau D. zu diesem Vorstellungsbild. Sie beschloß, das Bild der gesunden Immunfunktion häufiger in sich wachzurufen und es zu stärken. Für sie als Medizinstudentin war es zunächst sehr ungewohnt, über seelische Aspekte ihres Krankheitsgeschehens nachzudenken und sich mit Hilfe eines spielerischen und «kindlichen» Vorstellungsverfahrens selbst ein Bild davon zu machen. Sie hat die Anregungen jedoch als interessant und hilfreich erlebt.

Frau K. nahm während der Imagination nicht so sehr Kontakt mit den spezifischen Abwehrzellen auf, sondern eher mit grundlegenden Einstellungen zu ihrer Krankheit. Sie war sechzig Jahre alt und vor vierunddreißig Jahren an Polyarthritis erkrankt. Ihren Beruf als technische Zeichnerin hatte sie aufgeben müssen. Sie war seit dreißig Jahren Rentnerin und befand sich im Endstadium der Krankheitsentwicklung. Ihre Erkrankung, schrieb sie, habe während eines sehr schweren Verlusterlebnisses eingesetzt, bei dessen Verarbeitung ihr niemand zur Seite stand. Sie beobachtete Zusammenhänge zwischen einer Verschlechterung ihres Befindens und seelischen Belastungen (Angst und Kummer) sowie körperlicher Überanstrengung. Frau K. fühlte sich in ihrem alltäglichen Leben durch Schmerzen und motorische Beeinträchtigungen (der Hände, Knie, Füße) stark behindert. Sie hatte aufgrund ihrer Behinderung eine Verlobung gelöst und nie geheiratet, vermißte jedoch eine eigene Familie und Kinder schmerzlich. Sie fühlte sich oft einsam und hatte Angst davor, vollkommen hilflos und pflegebedürftig zu werden. Dennoch hatte sie den Eindruck, den Verlauf der Krankheit durch eine positive seelische Einstellung – indem sie versuchte, sich und anderen Freude zu bereiten – beeinflussen zu können. Frau K. hatte zahlreiche Krankenhausaufenthalte und Kuren hinter sich und wurde mit schmerzlindernden Medikamenten behandelt. Ihre psychologischen Testdaten zeigten, daß sie in ihrem Gefühlsausdruck – vor allem im Ausdruck aggressiver Impulse – stark eingeschränkt war.

Mit dieser Hemmung ihres Gefühlsausdrucks nahm Frau K. während der Imagination Kontakt auf. In sehr zarten und lichten Farben malte sie im oberen Bildraum eine Welle, die sich zum rechten Bildrand hin (zur Realität) einrollt und verknotet. In dem Knoten werden orangefarbene, auf das Innere gerichtete Pfeile sichtbar. Sie stellen Immunzellen dar, die den Gelenkknochen bedrohen. Mit ihrem Bild veranschaulichte Frau K. sowohl die Entzündung der Gelenkinnenhaut und die Zerstörung des Knochens als auch Empfindungen zu der Krankheit. Sie sagte zu ihrem Bild: «Ich wollte damit die Einflüsse wiedergeben, die auf mich einstürmen, und wie sie sich negativ auf die Knochen werfen und die Gelenke. Eigentlich ist das nicht nur mein Gelenk, das bin ich selbst. In der Welle, die anrollend alles umschließt und verschlingt, wollte ich meine Empfindungen mit der Krankheit ausdrücken. Dieses Knäuel ist etwas, wo man im Grunde nicht wieder rauskommt. Es geht alles nach innen. Das ist auch das Gefühl von meiner Krankheit. Alles, was an mich herangetragen wird, konzentriert sich irgendwo – und wenig kommt nach außen.»

Die Imaginationsübung war Frau K. angenehm, und sie setzte sich anschließend intensiv mit der Frage auseinander: Was müßte geschehen, damit der Krankheitsprozeß nicht weiter fortschreitet? Mit ihrem zweiten Vorstellungsbild erkundete sie vorsichtig, wie die im Knoten verschlossenen Gefühle gelöst werden könnten. Sie nutzte die Bildfläche diesmal im Querformat (was eine neue Ebene der Beziehung und des Dialogs andeuten kann)

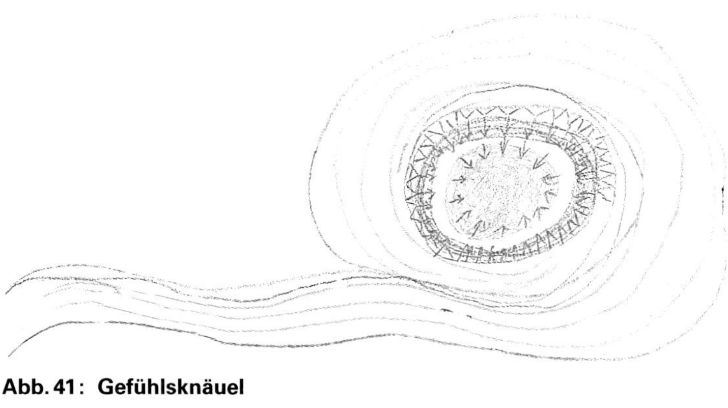

Abb. 41: Gefühlsknäuel

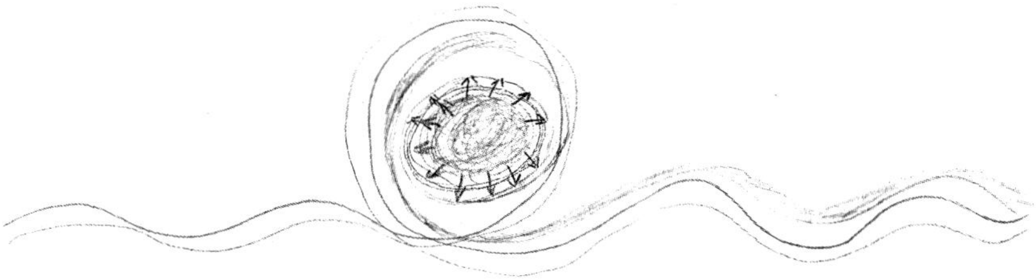

Abb. 42: Der Knoten beginnt sich zu lösen

und gestaltete (wiederum in eher zarten Farben) eine Bewegung über die gesamte Bildfläche. Die gefühlsmäßige Bewegung implodiert hier nicht mehr in einem Knoten, sondern schwingt weiter zum rechten Bildrand (zur Realität hin). Die Pfeile im Innern des Knotens sind weniger geworden, sie haben ihre Richtung geändert und orientieren sich jetzt nach außen. Frau K. begann zu spüren, daß sie ihren seelischen Druck und vielleicht auch die körperlichen Schmerzen vermindern kann, wenn sie ihre Gefühle nicht mehr zurückhält, anstaut und gegen sich selbst wendet, sondern auszudrücken beginnt. In ihrem zweiten Bild stellte Frau K. eine neue Orientierung dar, die mit Hoffnung und Erleichterung verbunden war. Diese seelische Öffnung könnte sie behutsam weiterführen, indem sie ihre Haltung durch kreatives Gestalten erkundet und sich mit anderen über ihre Gefühle austauscht.

Die beiden folgenden Vorstellungsbilder wurden von einer zweiunddreißigjährigen Frau gemalt, die ein dreiviertel Jahr zuvor an Multipler Sklerose erkrankt war. Frau A. hatte keine Berufsausbildung und lebte mit ihrem Mann und einem zwölfjährigen Sohn auf dem Land in der unmittelbaren Nachbarschaft der Eltern. Sie fühlte sich durch die Krankheit nur wenig beeinträchtigt, klagte jedoch über schnelle Ermüdbarkeit, Muskelschwäche und Taubheitsgefühle in Armen und Beinen sowie über eine Störung ihrer Sehfähigkeit. Äußerlich waren bei ihr keine Anzeichen einer Behinderung zu bemerken.

Abb. 43: Die Hülle der Nervenfaser ist beschädigt

Kurz vor dem Ausbruch der Krankheit starb Frau A.s Großmutter. Frau A. fand die Tote, was ihr einen «Schock» versetzte, an dem sie «lange zu knabbern» hatte. In den darauffolgenden Monaten häuften sich ernste Krankheitsfälle in ihrer Familie, die Frau A. sowohl emotional als auch durch Pflege und vermehrte Hausarbeit erschöpften. Ein Vierteljahr nach dem ersten Ausbruch der Krankheit erlebte sie einen weiteren Krankheitsschub. Frau A. hielt eine weitgehende Besserung der Krankheit für möglich. Um den Verlauf positiv zu beeinflussen, hatte sie ihre Ernährung umgestellt und versucht, Arbeitsbelastungen zu reduzieren. Sie suchte mit Hilfe von Büchern nach Informationen zur Entstehung, Behandlung und Bewältigung der Multiplen Sklerose und war Mitglied einer Selbsthilfegruppe. Ihre psychologischen Testdaten waren unauffällig und zeigten, daß Frau A. sich offen mit ihrer Krankheit auseinandersetzte und aktiv nach Möglichkeiten zur Bewältigung suchte.

In ihrem ersten Vorstellungsbild malte sie im oberen Bildraum mit Gelb eine Nervenfaser, die von vier blauen Abschnitten der Myelinhülle umgeben ist. Ein Teil der Myelinhülle ist abgetrennt – eine hellgrüne Freßzelle trägt ihn in ihrem Maul davon. Sie ist jedoch von zwei Hemmzellen entdeckt worden, die ein rotes «Stop»-Signal auf sie richten. Frau A. sagte zu ihrem Bild: «Mein wichtigster Gedanke war, daß man die Hemmzellen dahingehend beeinflussen sollte, daß sie dem Körper das Stop-Signal übermitteln.»

Frau A. hatte den Eindruck, daß der Angriff auf die Umhüllung der Nervenfaser noch nicht gefährlich war, sondern eher irrtümlich passiert sei. Sie vermutete, daß ihr ein genaues Wissen um das Krankheitsgeschehen helfen könnte, die Störung zu korrigieren. Sie war durch die Information zum Krankheitsgeschehen und die Imagination sehr motiviert und führte die Übung zu Hause weiter. Im Liegen stellte sie sich ihre Immunzellen vor und sagte sich: «Die Angriffszellen sollen jetzt aufhören anzugreifen

Abb. 44: Die Myelinhülle regeneriert sich und wird geschützt

und begriffen haben, daß da an den Nervenzellen nichts ist, was sie angreifen sollen. Und die Hemmzellen sollen aufpassen, daß die Angriffszellen da nichts tun.»

In ihrem zweiten Vorstellungsbild malte Frau A. im unteren Bildraum wiederum eine gelbe Nervenfaser, die von sechs blauen Abschnitten der Myelinhülle umgeben ist. Der im ersten Bild fehlende Abschnitt ist hier ersetzt – an einer Stelle ist er noch blaß und mit gestricheltem Umriß dargestellt. Frau A. entwikkelte hier eine Vorstellung zur Regeneration und auch zum Schutz des verletzten Bereiches. Sieben kräftige, mit Orange ausgemalte Hemmzellen bilden eine Kette, um Nervenfaser und Myelinhülle gegen die Freßzellen abzuschirmen. Eine der Hemmzellen ist mit einem roten Pfeil versehen. Dieses Signal soll den Angriffszellen die Richtung zu anderen Körperregionen weisen. Oben im Bildraum – weit entfernt von der Nervenfaser – ist dargestellt, wie Freßzellen einen Krankheitserreger entdecken und zu beseitigen beginnen. Das Bild zeigt, daß Frau A. in der Lage ist, sich vorzustellen, wie Myelinhülle und Nervenfaser vor irrtümlichen Angriffen geschützt und die Immunzellen auf ihre eigentliche Arbeit – die Beseitigung von Krankheitserregern – zurückgelenkt werden können.

Frau A. fühlte sich durch die Anleitung sehr angesprochen und erlebte die Vorstellungsübung als Hilfe, ihre Krankheit zu verstehen und sich eine Beendigung des autoaggressiven Prozesses zu vergegenwärtigen. Sie nutzte ihre Bilder auch, um ihrem Mann zu erklären, was sich in ihrem Körper abspielt. Ein Jahr nach der Erhebung berichtete sie, daß es ihr gutginge. Ein weiterer Krankheitsschub war nicht aufgetreten. Die rasche Ermüdbarkeit und die Muskelschwäche in den Beinen sind geblieben. Sehstörungen traten jedoch nicht mehr auf. Sie konnte eine anstrengende Reise zu Verwandten in Südeuropa ohne Beschwerden genießen. Sie hatte mit Yoga-Übungen begonnen und integrierte die Imagination zum Immunsystem in diese Übungen, die sie fast täglich durchführte.

Unter meiner Anleitung gingen Iris Fowé (1990) und Inga von Knobelsdorff (1990) der Frage nach, ob diabetische Kinder die mit ihrer Krankheit verbundene Autoimmunstörung verstehen können und ob auch Kinder an einer Imaginationsanleitung interessiert sind und krankheitsbezogene Vorstellungsbilder entwickeln.

Diabetes mellitus Typ I ist eine chronische Energiestoffwechselstörung. Im Unterschied zum Altersdiabetes, bei dem ein funktionaler Insulinmangel auftritt, kommt es beim Diabetes Typ I zu einer Zerstörung der insulinproduzierenden Zellen der Bauchspeicheldrüse durch das Immunsystem. Insulin wird benötigt, um Kohlehydrate in die Körperzellen zu transportieren, wo sie in Energie umgewandelt werden. Bei Insulinmangel können Kohlehydrate nicht genutzt werden, was zu einer Abnahme der Speicherung und Synthese von Fetten und Eiweiß führt. Die bei diesen Prozessen entstehenden Säuren können ein lebensbedrohliches diabetisches Koma bedingen. Erste Symptome der Krankheit sind zumeist: plötzlich einsetzender starker Durst, häufiges Urinlassen, Gewichtsabnahme und Mattigkeit. Die Diagnose wird durch den Nachweis von Zucker im Urin und im Blut bestätigt. Ohne medizinische Hilfe stirbt ein Typ-I-Diabetiker. Die Krankheit kann vom Säuglingsalter an bis etwa zum dreißigsten Lebensjahr ausbrechen: der statistische Gipfel liegt bei acht bis elf Jahren. 0,05 Prozent der Bevölkerung in Westdeutschland sind betroffen. Die Neuerkrankungsrate zeigt eine steigende Tendenz. Diabetiker müssen lebenslang mehrmals täglich Insulin spritzen, einen strengen Diätplan einhalten und tägliche Stoffwechselkontrollen vornehmen. Trotz sorgfältiger Schulung der Kinder, immer genauerer Meß- und Kontrollmethoden und individuell berechneter Insulin- und Diätpläne können diabetische Kinder oft nicht befriedigend eingestellt werden. Das Ziel der Diabetes-Therapie muß es jedoch sein, eine «normale» Stoffwechsellage zu erreichen, um Spätschäden (wie Nierenversagen, Erblindung, Durchblutungsstörungen mit nachfolgendem Absterben von Gliedern) zu verhindern.

Einige Untersuchungen zeigen, daß diabetische Kinder vor der Diagnose schwerwiegende Belastungen erlebten (Hermann *et al.* 1986) und auf emotionalen Streß mit einer rascheren Zuckermobilisation reagieren als gesunde Kontrollpersonen (Achterberg & Lawlis 1984). Die therapeutischen Maßnahmen stellen hohe Anforderungen an die erkrankten Kinder und ihre Eltern. Ein hohes Maß an Disziplin, Selbstkontrolle und Selbstverantwortlichkeit ist nötig. Diese Eigenschaften setzen eher die Lebensperspektive eines Erwachsenen voraus und stehen altersgemäßen Bedürfnissen von Kindern und Jugendlichen entgegen: Sie müssen *genau* den Blutzucker kontrollieren und die Insulindosis entsprechend anpassen, *pünktlich* die Essenszeiten einhalten, *ordentlich* die Stoffwechselkontrollen protokollieren, *vernünftige* Einschränkungen akzeptieren, um Spätkomplikationen zu vermeiden. So ist es verständlich, daß Kinder und Jugendliche oftmals Diätfehler machen, ihre Protokolle manipulieren und dies vor den Ärzten verheimlichen oder daß sie sich minderwertig fühlen, Angst vor Ablehnung haben und ihre Krankheit verleugnen. Zusätzlich erschwert ihnen die tägliche Selbstverletzung durch Blutzuckertests und Injektionen eine angemessene Entwicklung ihres Körperbewußtseins und Körperbildes. Vielfältige Einflüsse wie Angst, Ärger und Anspannung verursachen oft unvorhersehbare Stoffwechselschwankungen und verstärken das Gefühl, der Krankheit hilflos ausgeliefert zu sein. Die therapiebedingten starken emotionalen Belastungen werden bei der Diabetikerschulung häufig nicht genügend berücksichtigt. Zwar gilt ein verstärkter Ausdruck von Aggression und Wut als günstig für die emotionale Bewältigung des Diabetes, doch wird er bei den Schulungsmaßnahmen im allgemeinen nicht berücksichtigt.

Fowé und von Knobelsdorff leiteten zehn diabetische Kinder an, sich ihre Krankheit bildlich vorzustellen. In der Diabetiker-Ambulanz einer Hamburger Klinik wurden Kinder und ihre Eltern auf diese Möglichkeit aufmerksam gemacht. Sechs Mädchen und vier Jungen im Alter von neun bis vierzehn Jahren waren an einer Teilnahme interessiert. Sie wurden in kindgemäßer Form über ihr Krankheitsgeschehen und die Beteiligung des Immunsystems informiert (vgl. S. 231 ff). Obwohl die behandelnden Ärzte und Psychologen davon ausgingen, daß die Kinder über den Autoimmunprozeß informiert waren, war dieser Aspekt allen Kindern neu. Sie waren an den Informationen zum Immunsystem sehr interessiert. Keines der Kinder hatte sich bisher erklären können, weshalb die insulinproduzierenden Zellen «verschwinden». Mit einer Vorstellungsübung (vgl. S. 236 ff) wurden sie anschließend angeleitet, innere Bilder zu ihrer Krankheit zu entwickeln und sie aufzumalen. Zusätzlich malten die Kinder ein Bild ihrer Familie. Begleitend wurden psychologische Testdaten* erhoben und medizinische Parameter einbezogen.

Sowohl die Patienten-Information als auch die Vorstellungsübung bereiteten den Weg für Gespräche, in denen sich die Kinder offen äußerten. Sie berichteten über ihre teilweise sehr schwierige Lebenssituation, über Aggressionen und Ängste. Die Familienbilder zeigen eine Atmosphäre der Starre, Steifheit und Unlebendigkeit sowie einen sehr geringen Kontakt der Familienmitglieder untereinander. Fowé fand in den Bildern eine starke Ausprägung von Merkmalen, die auf Schüchternheit, Gefühle der Unzulänglichkeit, Trauer und Aggression hindeuten. In Gesprächen über ihre Familienbilder wirkten fast alle Kinder sehr scheu, während ihnen Gespräche über ihre krankheitsbezogenen Bilder deutlich leichter fielen. Im Kontakt mit den biologischen Funktionen ihres Körpers und auf einer symbolischen Ebene konnten sie sich emotional weiter öffnen. In der Vorstellung der Kinder übernahmen die Immunzellen Funktionen der Angstbewältigung und des Aggressionsausdrucks. Die Kinder deuteten das autoaggressive Geschehen als fehlgeleitete Reaktion auf erlebte Belastungen und Bedrohungen. Sie beschäftigten sich intensiv mit Themen wie «Kampf», «Aggression», «stark sein/schwach sein» und «ohnmächtig sein». Bis auf die beiden jüngsten Kinder entwickelten alle im Zusammenhang mit ihrem Bild spontane Ideen, wie die Fehlreaktion des Immunsystems aufzuhalten sei. Sie drückten aus, daß die verwirrten Immunzellen eine klare Anleitung bräuchten, daß ihre Wahrnehmung geschult, ihre Sicherheit und Entscheidungsfähigkeit trainiert werden sollten, daß sie lernen müßten, «nein» zu sagen. Ein Kind drückte klar aus, daß es mit der schwer einstellbaren Krankheit auf Aggressionen der Eltern reagierte und daß es sich erholen

* Persönlichkeitsfragebogen für Kinder (PFK, Seitz & Rausche 1979).

könnte, wenn die Eltern aufhören würden, sich zu streiten. Die Ideen der Kinder lassen vermuten, daß sie von weiteren heilungsorientierten Imaginationsanleitungen oder auch durch spielerische Übungen zur Stärkung der Selbstsicherheit profitieren könnten.* Die folgenden Beispiele** geben einen Einblick in die Erlebnisprozesse von zwei Kindern, deren klinischer Status zum Zeitpunkt der Untersuchung besorgniserregend war.

Jorgen war zum Zeitpunkt der Erhebung dreizehn Jahre alt. Er besuchte die Realschule und hatte zwei erwachsene Schwestern, die nicht mehr zu Hause lebten. Der Diabetes war zwei Jahre zuvor festgestellt worden. Jorgens Mutter vermutete, daß er durch den Tod des Vaters ein Jahr vor Beginn der Erkrankung ausgelöst wurde. Nach ihrem Eindruck hatte sich Jorgen durch die Krankheit nicht verändert und war im Alltag nur wenig beeinträchtigt. Jorgens Krankenakte zeigte jedoch, daß er nach dem Tod des Vaters eine schwere Zeit durchlebt hatte. Das Krankenhauspersonal berichtete, daß die Mutter von ihm viel Zuwendung forderte. Jorgen dagegen vermißte die Unterstützung der Mutter, nachdem der Diabetes ausgebrochen war. Wegen einer schweren Knieverletzung lag er mehrmals im Krankenhaus und war länger von ihr getrennt. Jorgen schien den Diabetes nur schwer zu akzeptieren. Er hielt Diätregeln nicht ein, führte keine Kontrollmaßnahmen durch und paßte Insulindosen

* Eine solche weiterführende Anleitung der Kinder hatten wir vorbereitet. Sie wurde jedoch von der leitenden Psychologin der Klinik als nicht günstig erachtet. Ein langjährig erkrankter erwachsener Diabetiker, der selbst Diabetikerschulungen durchführt, überprüfte die heilungsorientierte Anleitung über längere Zeit. Ihm war der (eigentlich für Kinder) auf Kassette gesprochene Text angenehm; er wurde ihm auch bei wiederholtem Durchführen der Übung nicht langweilig. Er erlebte unterschiedliche prozeßhafte Vorstellungen, die mit einem zunehmend klareren und kraftvolleren Bild zur Stärkung der insulinproduzierenden Inselzellen endeten. Auch beobachtete er, daß seine Blutzuckerwerte an den Tagen, an denen er die Übung durchführte, stabiler waren. Nach seinen persönlichen Erfahrungen und auch im Zusammenhang mit seiner fachlichen Kompetenz hält er den Einsatz der Übung für sinnvoll und vermutet, «daß sie für diejenigen, die gerade frisch manifestiert sind, am wichtigsten und spannendsten wäre».

** Nach Fallstudien von Inga von Knobelsdorff.

nicht an. So kam es im Jahr vor der Erhebung zu drei schweren Stoffwechselentgleisungen mit hohen Blutzuckerwerten und starker Unterversorgung des Körpers. Jorgen war auch zum Zeitpunkt der Untersuchung nur «ausreichend bis schlecht» eingestellt. Seit einigen Monaten beobachteten die Ärzte jedoch, daß er im Gespräch offener wirkte und weniger Diätfehler machte. Diese günstige Entwicklung hing möglicherweise damit zusammen, daß sich seine häusliche Umwelt stabilisierte. Jorgens Mutter hatte einen neuen Partner gefunden, der seit einigen Monaten mit ihr und Jorgen zusammenlebte.

Jorgens psychologische Testwerte waren auffällig. Sie zeigten, daß er seine Gefühle stark kontrollierte, wenig von sich überzeugt war und nur ein geringes Vertrauen in seine Urteils- und Handlungsfähigkeit hatte. Jorgens Bild zu seiner Familiensituation deutete an, wie ungeborgen, traurig und einsam er sich fühlte. Für dieses Bild nutzte Jorgen nur die linke untere Ecke des Malbogens. Hier malte er einen grünen Weihnachtsbaum mit zehn leuchtendroten Kugeln, der auf einem breiten, schwarz ausgemalten Sockel steht. Rechts neben dem Baum stellte Jorgen seine Familie mit vier schwarzen Strichmännchen dar. Er selbst – als kleineres Strichmännchen – steht außerhalb dieser Gruppe unter dem Baum in der Nähe des schwarzen Sockels. Das Bild entstand kurz vor Weihnachten. Jorgen freute sich nicht darauf. Weihnachten war für ihn «ein Tag wie jeder andere». Mehr mochte Jorgen zu dem Bild nicht sagen. Die dargestellte Szene wirkt sehr trostlos. Die Menschen werden ohne Beziehung zueinander dargestellt, und Jorgen steht ganz allein. Die Anzahl der roten Kugeln läßt an die zehn Lebensjahre denken, bevor sein Vater starb, und der Sockel, auf dem der Baum steht, erinnert an einen Sarg.

Abb. 45: Familienbild mit Weihnachtsbaum

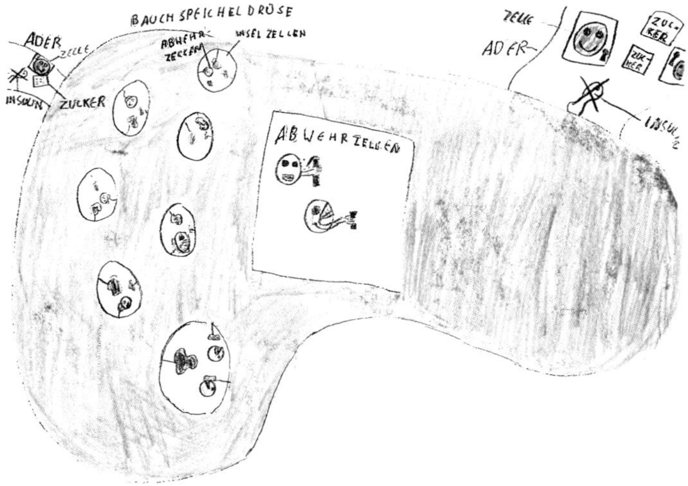

Abb. 46: Abwehrzellen mit Dolch und Dynamit

An den Informationen zum Krankheitsgeschehen – vor allem zum Autoimmunprozeß – war Jorgen sehr interessiert. In seinem Bild griff er fast alle Anregungen auf. Er malte eine gelbe Bauchspeicheldrüse, die fast den gesamten Bildraum ausfüllt. In der Bildmitte stellte er zwei große Abwehrzellen dar. Sie sind grau ausgemalt, zeigen ihre Zähne und halten eine rote Dynamitstange und einen Dolch mit blauer Klinge in den Händen. Im linken Teil der Bauchspeicheldrüse zeichnete Jorgen sieben Inseln. In ihnen werden orangefarbene insulinproduzierende Inselzellen sichtbar, die in verschiedenem Ausmaß von grauen Abwehrzellen angegriffen und zerstört worden sind. Hier wird genau gezeigt, wie Immunzellen die insulinproduzierenden Zellen anbeißen und fressen. Rechts und links oben im Bild ist die Bauchspeicheldrüse mit Adern verbunden. Die Adern enthalten Zuckerteilchen und lächelnde grüne Körperzellen mit einem Schlüsselloch. Das Insulin, das die Körperzellen für den Zucker öffnen kann, ist der Schlüssel, jedoch ist es durchgestrichen – es fehlt, und so fließt der Zucker ungenutzt an den Körperzellen vorbei.

Jorgen machte es Spaß, dieses Bild zu malen. Besonders wichtig waren ihm die Immunzellen. Er erlebt sie als stark und aggressiv und wäre selbst gern so eine Immunzelle, denn «da kann man kämpfen». Im Gespräch über sein Bild deutete er an, daß er sich Halt und eine klare Führung für die Bewältigung seiner Situation wünschte. Zu der Frage, was denn geschehen müßte, damit die Zerstörung der Inselzellen nicht weiter fortschreitet, sagte er: «Die Immunzellen müßten wieder die anderen (Krankheitserreger) bekämpfen; sie bräuchten eine Lehrerin, die sie leiten kann.» Jorgens Bilder zeigen, daß er in sich zwar Kraft und Vitalität spürte, dies aber nicht offen in seinem Verhalten zum Ausdruck bringen konnte. Er gab deutliche Hinweise darauf, daß er zur Überwindung seiner Einsamkeit und emotionalen Verschlossenheit Hilfe und Unterstützung braucht.

Auch Maren war dreizehn Jahre alt und besuchte die Realschule. Sie war das älteste von drei Geschwistern. Maren erkrankte als Vierjährige nach einer schweren Halsentzündung an Diabetes. Kurz vor Ausbruch der Krankheit wurde die jüngste Schwester geboren. Drei Jahre vor der Erhebung war die Familie nach Deutschland gezogen. Seit dieser Zeit hatte Maren Probleme mit der Stoffwechseleinstellung. Die Ärzte beobachteten Diätfehler, falsche Insulindosierung, häufiges Erbrechen und nächtliche Unterzuckerungen. Zusätzlich war Maren an einer Schilddrüsenunterfunktion erkrankt, die ebenfalls auf eine Autoimmunstörung zurückgeführt wurde. Wie Jorgen nahm sie die Medikamente zur Schilddrüsenregulation nicht regelmäßig ein. In der Krankenakte wurde die Unterstützung seitens ihrer Familie als «mangelnd» und «chaotisch» beschrieben. Die Mutter gab an, Maren sei durch die Krankheit «gar nicht» im Alltag beeinträchtigt.

Marens psychologische Testdaten waren sehr auffällig. Sie zeigen, daß sie starke Angst erlebte, jedoch kaum Möglichkeiten hatte, ihre emotionale Erregung zu verarbeiten. Ihr Familienbild zeigt Maren mit ihren Eltern und den beiden Geschwistern bei einem Sonntagsspaziergang. Sie malte ihr Bild fast ganz mit einem Landschaftshintergrund aus und stellte die Familienmitglieder eher klein am unteren linken Bildrand dar. Die Personen sind nebeneinander aufgereiht, jedoch ohne Beziehung zueinander. Maren steht in der Mitte. Bei einer näheren Betrachtung des Bildes fällt auf, daß kein Familienmitglied fest auf dem Boden steht; allen fehlen Beine und Füße, dem kleinsten Kind sogar der gesamte Unterleib. Neben der Familie sind fünf, am oberen Bildrand acht Bäume gemalt. Die Bäume sind kahl und wurzellos. Die Zahl der Bäume entspricht Marens Lebensalter, und die Darstellung der Bäume deutet ein sehr grundlegendes Gefühl des Mangels an.

Im Gespräch über ihr Bild machte Maren zusätzlich deutlich, daß sie ihren Vater oft als ungeduldig und verärgert erlebte und daß er sehr hohe Leistungsanforderungen an sie stellte. Die Mutter reagierte eher gleichgültig; sie vergaß oft Ambulanztermine und die Medikation ihrer Tochter. Maren wagte es, in diesem Gespräch darüber zu berichten, daß ihr die Mutter oft Schokoriegel (die auf keinen Fall in den Speiseplan eines Diabetikers gehören) für die Schule mitgab. Maren war dadurch sehr verwirrt. Wie sollte sie den Sinn einer Diät begreifen, wenn die Mutter sie nicht einhielt? Wie sollte sie begreifen, daß ihr verboten wurde, über diese «Besonderheiten» ihrer Diät zu sprechen? Ihr fehlten ganz offensichtlich eine klare Orientierung und Unterstützung für den Umgang mit ihrer Krankheit.

Maren war an Informationen zum Krankheitsgeschehen – vor allem an dem Autoimmunprozeß – sehr interessiert und griff in ihrem Bild fast alle Aspekte der Anleitung auf. In der oberen Bildmitte stellte sie stilisiert ihr Herz dar. Es ist mit kräftigem Rot ausgemalt. Mit Schwarz ist ein Schatten, eine schwere Verletzung, eingetragen. Das Herz ist durch rote Blutbahnen mit der rosa ausgemalten Bauchspeicheldrüse und mit zwei braunen Organen, die Nieren darstellen, verbunden. In allen Organen sind kleine schwarze Strichmännchen und Pfeile zu sehen. Damit hat Maren sich selbst auf ihrer Reise durch den Körper gemalt. In der Bauchspeicheldrüse sind 32 gelbe Inseln, die durch Blutgefäße verbunden sind, und 19 dunkelgrüne Immunzellen zu sehen. Die Immunzellen haben Haken, «Beile». Sie sehen aus wie Bomben und tauchen auch in den Nieren auf. Die Inseln der

Abb. 47: Familie und dreizehn tote Bäume

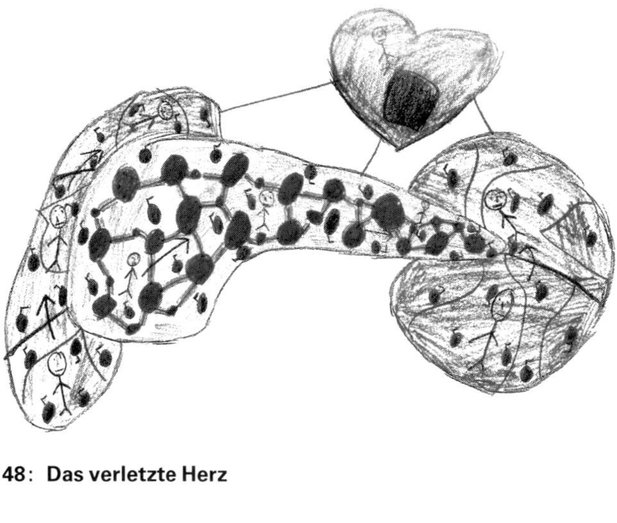

Abb. 48: Das verletzte Herz

Bauchspeicheldrüse wirken eigentlich recht kräftig. Maren sagte dazu, daß einige Inseln, die sie kleiner gemalt hatte, von den Immunzellen angegriffen würden. Sie stellte den Autoimmunprozeß nur ansatzweise dar, umrandete jedoch alle Organe – vor allem das Herz – mit Schwarz und drückte damit Trauer und Schmerz aus.

Zu ihrem Bild erzählte Maren mehrere Geschichten von Verwandten, die gestorben oder in ein Heim geschickt worden waren. Dann erst wagte sie zu berichten, wie sehr sie unter dem häufigen Streit der Eltern und unter der Drohung des Vaters litt, sich scheiden zu lassen. Am liebsten, sagte sie, würde sie dann «beiden eine knallen». Statt dessen ging sie aber in ihr Zimmer und versuchte, ihre Angst und Wut mit Musik zu betäuben. Maren konnte deutlich aussprechen, was ihr fehlte und was sie brauchte: «Wenn ich Streß habe, arbeiten die Abwehrzellen anders. Einige sind mehr davon betroffen. Der Körper muß von Streß wieder frei werden, so daß es keinen Ärger mehr gibt.» Maren erzählte auch, daß sie meistens lacht, wenn sie traurig ist. Als sie ihr Bild zum Abschluß des Gesprächs noch einmal betrachtete, schien sie sehr angerührt; sie war traurig und begann zu lachen. Mit ihrem Bild und den Hinweisen, die sie im Gespräch gab, machte Maren deutlich, daß sie in einer sehr schwierigen Situation war, die ihr «an die Nieren geht», daß sie dringend eine gefühlsmäßige Entlastung und klare Unterstützung für den Umgang mit ihrer Krankheit benötigte.

Information zum Krankheitsgeschehen für Kinder mit Diabetes

Hallo, Kinder,

ich freue mich, daß ihr gekommen seid, und nehme an, daß ihr neugierig auf das seid, was hier passieren wird. Ihr wißt, daß es um Diabetes geht und um euch, die ihr alle Diabetiker seid. Ihr wißt auch, daß ihr trotz dieser Krankheit gut und zufrieden leben könnt, genau wie andere Menschen, wenn ihr euch an die Vorschriften haltet, wie zum Beispiel Insulin spritzen und die Diät einhalten. Sicher ist es nicht immer einfach, darauf zu achten, daß man alles richtig macht. Außer dem Einhalten der Vorschriften gibt es noch eine Möglichkeit, auf euren Körper einzuwirken, die euch guttut, auch spannend ist und euch hoffentlich Spaß macht. Ich möchte euch zu einer Entdeckungstour in das Innere eures Körpers einladen. Dort werdet ihr Kräfte kennenlernen, die ihr noch nicht kennt und die euch stärker machen können. Nachher könnt ihr das, was ihr in euch gesehen habt, aufmalen.

Zunächst möchte ich euch noch mal daran erinnern, was Diabetes ist und wie er entsteht.

Unser Körper ist ein wunderbares Gebilde, in dem viele Vorgänge ablaufen, die uns lebendig sein lassen: Wir atmen, unser Herz schlägt, unsere Muskeln arbeiten, und unser Abwehrsystem schützt uns gegen Krankheitserreger und läßt Wunden wieder heilen. Ein aufgeschlagenes Knie heilt, und was kaputt ist, kann wieder gesund werden. Um alle diese wichtigen Aufgaben erfüllen zu können, braucht unser Körper Energie und Kraft. Alle Lebewesen auf der Erde brauchen Energie und Kraft zum Leben: Eine Blume braucht Licht und Wasser zum Wachsen. Ein Hund braucht unsere Liebe und Futter, damit er Freude am Herumtollen hat. Ein Kind braucht die Liebe seiner Eltern, Luft zum

Atmen und Nahrung zum Wachsen, Spielen und Lernen. Für unseren Körper ist die Nahrung besonders wichtig.

Unser Körper ist aus vielen Zellen aufgebaut. Sie sind kleine Bestandteile des Körpers, so winzig, daß man sie nur unter dem Mikroskop erkennen kann. Sie haben unterschiedliche Aufgaben und arbeiten doch alle zusammen, damit wir uns in der Welt bewegen und sie entdecken können. Damit die Zellen ihre Aufgaben erfüllen können, brauchen sie Energie. Diese Energie bekommen sie zum Beispiel durch die Nahrung. Und ein wichtiger Teil unserer Nahrung ist der Zucker.

Damit der Zucker den Zellen Kraft geben kann, muß er vorher sorgfältig zerkleinert werden, dann muß er zu den Körperzellen transportiert und in sie hineingeschleust werden. Wie das geschieht, wollen wir uns nun genauer ansehen.

Wir essen die Nahrung, die auch Zucker enthält. Im Mund wird sie beim Kauen schon zerkleinert. Sie gleitet in den Magen; dort wird sie in kleine Teile aufgespalten. Dann gelangt sie in den Darm, und von hier werden die kleinen Nahrungsteilchen, auch die Zuckerteilchen, in das Blut weitergegeben. Wir sehen, wie das Blut durch den gesamten Körper fließt und so die kleinen Zuckerteilchen zu allen Zellen bringt. Die Zuckerteilchen können jedoch nicht allein durch die Wände der Zellen in das Zellinnere dringen. Es wird ein Schlüssel gebraucht, der die Zellwände öffnet. Dieser Schlüssel heißt Insulin. Das Insulin öffnet also die Zellwand, so daß das Zuckerteilchen in die Zelle hineinschlüpfen kann. In der Zelle wird das Zuckerteilchen in Energie umgewandelt, die dem Körper Kraft gibt.

Das Insulin kommt aus der Bauchspeicheldrüse. Sie ist die Nachbarin des Magens. Unter dem Mikroskop kann man in der Bauchspeicheldrüse kleine Inseln erkennen. In diesen Inseln wird das Insulin hergestellt. Es gibt viele Millionen Inselzellen. Lange Zeit in eurem Leben haben sie euch ausreichend mit Insulin versorgt, so daß die Zuckerteilchen in die Zellen treten und euch Kraft geben konnten. Irgendwann verschwanden einige Inselzellen. Sie wurden immer weniger. Die übriggebliebenen Inselzellen konnten nicht genug Insulin herstellen. Deswegen konnten nicht alle Zuckerteilchen in die Zellen hineinströmen.

Diese überschüssigen Zuckerteilchen bleiben also im Blut und sammeln sich dort an. Um den hohen Zuckergehalt im Blut zu vermindern, greift der Körper zu einem Trick: Er scheidet die überschüssigen Zuckerteilchen mit dem Urin aus. So gehen die Zuckerteilchen durch den Körper hindurch, ohne daß ihre Energie genutzt wird. Obwohl Diabetiker Nahrung zu sich nehmen, hungern sie innerlich.

Warum verschwinden bei Kindern, die Diabetes haben, die Inselzellen eigentlich? Um zu begreifen, wo der Fehler liegt, wollen wir uns eine andere wichtige Aufgabe des Körpers anschauen: Es ist die Verteidigung gegen Fremdes und Gefährliches.

Nicht immer sind andere Menschen nett zu uns. Und so ist es wichtig, daß man auch lernt, sich zu wehren. Man muß lernen, «nein» zu sagen, wenn man beleidigt wird. Man muß sich schützen, wenn man angegriffen wird, oder sich Hilfe holen.

Auch unser Körper schützt sich gegen gefährliche Stoffe, die von außen in ihn eindringen. Er wehrt sich gegen Krankheitserreger, die zum Beispiel in unseren Körper gelangen, wenn wir eine Wunde haben. Deshalb hat unser Körper ein Abwehrsystem, um sich gegen fremde Eindringlinge zu wehren. Dies Abwehrsystem besteht aus Zellen, die sehr aufmerksam und umsichtig sind. Sie schwimmen im Blut. Mit dem Blutstrom, der auch den Zucker transportiert, durchwandern sie den ganzen Körper und kontrollieren, ob alles in Ordnung ist. Wenn ja, dann brauchen sie nicht zu arbeiten. Wenn sie aber auf fremde, gefährliche Stoffe treffen, die uns krank machen, werden sie aktiv und rüsten sich zum Kampf: Sie spüren die gefährlichen, fremden Stoffe, zum Beispiel Bakterien, auf. Dann greifen sie sie an und zerstören sie. Wenn die Abwehrzellen alle Bakterien besiegt haben, können sie ihren Kampf einstellen. Dafür geben sie sich untereinander Signale. Sie sagen sich gegenseitig STOP, damit sie in ihrer Kampflaune nicht auch noch Zellen zerstören, die zum Körper gehören.

Seit unserer Geburt hat dieses Team von Abwehrzellen immer besser gelernt zu unterscheiden, was zu unserem Körper gehört und nützlich ist und was als fremde Eindringlinge von außen kommt und uns schädigen will. Die Abwehrzellen können alle Bakterien und sonstigen krankmachenden Stoffe besiegen und euch so beschützen.

Aber einmal ist den sonst so umsichtigen und weisen Abwehrzellen ein Fehler passiert. Sie haben die zum Körper gehörenden, nützlichen Inselzellen für fremde, gefährliche Zellen gehalten! Die Abwehrzellen begannen, die Inselzellen anzugreifen und zu zerstören. Sie waren unaufmerksam und haben nicht gemerkt, daß sie Zellen bekämpfen, die zum eigenen Körper gehören. Weil die Abwehrzellen noch nicht bemerkt haben, wie sinnlos ihr Kampf ist, haben sie ihn noch nicht beendet. Deswegen werden die Inselzellen immer weniger, und es gibt zuwenig Insulin. Glücklicherweise gibt es die Möglichkeit, von außen die fehlende Menge Insulin zuzugeben. Mit Insulin, das direkt in das Blut gespritzt wird, gleicht ihr ja täglich die im Körper fehlende Menge aus.

Vielleicht fragt ihr euch jetzt: «Wie konnte es bloß dazu kommen, daß meine Abwehrzellen die wichtigen Inselzellen zerstören?» Genau kann ich die Frage nicht beantworten; aber wir wissen, daß solche Fehler der Abwehrzellen vorkommen können, wenn der Mensch eine schwere Zeit durchmacht. Manchmal durchleben wir solche schwierigen Zeiten, und oft wissen wir dann nicht, wie wir uns verhalten sollen. Daß wir uns hilflos und verwirrt fühlen, wirkt sich auch auf unseren Körper aus. Es ist verständlich, daß dann auch den Abwehrzellen Fehler passieren können, wenn wir uns insgesamt schwach und hilflos fühlen. Die Abwehrzellen merken auch, wenn wir ärgerlich und wütend sind, sie rüsten sich dann zum Kampf. Und wenn wir unseren Ärger lange in uns hineinfressen, dann können die Abwehrzellen so aufgeregt werden, daß sie überall nach Feinden suchen. In ihrem Kampfeseifer verwechseln sie dann leicht die wichtigen Inselzellen mit fremden Eindringlingen, die ähnlich aussehen. Dann greifen sie eifrig an und bemerken nicht, daß sie dem Menschen, den sie doch beschützen wollen, Schaden zufügen.

Aber jetzt wißt ihr, daß den Abwehrzellen eine Verwechslung passiert ist. Jedem – auch unseren Körperzellen – passiert einmal ein Irrtum. Wenn man sich den Fehler ganz in Ruhe ansehen kann, dann versteht man meistens, was nicht in Ordnung ist, und kann es ändern. Und so wollen wir gleich nach einem Weg suchen, um unseren Abwehrzellen zu zeigen, daß sie die Inselzellen gar nicht angreifen müssen. Die Abwehrzellen können sich ausruhen und nach wirklichen Feinden Ausschau halten. Sie sollen die Krankheitserreger, die von außen in den Körper kommen, angreifen. Wenn die nützlichen Inselzellen nicht mehr angegriffen werden, können sie sich erholen, erneuern und wieder mehr Insulin herstellen. Denn je mehr Insulin von den Inselzellen hergestellt wird, desto weniger muß von außen durch Spritzen hinzugegeben werden.

Gibt es noch Fragen?

Jetzt wollen wir in Ruhe in unsern Körper hineinsehen, wahrnehmen, was dort geschieht, und dann mit den Abwehrzellen sprechen. Nachher habt ihr Gelegenheit, das, was ihr gesehen habt, aufzumalen.

Imagination für Kinder mit Diabetes

Diese Anleitung wurde für diabetische Kinder entwickelt. Sie ist meines Erachtens auch für Erwachsene mit Diabetes Typ I geeignet. Sie sollte jedoch *nicht* von Gesunden (weder von Kindern noch von Erwachsenen) oder von Menschen mit anderen Erkrankungen durchgeführt werden. Vor Beginn der Übung werden Papier und Farben bereitgelegt.

Leg dich bequem und gemütlich hin... Überprüfe, ob du auch genug Platz hast, um dich auszustrecken... Schließ deine Augen... und spür, wie der Boden dich trägt... Und laß dich von meiner Stimme auf eine Reise durch den Körper begleiten.

Spüre zunächst, wie dein Körper auf dem Boden aufliegt. Nimm deine Füße wahr... die Beine... den Po... Nimm deinen Rücken wahr... die Schultern... spür deine Arme und Hände... Nimm den Nacken wahr... den Kopf... das Gesicht... den Hals... die Brust... Nimm deinen Bauch wahr... Fühle die Bewegungen deines Atems, wie er ausströmt... und einströmt... und wieder ausströmt... Spüre, wie dein Herz ruhig und sicher schlägt... und wie das Blut durch deinen Körper fließt. Und stell dir deinen Blutstrom vor, wie er deinen Körper durchfließt, wie er jedes Organ durchströmt – wie ein langer, weit verzweigter Fluß, der keinen Anfang und kein Ende hat. Mit dem Blutstrom schwimmen auch die Zuckerteilchen durch den Körper. Sie werden mit ihm zu den Körperzellen transportiert, wo sie Kraft und Energie liefern. Um in die Zellen einzudringen, benötigen sie die Hilfe des Insulins: Das Insulin öffnet die Zellwände, so daß die Zuckerteilchen in die Zellen hineinschlüpfen können. Dort geben sie dir Kraft und Energie zum Leben.

Laß die Augen weiter geschlossen, und beginne nun die Entdeckungsreise durch deinen Körper. Stell dir vor, du bist ein Forscher, der den Körper durchreist. Ein Forscher, der sich an dem wunderbaren Geschehen im Körper erfreut und der auch aufmerksam ist für das, was im Körper falsch abläuft. Wenn du magst, stell dir vor, wie du bei jedem Ausatmen kleiner wirst... so winzig klein wie die Zellen deines Körpers. Reise nun zu dem Ort, wo das Insulin hergestellt wird. Verfolge dabei einfach den Weg, den die Nahrung durch den Körper nimmt... Vom Mund, wo sie zerkleinert wird... rutscht sie die Speiseröhre hinunter in den Magen. Dort wird sie in kleine Teilchen zerlegt. Hörst du, wie es dabei gluckst und gluckert? Nun verläßt sie den Magen und tritt dann in den Blutstrom über. Geh nun weiter zur Nachbarin des Magens. Es ist die Bauchspeicheldrüse. Schau sie dir an, wie sie sich eng an den Magen schmiegt... und wie sie von ihrem Kopfteil aus schmaler wird und in einem Schwanz endet... Reise nun in das Innere der Bauchspeicheldrüse. Dort befinden sich die Inselzellen... sie sind in kleinen Gruppen über die Bauchspeicheldrüse verteilt. Die Inselzellen stellen das Insulin her, das den Zuckerteilchen die Zellwände öffnet. Das Insulin, das dem Körper hilft, die Kraft und Energie zu nutzen, die er mit der Nahrung aufnimmt. Schau dir die Inselzellen an, wie sie über die Bauchspeicheldrüse verteilt sind. Wie sehen sie aus? Gibt es gesunde und starke Inselzellen, die Insulin bilden? Und gibt es da auch angegriffene Inselzellen, die weniger Insulin bilden? Siehst du auch Inselzellen, die zerstört sind und kein Insulin mehr bilden?

Erinnerst du dich noch an die Abwehrzellen, die überall im Körper nach dem Rechten sehen und alles angreifen, was nicht zu dir gehört? Erinnerst du dich an ihre Aufgabe, dich zu schützen und fremde und gefährliche Eindringlinge aufzuspüren und zu zerstören? Hier in der Bauchspeicheldrüse an den Inselzellen ist den Abwehrzellen ein schwerer und folgenreicher Irrtum passiert: Sie haben die Inselzellen, die das wertvolle Insulin herstellen, mit fremden, schädlichen Zellen verwechselt! Die Abwehrzellen reagieren auf die Inselzellen wie auf fremde, gefährliche Krankheitserreger und greifen sie an. Sie haben begonnen, die Inselzellen zu zerstören. Sind die Abwehrzellen vielleicht gereizt und haben das Gefühl, daß sie sich gegen etwas wehren müssen?

Lange Zeit in deinem Leben haben die Abwehrzellen gewußt, daß die Inselzellen zu deinem Körper gehören, und haben sie in Ruhe gelassen. Irgendwann, vielleicht in einer schwierigen Zeit, die manches durcheinandergebracht hat, haben die Abwehrzellen die Inselzellen mit fremden Eindringlingen verwechselt. Vielleicht sind die Abwehrzellen verwirrt und aufgeregt, so daß sie nicht merken, daß die Inselzellen zu dir gehören und beschützt werden müssen. Bemerken die Abwehrzellen nicht, daß sie hier nicht kämpfen dürfen? Schau dir ganz in Ruhe an, was dort in deiner Bauchspeicheldrüse passiert... Und nun mach innerlich ein Foto von deiner Bauchspeicheldrüse, wie es dort aussieht: Inselzellen, gesunde und geschwächte, und wie die Abwehrzellen sich irren und die Inselzellen angreifen.

Laß dieses Bild noch ein wenig auf dich wirken und komm nun langsam wieder zurück in diesen Raum... Reck und streck dich ein bißchen... Öffne langsam die Augen. Und mal dein Bild mit den Farben aufs Papier.

Wenn bei der Imagination *auch* heilungsorientierte Vorstellungen *angeregt werden sollen, können die drei letzten Absätze der Anleitung durch den folgenden Text ersetzt werden:*

Aber auch heute lernen deine Abwehrzellen noch ständig weiter. Deswegen können sie ihren Fehler auch bemerken und ihn rückgängig machen. Sie müssen die Inselzellen gar nicht angreifen! Die Inselzellen gehören zu dir und sind wertvoll, sie müssen beschützt werden. Du kannst den Abwehrzellen ihren Fehler zeigen, sie auf ihren Irrtum aufmerksam machen. Du kannst ihnen sagen: «Die Inselzellen gehören zu mir! Sie stellen das wichtige Insulin her, das der Zucker braucht, um in die Zellen zu kommen.» Du kannst den Abwehrzellen sagen: «Hier dürft ihr nicht kämpfen! Ihr könnt weiter durch den Körper reisen, um fremde Eindringlinge zu finden!» Nimm wahr, ob die Abwehrzellen dich hören oder ob sie deine Inselzellen immer noch angreifen. Haben sie ihren Fehler noch nicht bemerkt? Wenn das so ist, dann kannst du ihnen ganz deutlich STOP sagen: «Hört auf, meine Inselzellen zu bekämpfen!» Spüre, wie die Abwehrzellen aufhören, die Inselzellen anzugreifen, wie sie zu den Orten reisen, wo sie wirklich gebraucht werden. Stell dir ganz genau vor, wie du den Abwehrzellen Einhalt gebietest, wie du sie stoppst. Sie sollen die Inselzellen in Ruhe lassen, damit sie sich erholen. Die Inselzellen ruhen sich aus und kräftigen sich. Die angegriffenen Stellen können ausheilen und nachwachsen. Dann können sie wieder mehr Insulin herstellen.

Bleib noch ein wenig bei dem Geschehen in deiner Bauchspeicheldrüse. Und nun mach innerlich ein Foto von deiner Bauchspeicheldrüse, wie es dort aussieht: Inselzellen, gesunde und geschwächte, wie die Abwehrzellen sich irren und die Inselzellen angreifen, und wie du die Abwehrzellen stoppst und sie wegschickst, so daß sich die Inselzellen allmählich erholen können. Laß dieses Bild auf dich wirken, und komm nun langsam wieder zurück in diesen Raum. Reck und streck dich ein bißchen... und öffne langsam die Augen. Und mal dein Bild mit den Farben aufs Papier.

Bei einer Weiterführung der Übung *können heilungsorientierte Vorstellungen durch Ruhebilder unterstützt werden, die zu Beginn und zum Abschluß der Übung angeregt werden. Das folgende Ruhebild zur Einstimmung berührt frühe Erinnerungen an die intrauterine Geborgenheit:*

Leg dich bequem und gemütlich hin. Überprüfe, ob du genug Platz hast, um dich auszustrecken. Schließ deine Augen und spüre, wie der Boden dich trägt. Während du hier liegst, stell dir vor, du badest in einer angenehmen warmen Flüssigkeit, die allen Kummer, alle Sorgen lösen kann. Sie umspült dich ganz sanft. Und wenn du magst, läßt du sie auch in dich einfließen. Die angenehme goldene Flüssigkeit umströmt deine Zehen und Füße, deine Waden, Knie und Oberschenkel, deinen Po, deine Hüften, deinen Bauch, und du spürst die sanfte und strömende Wärme der goldenen Flüssigkeit, wie sie überall Wellen der Entspannung hinterläßt. Du spürst, wie die angenehme Flüssigkeit deinen Rücken, deinen Bauch, deine Brust sanft umfließt und wie sich mit jedem Atemzug Sorgen, Angst und Spannung lösen, wie dein Herz regelmäßig und sicher schlägt. Du fühlst, wie die goldene Flüssigkeit deine Schultern, deine Arme und Hände umspült und wie dein Nacken und dein Kopf von den sanften Wellen der Ruhe und Entspannung getragen werden. Dein ganzer Körper wird getragen und gewiegt in der heilenden goldenen Flüssigkeit. Und du spürst, wie sich alle Angst und Spannung aus dir löst und wie du gestärkt wirst. Laß die Augen weiter geschlossen und beginne nun mit der Entdeckungsreise durch deinen Körper...

Dieses Ruhebild kann zum Abschluß wiederaufgenommen werden und Vorstellungen zur Erholung und Regeneration anregen:

Wenn die Abwehrzellen dorthin reisen, wo sie wirklich gebraucht werden, tritt in der Bauchspeicheldrüse Ruhe ein. Die Inselzellen werden nicht mehr angegriffen und können sich erholen. Sie ruhen sich aus und kräftigen sich. Stell dir vor, wie sie von der heilenden goldenen Flüssigkeit umspült werden und sich wohl und sicher fühlen. Stell dir vor, wie die Inselzellen ausheilen, sich erholen und kräftigen. Vielleicht kommen sie zuerst ganz zart und klein zum Vorschein, wie kleine zartgrüne Blattknospen. Ganz allmählich fangen sie an zu wachsen, werden größer und stärker. Wenn sich die Inselzellen genug gekräftigt haben, können sie wieder mehr Insulin herstellen. Stell dir vor, wie sich die Inselzellen mit Insulin anfüllen, wie sie es an das Blut abgeben. Im Blut begleitet das Insulin die Zuckerteilchen zu den Zellen und hilft ihnen, in die Zellen hineinzuschlüpfen. In den Zellen werden die Zuckerteilchen in Energie verwandelt. Die Energie kräftigt alle Zellen deines Körpers, so daß du dich insgesamt stark und sicher fühlst.

Laß dieses Bild der Kraft und Energie noch ein bißchen auf dich wirken, und nimm etwas davon mit, so daß du dich, wenn du gleich von deiner Reise zurückkehrst, wohl, beschützt und sicher fühlst und dir zutraust, auch mit Kummer und Schwierigkeiten in deinem Leben fertig zu werden, Hilfe zu suchen, wenn du sie brauchst, «nein» zu sagen und für dich zu kämpfen, wenn es sein muß. So entdeckst du, wieviel Spaß und Freude du an vielen Dingen hast. Und wenn du magst, kommst du allmählich wieder hierher zurück, reckst und streckst dich ein bißchen und öffnest die Augen. Und wenn du Lust hast, dann mal dein Bild der Kraft auf!

Körpererleben und Vorstellungsbilder zur Immunabwehr bei Krebs

In den letzten Jahrzehnten haben Krebserkrankungen vor allem in den westlichen Industrienationen stark zugenommen. Nach Herz-Kreislauf-Erkrankungen stellen sie die zweithäufigste Todesursache dar. Trotz enormer Anstrengungen hat die medizinische Forschung keine wesentlichen Erfolge bei ihren Versuchen erzielt, die Ursachen von Tumorbildungen zu klären und effektive Behandlungsformen zu entwickeln. Die Schulmedizin beschränkt sich in den meisten Fällen darauf, durch Operation, Strahlen- und Chemotherapie die Lebenszeit der Patienten zu verlängern. Für die Bewältigung der erschreckenden Diagnose und der nebenwirkungsreichen Behandlungen wie auch für die Stabilisierung der Patienten gewinnen in letzter Zeit psychoonkologische Ansätze und psychologische Hilfen an Bedeutung.

Schon vor etwa zwanzig Jahren entwickelte der amerikanische Onkologe Carl Simonton ein psychosomatisches Modell der Entstehung und Heilung von Krebserkrankungen. Seine Vorstellungen waren lange heftig umstritten, sind heute jedoch durch die neueren Befunde der Psychoneuroimmunologie weitgehend bestätigt. Simonton beobachtete, daß im Vorfeld einer Krebserkrankung oft schwere Belastungen auftreten, die der Mensch nicht bewältigen kann und auf die er mit Gefühlen der Verzweiflung, Depression und Hoffnungslosigkeit reagiert. Er vermutete, daß mit diesen Gefühlen eine Schwächung der Immunüberwachung einhergeht und daß dies ein entscheidender Faktor bei der Bildung von Tumoren ist. Ein gesundes Immunsystem ist fähig, abnorme Zellen (die immer wieder bei der Zellerneuerung auftreten) zu erkennen und zu beseitigen. Während einer Depression verändern sich verschiedene Körperregulationen: Ist das hormonelle Gleichgewicht gestört, werden vermehrt abnorme Zellen produziert, während das Immunsystem geschwächt reagiert und weniger gut in der Lage ist, sie aufzufinden und zu vernichten.

Simonton (1975, 1982) wies darauf hin, daß Genesungsprozesse möglich sind, wenn es gelingt, depressive Haltungen zu klären und Vertrauen und Lebensfreude zu fördern. Abbildung 49 zeigt sein Modell der Krebsentwicklung und Genesung: Unter starken Belastungen, die ein Mensch als bedrohlich und unkontrollierbar erlebt und auf die er mit Depression und Resignation antwortet, sendet das Limbische System biologische Signale aus, die das hormonelle Gleichgewicht und die Immunität stören. Gelingt es, die emotionale Haltung und die Lebensperspektive positiv zu verändern, werden unter dieser emotionalen Tönung die Körperregulationen wieder normalisiert und die Abwehrkräfte gestärkt.

Gemeinsam mit seiner Frau und einigen Mitarbeitern entwickelte Simonton ein integratives psychotherapeutisches Programm zur Unterstützung medizinischer Maßnahmen (1982). Verschiedene Übungen sollen dem Patienten helfen, seine Selbstwahrnehmung zu sensibilisieren und seine Lebensprobleme zu bewältigen. Eine der von Simonton entwickelten Übungen ist besonders bekannt geworden: Die Patienten werden über die Entstehung des Tumors und über die Bedeutung und Arbeit des Immunsystems informiert. Sie lernen, sich in entspanntem Zustand den Krebs vorzustellen und wahrzunehmen, wie ihr Immunsystem ihn auffindet und beseitigt. Begleitende Forschungen zu dieser Imaginationsübung zeigten, daß die anschließend aufgemalten (meist einfach gestalteten) Vorstellungsbilder das seelische und psychosomatische Befinden der Patienten sehr genau widerspiegeln und eine wesentlich bessere Prognose zur Krankheitsentwicklung ermöglichen als biologische Meßwerte oder das ärztliche Urteil (Achterberg & Lawlis 1984). Mit Hilfe ihrer Vorstellungskraft können Menschen offensichtlich Kontakt zu inneren «Glaubenshaltungen» aufnehmen, die sich nicht durch Worte ausdrücken lassen.

Die folgenden Abbildungen veranschaulichen Imaginationen

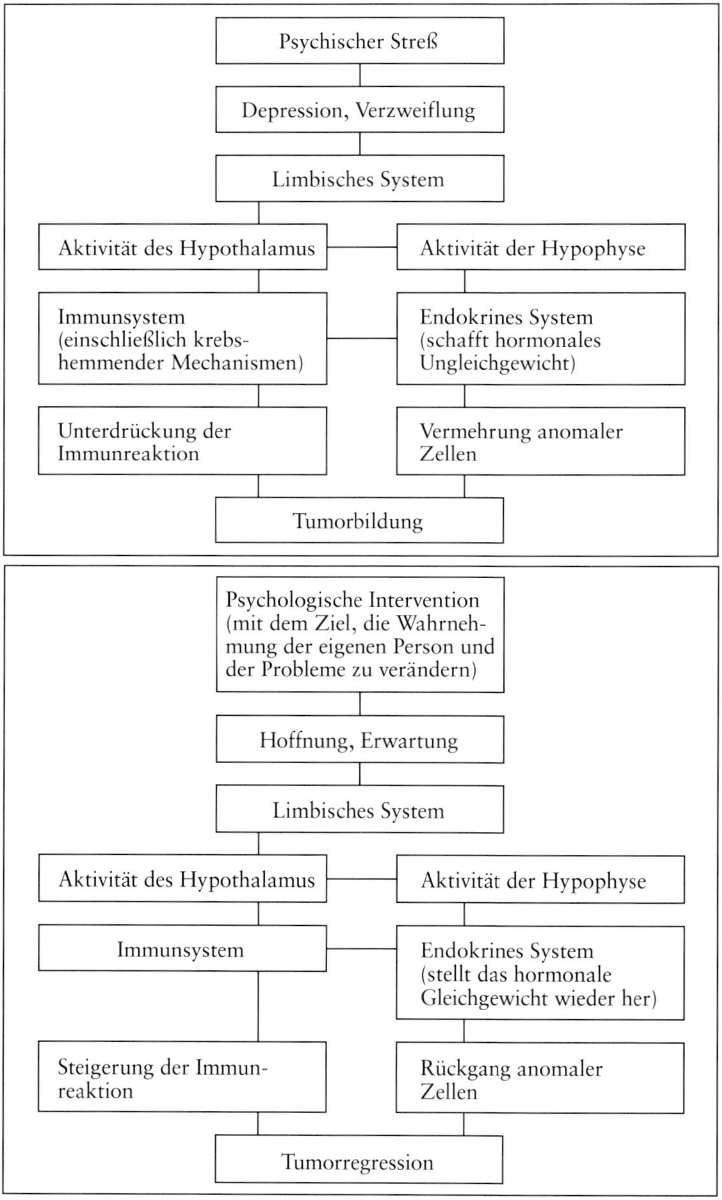

Abb. 49: Ein Leib-Seele-Modell der Krebsentstehung und Genesung. Aus: Simonton *et al.* 1982.

Abb. 50: Weiße Ritter vernichten Krebsmonster. Aus: Achterberg & Lawlis 1984.

von Patienten, die an dem Simonton-Programm teilnahmen. Ihre Erlebnisprozesse und Bilder wurden von Achterberg und Lawlis analysiert. Abbildung 50 zeigt Vorstellungsbilder eines fünfzigjährigen Mannes, der an einem metastasierenden Pankreastumor litt. Mit medizinischen Maßnahmen konnte ihm nicht mehr geholfen werden. Er nutzte die psychotherapeutische Unterstützung und erlebte, entgegen der ärztlichen Prognose, eine vollständige Heilung. Zu seinem Krankheitsgeschehen entwickelte er sehr lebendige Bilder. Er beobachtete, wie seine Immunzellen als Phalanx «weißer Ritter» den zunächst recht großen und fest verpanzerten «Krebsmonstern» gegenüberstehen und ihre Lanzen auf sie richten. Sie reiten los und stechen zu. In seiner Vorstellung wurden die Ritter zunehmend größer und machtvoller, und sie lernten, zielsicher zu treffen. Simontons Patienten waren nur global über das Immunsystem und nicht über die Funktionen der einzelnen Immunzellen informiert. Die Vorstellung dieses Patienten reflektiert jedoch sehr präzise die biologische Fähigkeit der Killerzellen (vgl. die elektronenmikroskopische Aufnahme S. 163), die bei ihm geschwächt waren.

Während des psychotherapeutischen Prozesses wurde dem Patienten zunehmend bewußt, wie verschlossen und einseitig er nach dem Verlust eines nahestehenden Menschen gelebt hatte. Er war seinen Hobbies nicht mehr nachgegangen, hatte sich emotional zurückgezogen und lebte ähnlich «verpanzert» wie seine Krebsmonster. Nun begann er sich allmählich wieder zu öffnen, seine Gefühle, seine Kreativität und Lebensfreude zu entfalten und sich seelisch und körperlich zu regenerieren.

Abbildung 51 zeigt die Vorstellung eines vierzehnjährigen Mädchens, das an Leberkrebs erkrankt war und ebenfalls entgegen der ärztlichen Prognose wieder gesund wurde. Sie stellte sich

Abb. 51: Weiße Abwehrhunde fressen Krebs-Schmutzschnecken. Aus: Achterberg & Lawlis 1984.

vor, wie ihre Immunzellen als große weiße Hunde den Krebs, der sich in Gestalt von «Schmutzschnecken» zeigt, aufspüren und verschlingen. Ihr Vorstellungsbild reflektiert die biologischen Fähigkeiten der Freßzelle.

Eine gute und langfristige psychotherapeutische Unterstützung verbessert oft die Lebensqualität Krebskranker und wirkt unter Umständen lebensverlängernd. Wolfgang Lenk (1991) weist in einem Aufsatz darauf hin, daß 210 von Simonton und 322 mit einem ähnlichen Ansatz von Newton behandelte Patienten mit Brust-, Darm- und Lungenkrebs im Vergleich mit den Angaben der nationalen amerikanischen Krebsstatistik deutlich länger überlebten. Die Patienten entwickelten zum Teil eine Tumorregression beziehungsweise stabilisierten sich gut. 1990 wurde auf dem Internationalen Krebskongreß in Hamburg eine Untersuchung von David Siegel intensiv diskutiert. Siegel hatte über zehn Jahre die Auswirkungen einer einjährigen Gruppenpsychotherapie bei fünfzig Frauen mit metastasierendem Brustkrebs verfolgt. Er hatte die Untersuchung in der Absicht begonnen, die Aussagen von Therapeuten zu widerlegen, die die positive Wirkung psychosozialer Hilfe bei Krebs hervorheben. So begann er, die Effekte der Behandlung im Vergleich zu einer Kontrollgruppe ohne psychotherapeutische Unterstützung genau zu analysieren. Er stellte fest, daß die therapeutische Anleitung nicht nur zur Verbesserung der Lebensqualität, sondern auch zu einer signifikanten Lebensverlängerung beitrug. Sie ermutigte die Patientinnen, in wöchentlichen Gruppensitzungen offen über ihre Gefühle zu sprechen, nach Strategien zur aktiven Bewältigung von Schwierigkeiten zu suchen und ihr Leben zu genießen. Zusätzlich erlernten die Frauen einfache Vorstellungsübungen, vor allem zur Linderung von Schmerzen (Siegel & Bloom 1989).

Verschiedene Forschungen* haben aufgezeigt, daß für eine gute Bewältigung der Krankheit vor allem folgende Faktoren

* Helm 1988; Jensen 1987; Lakomy 1988; Pettingale 1984; Salemi 1987; Zemore & Shepel 1987. Untersucht wurde die Bewältigung verschiedenartiger Krebserkrankungen, am häufigsten Brustkrebs.

von Bedeutung sind: klare Informationen zum Krankheitsgeschehen, die Verminderung von Stoizismus, Hilf- und Hoffnungslosigkeit sowie die Stärkung von Zuversicht, realitätsgerechter Konfliktbewältigung und offenem Gefühlsausdruck. Für eine Prognose der Krankheitsentwicklung sind diese psychologischen Aspekte von wesentlich größerer Bedeutung als soziodemographische und medizinische Variablen (Fillip *et al.* 1988). Psychosomatische Sehweisen zur Krebserkrankung sind inzwischen vielen Patienten durch populäre Veröffentlichungen vertraut. Obwohl die meisten Krebskranken eine langfristige psychotherapeutische Unterstützung nicht in Betracht ziehen, sind viele Patienten an Informationen über Gesundheitsverhalten und an psychologischen Übungen zur Selbsthilfe interessiert.

In einem Überblick über alternative Ansätze in der Krebsbehandlung wies Michael Lerner (1989) darauf hin, daß Krebspatienten in den USA besonders häufig die von Simonton entwickelte Imagination zum Krankheitsgeschehen erlernen und zur Unterstützung der medizinischen Behandlung einsetzen. Auch in Deutschland suchen immer mehr Krebspatienten nach solchen Anleitungen. Deshalb bot ich am Ende eines Vortrags, zu dem mich eine Hamburger Selbsthilfeorganisation eingeladen hatte, eine zeitlich begrenzte Einführung in psychologische Übungen zur Selbsthilfe an. Von den etwa hundert Anwesenden gingen zwanzig Frauen auf das Angebot ein und nahmen überwiegend regelmäßig an den vier zweistündigen Gruppensitzungen teil, in denen ich sie über relevante Aspekte des Krankheitsgeschehens, vor allem psychoimmunologische Prozesse, informierte und Übungen zur Stärkung des Körpererlebens, zur Imagination der Immunkraft und zur Tiefenentspannung anleitete. Um zu klären, wie die Teilnehmerinnen die Übungen annahmen und zur Selbsthilfe nutzten, wurden sie gebeten, vor Beginn der Sitzungen Angaben zu ihrem Befinden und zu seelischen Haltungen zu machen,* ihre Erfahrungen in Bildern und Beobachtungsprotokollen festzuhalten und nach

* Anamnese zum Krankheitsgeschehen; FAPK, Koch 1981; FKV, Muthny 1989.

Abschluß der Anleitung über weitere Erfahrungen zu berichten. Diese Angaben wurden von Irene Eggers-Asmuth (1990) und Brigitte Matz (1990) ausgewertet.

Ich gehe zunächst auf psychoonkologische und immunologische Aspekte ein, die der Anleitung zugrunde lagen, und berichte dann über die Situation der Teilnehmerinnen und ihre Erfahrungen mit den Übungen.

Krebsforscher* gehen davon aus, daß bestimmte Schadstoffe, sogenannte Kanzerogene – körperfremde Substanzen wie Asbest, Teer oder Anilinfarben, radioaktive Strahlung, aber auch spezifische Viren –, auf die genetische Information der Körperzellen einwirken und dadurch Entartungen hervorrufen. Kanzerogene können während der verletzlichen Phase der Zellteilung eine Veränderung in der Chromosomenstruktur und im Bauplan der Wachstumsproteine bewirken. Ein gesundes Immunsystem kann diese entarteten Zellen auffinden und vernichten, doch unter dauerhaften Belastungen und einem erhöhten Streßhormonspiegel wird die Fähigkeit der Körperzellen, Defekte der genetischen Information im Zellkern zu überwachen, überfordert. Dann entwickeln sich bei der Zellerneuerung vermehrt fehlerhafte und unreife Zellen. Ist die Abwehrkraft geschwächt, können sich die abnormen Zellen ausbreiten und zu Tumoren zusammenschließen. Im Unterschied zu gesunden Zellen zeigen Krebszellen eine enorme Teilungsaktivität und ein chaotisches Wachstum. Sie erfüllen keine Aufgaben in den spezialisierten Gewebeverbänden, sondern sind vor allem auf ihre eigene Vervielfältigung ausgerichtet. Während gesunde Zellen ihr Wachstum einstellen, wenn sie an andere Zellen stoßen, breiten sich Krebszellen ungehemmt in einem Organ aus und dringen in andere Organe ein. Krebszellen sind biologisch minderwertig und undifferenzierter als gesunde Körperzellen. Sie verlieren die Fähigkeit zu komplizierten Stoffwechselprozessen, regredieren auf eine primitive Stufe der Zellatmung durch Gärung und werden dadurch weitgehend unabhängig von der Sauerstoffzulieferung.

* Lambley 1991; de la Peña 1982; Robertson 1982; Stem & Staggle 1987; Weinberg 1983.

Für andere Stoffwechselprozesse beuten sie gesunde Körperzellen aus. Durch das rasante Wachstum werden oft auch die ursprünglichen Krebszellen vom Stoffwechselnachschub abgeschnitten und bilden Nekrosen im Tumorknoten. Über die Blut- und Lymphgefäße können sich Tumorzellen im ganzen Körper ausbreiten und Metastasen bilden. Mit der Ausbreitung von Tumoren werden Organfunktionen behindert und geschädigt.

In zahlreichen retro- und prospektiven Untersuchungen mit zum Teil großen Bevölkerungsgruppen wurden immer wieder Aspekte der sogenannten Krebspersönlichkeit beleuchtet. Obwohl die meisten Erhebungen aufgrund der unterschiedlichen soziometrischen Methoden nicht direkt vergleichbar sind, beeindruckt doch die Konsistenz der Befunde. Das psychologische Profil, das mit der Entwicklung von Krebserkrankungen korreliert, zeigt vor allem folgende Elemente: die Tendenz, sich an Normen anzupassen, Gefühle (vor allem Angst und Ärger) und persönliche Bedürfnisse zu unterdrücken und ein unauffälliges, freundliches Verhalten zu zeigen.

Der Psychoonkologe und Therapeut Wolf Büntig (1982) beschreibt das zugrundeliegende Lebensgefühl als Verzweiflung und Depression, die durch soziale Angepaßtheit, gute Leistungen, ein scheinbar glückliches Familienleben «maskiert» sind; bei Verlusten und starken Belastungen brechen sie auf und sind nur schwer unter Kontrolle zu halten.

Der Medizinsoziologe und Therapeut Ronald Grossarth-Matticek (1982, 1985), der anhand solcher Persönlichkeitsmerkmale bei großen Bevölkerungsgruppen eine spätere Krebserkrankung voraussagen konnte, fand ebenfalls die Neigung, eine Bezugsperson oder das Erreichen eines beruflichen Ziels als wichtige Bedingung für das eigene Wohlergehen anzusehen und sich in einer starken Abhängigkeit zu binden («Ich tue alles für dich, dann liebst du mich»). Grossarth-Matticek beobachtete ein großes «Bemühen um Harmonisierung bei Loyalitätskonflikten» und die Bereitschaft «einzulenken, nachzugeben, sich selbst zurückzustellen». Verschiedene Untersuchungen zeigen, daß diese Haltungen im Kontakt mit den frühen Bezugspersonen gelernt werden. Menschen, die später an Krebs erkrankten, berichteten von fehlendem Kontakt oder mangelnder Wärme zwischen sich und den Eltern (Shaffer *et al.* 1987).

Der Psychotherapeut Lawrence LeShan geht nach seiner jahrzehntelangen Arbeit mit Krebskranken davon aus, daß vor allem Menschen erkranken, die ihre persönliche Rolle im Leben nicht gefunden und vergeblich nach dem Sinn ihres Lebens gesucht haben. «Der größte psychische Faktor in der Krebsentstehung ist Entfremdung», sagte LeShan (1992) in einem Interview mit der Zeitschrift *Psychologie heute.* «Und wenn es gelingt, diese Entfremdung in der Therapie aufzuheben, ist eine Heilung möglich.» Kampfgeist, der sich auch in einem «widerspenstigen» und wenig pflegeleichten Patientenverhalten zeigt, ist für ihn ein wichtiger Schritt auf diesem Weg.

Seit 1979 werden am National Cancer Institute in den USA Forschungsprojekte durchgeführt, um den Zusammenhang zwischen biologischen, emotionalen und Verhaltensfaktoren und dem Verlauf und der Bewältigung von Karzinomerkrankungen zu klären. Ich greife im folgenden die bisher vorliegenden Befunde auf, die sich vor allem auf Brustkrebs- und Melanomerkrankungen beziehen (Levy 1989). Bei Brustkrebs zeigte sich, daß die aktive Infiltration der T-Lymphozyten in das Tumorgewebe mit fortschreitender Krebsentwicklung nachläßt. Bei Melanomen wurde vor allem eine durch verstärkte Aktivität der Hemmzellen verursachte Suppression der natürlichen Killerzellen beobachtet.

Die Vermehrung und Ausbreitung von Krebszellen steht im Zusammenhang mit einem spezifischen psychobiologischen Muster: Der Mensch reagiert auf Lebensveränderungen und starke Belastungen ängstlich, hilflos, depressiv, stoisch und drückt negative Gefühle nicht adäquat aus; die Ausschüttung von Streßhormonen ist erhöht und die Immunüberwachung geschwächt (vor allem durch eine verminderte Funktionsfähigkeit der Killerzellen, zum Teil auch der Helfer- und Freßzellen). Im Vorfeld der Diagnose wurden häufig schwere Belastungen – Trennungen, Verluste – beobachtet. Ohne aktive Suche nach Kommunikation und sozialer Unterstützung müssen alle Versuche, ein neues Gleichgewicht zu finden, innerlich erfolgen, wodurch der Organismus zusätzlich belastet und überfordert ist. Sandra Levy identifizierte als spezifische Risikofaktoren für die Krankheitsbewältigung: soziale Isolation, Hilflosigkeit, Depression, Ängstlichkeit und Unterdrückung des emotionalen Ausdrucks. Sie sieht einen direkten Kausalbezug zwischen diesen psychosozialen Aspekten, der Schwächung der Immunzellen und einem Tumorwachstum. Mit einer immunologischen und körperlichen Stabilisierung waren dagegen korreliert: offener Emotionsausdruck, freudige Erlebnisse, «seltsames Verhalten», das heißt Versuche, aus dem angepaßten Verhaltensmuster auszubrechen. Levy geht davon aus, daß gute soziale Unterstützung von großer Bedeutung für die Bewältigung von Krebserkrankungen ist. Sie meint damit soziale Kontakte, die den Patienten ermutigen, seine Gefühle wahrzunehmen und auszudrücken, ihm modellhaft neue Strategien zur Streßminderung nahebringen und ihm einen neuen Bezugsrahmen für die Lösung von Konflikten aufzeigen.

Trotz des zeitlich engen Rahmens der Anleitung war es mir wichtig, die Frauen mit verschiedenen Übungen vertraut zu machen, so daß sie wählen konnten und eine größere Chance hatten, eine Übung zu finden, die ihnen besonders zusagte. Um den Kontakt mit eigenen Gefühlen und Bedürfnissen zu fördern, schien es mir sinnvoll, zunächst das Körpererleben (Reise durch den Körper, vgl. S. 154ff) anzuregen. Anhand der gezeichneten Körperbilder kann man gut erkennen, welche Körperbereiche eine besondere Zuwendung brauchen, und sie – bei Weiterführung der Übung – gezielt ansprechen. Die Imagination zum Krankheitsgeschehen nach Simonton ist nach meiner Erfahrung besonders geeignet, angstauslösende Vorstellungen zu korrigieren und eine neue Orientierung anzuregen *(cognitive reframing)*. Die Krebszellen werden bei der Imagination als «schwach» und «verwirrt» und die körpereigenen Abwehrkräfte als «stark», «klug», «mächtig» und «kompetent» dargestellt. Implizit wurden die Patientinnen dazu ermutigt, zwischen «selbst» und «fremd» klar zu unterscheiden, das «Selbst» zu schützen und Vertrauen in die eigenen Fähigkeiten zu setzen. Mit dem inneren Rollenspiel wird auch der Ausdruck von Aggression und das Zusammenwirken verschiedener Fähigkeiten geübt. Die Imagination zum Krankheitsgeschehen greift in einfacher und erzählender Form wesentliche Informationen zum Immunsystem auf und regt Vorstellungen zur Bedeutung und Fähigkeit der gesunden Immunreaktion an.

Die Anleitung war an der allgemeinen Imagination zum Immungeschehen orientiert (vgl. S. 200 ff). Sie förderte zunächst den Kontakt zum Körperbewußtsein und lenkte die Aufmerksamkeit dann auf wichtige Stationen der Bildung und «Erziehung» von Abwehrzellen. Dann wurden die Teilnehmerinnen zu einer Reise durch den Körper mit Hilfe des Blutstroms eingeladen, auf der sie ihre Vorstellungen von gesunden Zellen, abnormen Zellen und den wichtigsten Immunzellen konkretisieren konnten. Zum Schluß wurde ein szenisches Bild zur Beseitigung abnormer Zellen stimuliert. Bei der Anleitung habe ich die erkennende, anleitende und aktivierende Fähigkeit der Helferzelle und die angreifende Funktion der Killerzelle herausgestellt und somit Funktionen betont, die bei Krebserkrankungen häufig geschwächt sind. Die Imagination wurde in drei Gruppensitzungen geübt. Die Teilnehmerinnen erhielten zu ihren Bildern jeweils eine persönliche Rückmeldung und übten gemeinsam, ihre Bilder zu verstehen. Sie lernten sehr schnell und mit viel Engagement, zwischen «passiv», «überaktiv» und «eher kompetent» dargestellten Immunreaktionen zu unterscheiden, und führten die Imagination in häuslichen Übungen weiter.

Zum Abschluß wurde die «Reise durch den Körper» zu einer «Reise zum inneren Heiler» vertieft. Die Übung führte über verschiedene Stationen vom Körpererleben zum persönlichen Ruhebild, zur Vertiefung der Entspannung in einem «heilenden Bad» und schließlich zu einer Begegnung mit einem «liebevollen und weisen» Wesen. Nach meiner Erfahrung lassen sich auch kranke Menschen auf diese Übung ein, finden persönliche Bilder zu den verschiedenen Szenen und erleben meist eine sehr umfassende Entspannung. Die Übung führt in organismische und seelische Tiefenschichten von oft archetypischer Qualität. Im allgemeinen werden dabei Bilder und Empfindungen wach, die eine kompensatorische Qualität haben. Die «Ruheszene» und die

Empfindungen beim «Bad» können in schwierigen Zeiten leicht in die Erinnerung zurückgeholt werden und spannungslösend und stärkend wirken. Das «Wesen» verdeutlicht oft Fähigkeiten der eigenen Person, die latent vorhanden sind und verwirklicht werden können.

Die Teilnehmerinnen waren im Mittel 52 (38 bis 77) Jahre alt, seit durchschnittlich vier Jahren (überwiegend schwer) erkrankt und meist nur unzureichend über ihre Krankheit informiert. Alle hatten eine Tumoroperation hinter sich, meist auch Strahlen- oder Chemotherapie. Viele waren zusätzlich mit immunstimulierenden Mitteln behandelt worden. Alle hatten ihre Ernährung umgestellt, die meisten hatten aufgehört zu rauchen. Fast alle hatten im Vorfeld der Diagnose schwere Belastungen erlebt: Tod oder Trennung von wichtigen Bezugspersonen, lang andauernden häuslichen Ärger, Überlastung im Beruf oder durch Pflege von Verwandten. Einige Frauen sahen auch Zusammenhänge zwischen ihrer Erkrankung und Schuldgefühlen, Langeweile oder einer extremen Orientierung nach außen und auf andere Personen. Alle berichteten über starke Ängste vor Kontrolluntersuchungen, den medizinischen Behandlungen, Schmerzen und dem Tod. Ihre psychologischen Testdaten zeigten, daß sie Schwierigkeiten hatten, mit erlebten Widersprüchen und Konflikten (innerseelischen und solchen in der äußeren Realität) umzugehen und konstruktive Lösungsstrategien zu entwickeln. Sie vermieden es, Empfindungen wahrzunehmen und auszudrücken, und wehrten vor allem aggressive Impulse ab. Die Befunde zeigen, wie wichtig die Erkundung von Realitätskonzepten und Gefühlen für die Krankheitsbewältigung ist.

Die Abbildungen 52 und 53 veranschaulichen das Körpererleben von sechs Teilnehmerinnen. Die Bilder zeigen, daß die Frauen bestimmte Körperbereiche (vor allem Sinnesorgane, Hände, Füße, Geschlechtsorgane) oftmals kaum spüren konnten. Ihre Wahrnehmung ist zum Teil stark auf die Krankheit und den davon betroffenen Körperbereich ausgerichtet. Den Körperbereich, in dem sich der Tumor entwickelt hatte (oft auch diese ganze Körperseite), empfanden sie meist als kühler, schmaler oder auch verzerrt. Die Körpererfahrung wurde zum Teil farb-

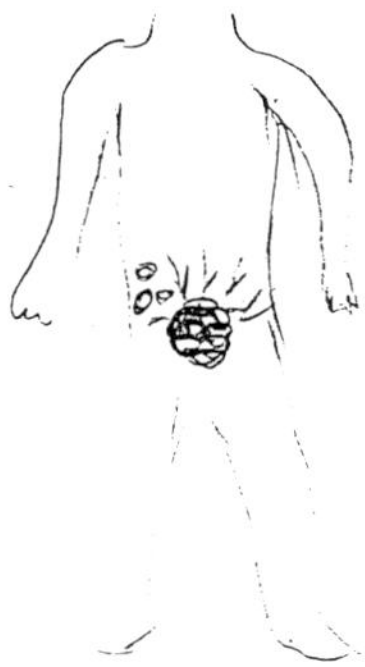

Frau A

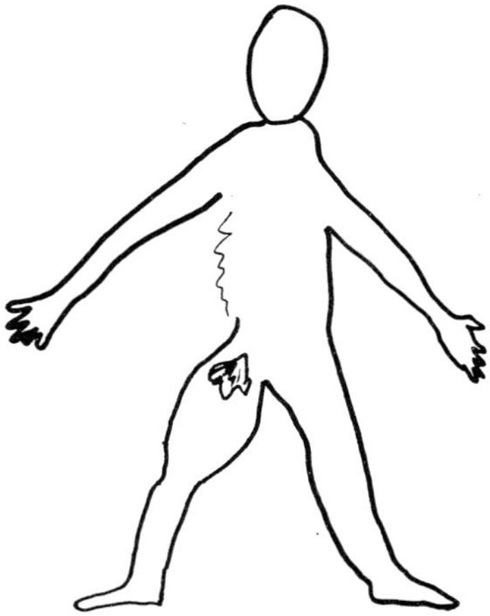

Frau B

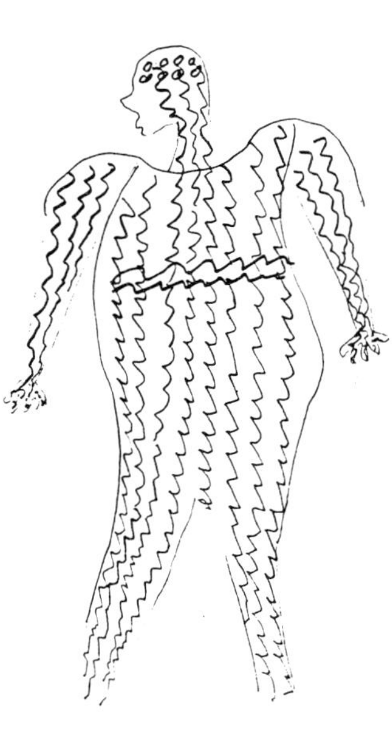

Frau C

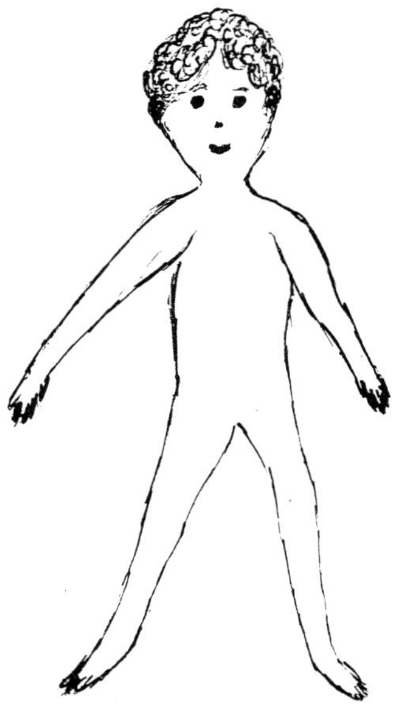

Frau D

Abb. 52: Körpererleben krebskranker Frauen

los, mit wenigen Farben oder nur als Umrißzeichnung gestaltet. Zwischen diesen Gestaltungsmerkmalen und psychologischen Haltungen fand Eggers-Asmuth substantielle Zusammenhänge: Ein hohes Ausmaß sozialer Angepaßtheit und emotionaler Zurückhaltung war mit eher farbloser Gestaltung verbunden. Frauen, die ihre Gefühle stark kontrollierten, malten eher Umrißzeichnungen, die das Körperinnere leer ließen oder in denen Extremitäten, vor allem Hände oder auch Füße, fehlten.

Teilnehmerinnen, die ihre Krankheit eher depressiv verarbeiteten, fanden zunächst weniger Kontakt zu ihrem Körper. Teilnehmerinnen, die in einer Suche nach Religiosität und Lebenssinn Kraft fanden, spürten ihren Körper besser und konnten eher alle Körperbereiche darstellen. Alle Frauen führten die Übung in der folgenden Woche weiter. Ihre Beobachtungsprotokolle zeigten, daß sie regelmäßig übten, sich gut auf die Übung konzentrieren konnten und ihren Körper dabei immer intensiver spürten. Sie nutzten die Übung, um Angst und Schmerzen zu lindern oder um ruhig einzuschlafen. Von Bedeutung scheint mir auch, daß die Aufgabe, die Übung weiterzuführen, einigen Frauen eine Art Erlaubnis gab, sich regelmäßig Zeit für sich selbst zu nehmen.

Abbildung 52 zeigt das Körpererleben von Frauen, die in ihrer Fähigkeit, realitätsgerechte Problemlösungen zu finden, und in ihrem Gefühlsausdruck behindert waren.

Frau A war 68 Jahre alt. Vor sieben Jahren war bei ihr ein Brustkrebs operiert und vor einem Jahr ein Ovarialtumor mit Durchbruch in das Colon und Metastasen in der Leber festgestellt worden. Die ärztliche Prognose war «hoffnungslos», Frau A hingegen hielt eine Besserung für möglich. Vor dem Neuausbruch der Krankheit hatte sie mehrere Todesfälle in ihrer Familie erlebt und sich sehr depressiv gefühlt. – Sie malte den Umriß ihres Körpers sehr zart mit Bleistift. Der Kopf fehlt – ihre Aufmerksamkeit war ganz auf die Beschwerden im Unterleib gerichtet. Zu dem schwarz dargestellten Tumor malte sie rote Pfeile, die ihren «Kampf gegen den Tumor» andeuten sollen.

Frau B war 47 Jahre alt und seit einem Jahr an Brustkrebs mit Befall der Lymphknoten erkrankt. Vor der Diagnose hatte sie schwere familiäre Konflikte erlebt und war durch die Pflege

Frau E

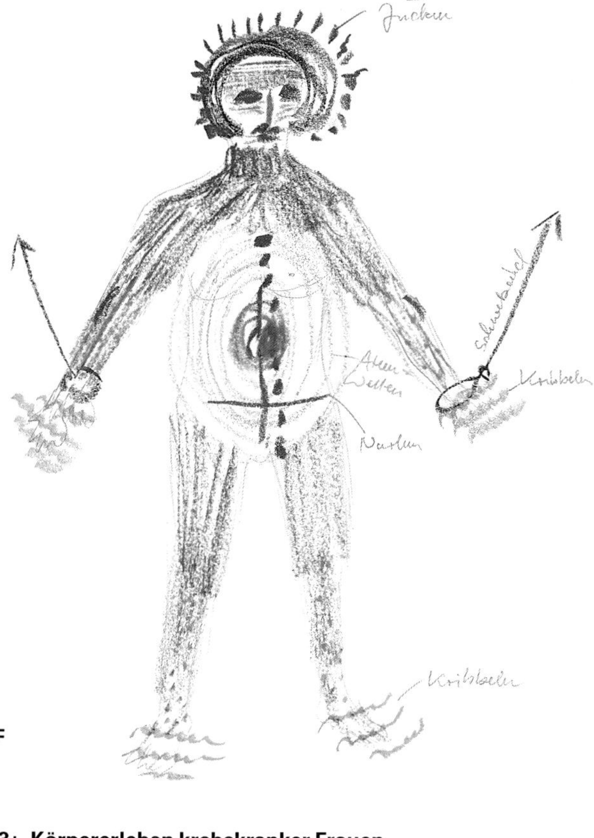

Frau F

Abb. 53: Körpererleben krebskranker Frauen

mehrerer schwerkranker Angehöriger sehr überfordert gewesen. Die Ärzte gaben ihr nach der Operation und einer Chemotherapie gute Chancen. Frau B selbst hielt ihre Erkrankung nicht für beeinflußbar. Nach ihrer Diagnose hatte sie vor allem unter der fehlenden Gesprächsbereitschaft in ihrer Familie und im Freundeskreis gelitten. Neben der Angst vor dem Fortschreiten der Krankheit machte sie sich vor allem Sorgen über die fehlende Kommunikation mit ihrem Mann. – Sie malte den Umriß ihres Körpers vorwiegend mit kräftigem Blau. Vor allem im Hals-Schulter-Bereich wirkt er verzerrt. Die rechte Körperseite, die Frau B als «zerrissen» erlebte, stellte sie gezackt mit Gelb dar. Von dort strahlt der Schmerz rot in das rechte Bein aus.

Frau C war 58 Jahre alt und seit einem Jahr an einem Magentumor mit Befall der Lymphknoten erkrankt. Aus ärztlicher Sicht war ihr Zustand kritisch. Frau C ging davon aus, daß eine Besserung möglich sei. Bevor die ersten Symptome einsetzten, hatte sie sich beruflich und privat ständig überfordert gefühlt; nach der Diagnose gab sie ihre Berufstätigkeit auf und erlebte eine Vertiefung ihrer Kontakte zu Verwandten und Freunden. – Ihren Körperumriß zeichnete sie mit Bleistift. Im Vergleich zu ihrer realen Gestalt wirkt er verzerrt. Die Beine sind verkürzt, die Füße fehlen. Frau C wendet ihr Gesicht ab. Sie ist mit (blau gemalten) Gedanken beschäftigt und spürt oberhalb des Magens «Unterbrechungen des natürlichen Lebensablaufs». Zwei schwarze Linien blockieren in diesem Bereich rot gemalte Strömungsempfindungen.

Frau D war 66 Jahre alt und seit zwei Jahren an Brust- und Rectumkrebs mit Metastasen in der Leber erkrankt. Vor der Diagnose war ihre Mutter an Krebs gestorben, und Frau D hatte eine Zeit hinter sich, in der sie durch die Pflege der Schwerkranken und zusätzlich durch Ehescheidungen beider Töchter stark belastet gewesen war. Eine Prognose wurde ihr vom Arzt nicht mitgeteilt. Sie selbst hielt eine Besserung für möglich, hatte jedoch Angst vor dem Fortschreiten der Erkrankung und vor dem Verlust ihrer Attraktivität.

Abbildung 53 zeigt das Körpererleben von zwei Frauen, die in ihrer Fähigkeit, realitätsgerechte Problemlösungen anzustreben und ihren Gefühlen Ausdruck zu geben, unbeeinträchtigt wirkten. Beide waren bestrebt, ihre Erkrankung durch die Suche nach Religiosität und Lebenssinn zu bewältigen. Zur Gestaltung ihres Körpererlebens nutzten sie mehrere Farben und stellten unterschiedliche Empfindungen auch durch das Ausmalen des Körpers dar.

Frau E war 46 Jahre alt und seit drei Jahren an einem Tumor des rechten Innenohrs erkrankt. Aus ärztlicher Sicht war die Entwicklung der Krankheit «nicht einschätzbar». Frau E hielt eine Heilung für möglich. Vor der Diagnose hatte sie starke Belastungen in Beruf und Familie erlebt. Obwohl sie sich von ihrem Mann gut unterstützt fühlte, hatte sie Angst, daß er ihr seine Zuwendung bei einer Verschlechterung ihres Befindens entziehen könnte. – Sie zeichnete sich von der Seite, so daß ihr erkranktes Ohr, das ihr wesentlich größer erschien als ihr linkes, sichtbar wird. In ihrem Oberkörper und vor allem in den Händen spürte sie Wärme, die sie gelb, rot und orange malte. Ihre untere Körperhälfte, besonders die Füße, empfand sie als kühler, was sie durch eine blaue Tönung zum Ausdruck brachte.

Frau F war 56 Jahre alt und seit zwei Jahren an Darmkrebs mit Metastasen in Leber, Lunge und Vagina erkrankt. Ihre Lebenserwartung lag nach Einschätzung der Ärzte zwischen einem und fünf Jahren. Frau F hielt eine Besserung für möglich. Vor der Diagnose hatte sie sich durch eine schwere Erkrankung ihres Mannes und durch unerträgliche Langeweile im Beruf belastet gefühlt. Sie übte ihren Beruf nicht mehr aus und erlebte, daß sich ihre Beziehungen zu Familienangehörigen und Verwandten vertieften. Sie suchte bewußt nach neuen Lebenszielen. – Während der Übung spürte sie Mißempfindungen durch die Perücke, Schmerzen im Hals, in der Brust und an den Operationsnarben. Arme und Beine fühlten sich «leicht» an und «prickelnd» lebendig. Mit den fließenden Atembewegungen spürte sie im Bauch-Becken-Raum eine «sanfte, freie» Belebung, die sie mit blauen Kreisen malte.

Die Abbildungen 54 und 55 zeigen die ersten Vorstellungsbilder der sechs Frauen zu ihrer Immunabwehr. Frau A, B, C und D malten ihre Imagination in den linken oberen Quadranten des

Malbogens. Hier werden oft Trauerprozesse dargestellt oder auch eine Perspektive, die Susan Bach als «Zuschauerraum des Lebens» beschrieben hat. Diese Perspektive kann aber auch durch neue geistige Impulse erweitert werden. Frau E und F nutzten überwiegend die gesamte Bildfläche. Alle Frauen malten farbig und griffen die wesentlichen Anregungen der Imagination zur Immunkraft auf. Der Krebs ist meistens klar von gesunden

Frau A, erstes Vorstellungsbild

Frau B, erstes Vorstellungsbild

Frau C, erstes Vorstellungsbild

Frau D, erstes Vorstellungsbild

Abb. 54: Vorstellungsbilder zur Immunabwehr bei Krebs

Frau E, erstes Vorstellungsbild

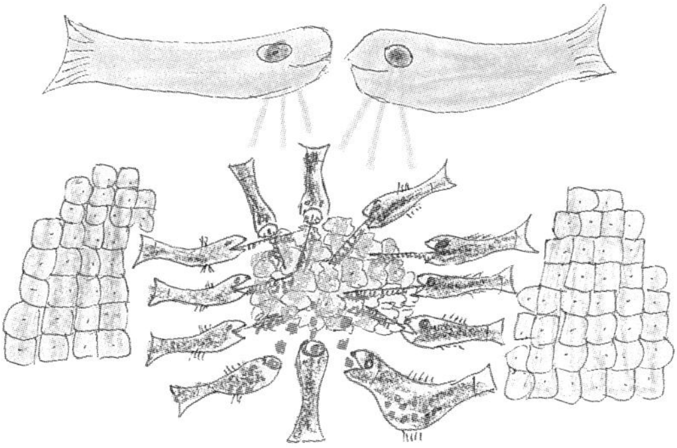

Frau F, erstes Vorstellungsbild

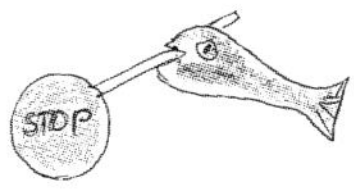

Abb. 55: Vorstellungsbilder zur Immunabwehr bei Krebs

Körperzellen zu unterscheiden; die verschiedenen Funktionen von Helfer-, Killer- und Freßzellen wurden überwiegend in szenischer Interaktion dargestellt. Die Killerzellen tauchen als Scheren auf (Frau A), als Sägefische (Frau B und F), als pfeilbewerte Zellen (Frau C), als Männchen mit Speeren (Frau E). Die Freßzellen sind häufig als Fische mit großen Mäulern gestaltet. Die Helferzelle wurde zum Teil – ausgestattet mit Augen – in einer übergeordneten und anleitenden Rolle dargestellt; sie hat «Ausstrahlung», gibt «Impulse». Frau D stellte ihre Immunkraft global dar. Schauen wir uns einmal ihre Imagination im Vergleich zum Vorstellungsbild von Frau E genauer an.

Frau D malte schwarze «Krebswesen», die sich klar von einem Verband normaler roter Zellen abheben. Die «Krebswesen» sind jedoch auch bedeutend größer als die gesunden Zellen und die (braunen) Abwehrfische. Frau D hat die unterschiedlichen Fähigkeiten ihrer Immunkraft nicht dargestellt. Die menschenähnlichen Krebszellen, die an ihr kindliches Körperbild erinnern, lassen vermuten, daß Frau D sich stark mit den Krebszellen identifizierte und in ihrer Gestaltung Angst und Hilflosigkeit ausdrückte. Die Abwehrfische greifen diese zitternden Wesen nicht direkt an. Ihre Hemmung ist verständlich; es scheint nicht «richtig», daß sie kindliche Wesen vernichten sollen. Das Bild deutet an, daß Frau D mit Angstgefühlen und möglicherweise auch kindlichen Erinnerungen beschäftigt ist, die durch den Tod der Mutter wachgerufen worden sind. Vorstellungen zur Überwindung von Angst und Hilflosigkeit mittels der eigenen Unterscheidungsfähigkeit und Durchsetzungskraft sind nicht klar erkennbar. Eine unreflektierte Weiterführung dieser Imagination wäre nicht günstig, da sie der Krankheit zuviel Macht zugesteht. Leider nahm Frau D an den weiteren Gruppensitzungen nicht mehr teil; sie fühlte sich durch eine Chemotherapie zu sehr geschwächt. Ihr Vorstellungsbild läßt vermuten, daß ihre «Krebswesen» auch den Angriff durch die Medikamente mit großer Angst erlebten.

Frau E zeichnete drei Szenen des Abwehrkampfes: Eine schwarze zackige Krebszelle wird von vier roten Killerzellen unter Anleitung einer leuchtendgelben Helferzelle mit Speeren an-

Frau C, zweites Vorstellungsbild

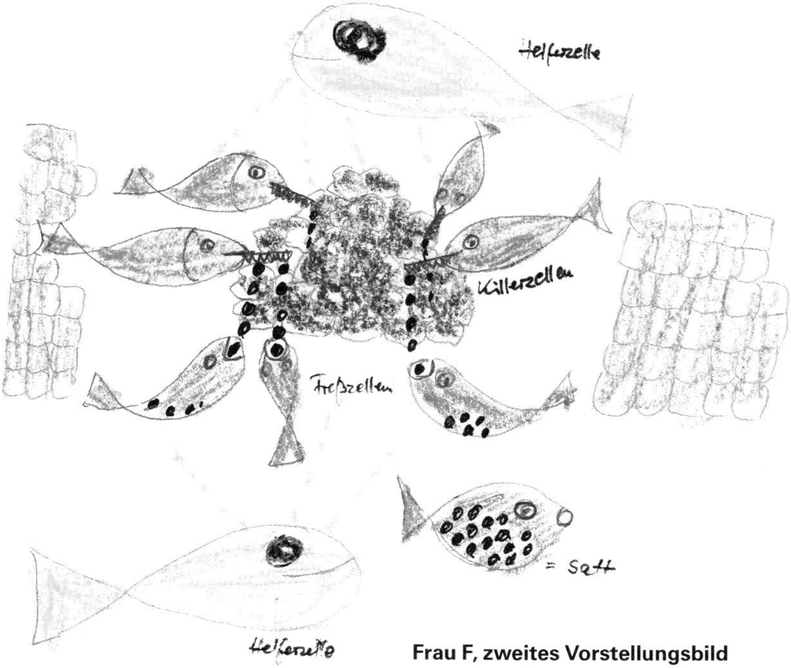

Frau F, zweites Vorstellungsbild

Abb. 56: Entwicklung von Vorstellungsbildern zur Immunkraft

gegriffen. Eine weitere rote Figur steht bereit, um Kampftrümmer zu einer blauen Freßzelle zu kehren. Die Freßzelle tritt erst ganz zum Schluß in Aktion, nachdem die Killerzellen mit ihren «giftigen Pfeilen» die Krebszelle blockiert und gespalten haben und nach getaner Arbeit fröhlich von dannen ziehen. Die Helferzelle kontrolliert ihre Arbeit. Die dritte Szene zeigt, wie Einzelteile der Krebszelle von der Freßzelle verdaut werden. Frau E identifiziert sich stark mit ihrer Abwehrkraft, erlebt den Krebs als «fremd» und spürt keinerlei Widerstand gegen seine Beseitigung.

Die Teilnehmerinnen führten die Imagination in häuslichen Übungen überwiegend regelmäßig weiter. Manchmal fühlten sie sich durch Gedanken und Sorgen unterbrochen, spürten aber auch «Vertrauen» in ihre Abwehrkraft und «Wärme» im Bereich des Kampfgeschehens, oder sie schliefen während beziehungsweise nach der Übung entspannt ein. Mit den wiederholten Übungen wurden die Vorstellungsbilder meist klarer und die Immunkräfte aktiver dargestellt. Abbildung 56 veranschaulicht, wie sich die Vorstellungsbilder von Frau C und Frau F weiterentwickelten.

In ihrem zweiten Bild gibt Frau C dem Abwehrgeschehen mehr Raum. Sie malt die Immunzellen plastischer, körperlicher, und sie zeigt deutlich, wie sie die Krebszellen energisch angreifen und gut als Team zusammenarbeiten. Frau F hat die wesentlichen Elemente ihres ersten Vorstellungsbildes beibehalten. Die Formation der Abwehrfische wirkt jedoch weniger «harmonisch»; die Helferzellen haben ihren «Flirt» unterbrochen und achten mehr auf den Kampf und die Anleitung ihrer Mitarbeiter. Die Hemmzelle taucht nicht mehr auf. Dies scheint sinnvoll; der Tumor wirkt weiterhin groß und kompakt, der Abwehrkampf ist noch längst nicht beendet.

Die Vorstellungsbilder zum Abwehrgeschehen wurden von geschulten Beurteilern danach eingeschätzt, inwieweit sich in den Darstellungen eine konkrete und effektive Immunabwehr erkennen ließ. Zwischen Bildmerkmalen und psychologischen Testdaten fand Eggers-Asmuth zum Teil recht substantielle Zusammenhänge, die darauf hindeuten, daß in die Gestaltung der (meist schwarzen oder roten) Krebszellen seelische Haltungen einflossen, die mit der Angst vor Selbständigkeit, offenem Aggressionsausdruck und Problemlösungsverhalten zu tun haben. Die Darstellung der (meist gelben oder blauen) Helferzelle war mit dem realitätsgerechten Problemlösungsverhalten und dem Gefühlsausdruck verbunden. Und auch die (oft roten oder grünen) Killer- und Freßzellen reflektieren Aspekte des Ausdrucks beziehungsweise der Kontrolle von Emotionen.

Die abschließende Reise zum «inneren Heiler» hat alle Frauen sehr berührt. Sie erlebten ihren Ruheort und vor allem das «heilende» Bad als tief entspannend und fühlten sich erholt, gekräftigt, zum Teil auch «schön», «heil». Das «Wesen», das zu ihnen kam, trug oft Züge der Mutter, des Vaters, Ehemannes oder geliebter verstorbener Personen. Die Gestalten waren jedoch durch eine Ausstrahlung von Güte, Liebe und Weisheit überhöht. Die bildlichen und wörtlichen Beschreibungen der Begegnung mit dem «Wesen» ließen eine tiefe Sehnsucht nach liebender Bezogenheit spüren. Die Gestalten vermittelten den Frauen Trost und in Form von Geschenken (Schlüssel, Krüge, Ringe, Bücher) vielfältige Anregungen und die Ermutigung, an den Wert und die Kraft der eigenen Person zu glauben. Für die Frauen war es wichtig, nach der Übung zu erkennen, daß diese Erfahrungen und das Bild des Wesens und dessen Fähigkeiten aus ihnen selbst kamen.

Abbildung 57 zeigt die Bilder von Frau B und Frau E.

Frau B konnte sich in dem «heilenden Bad» tief entspannen und fühlte sich anschließend «harmonisch» und «schön». Ihr kam ein Wesen entgegen, das Züge ihres Mannes trug und dem sie Liebe und Vertrauen entgegenbrachte. «Läßt du mich nicht im Stich?» fragte sie es. Es umarmte sie liebevoll und gab ihr einen Schlüssel. «Mein Wunsch wird erfüllt», spürte Frau B.

Frau E verweilte «genüßlich» in dem Bad und fühlte sich anschließend «entspannt» und «schön». Vertrauensvoll ging sie auf ein Wesen zu, das ihr mit ausgebreiteten Armen entgegenkam. Zunächst meinte sie, Züge ihrer Mutter zu entdecken, doch dann erkannte sie ein «gütiges, überirdisches, gottähnliches Wesen» in der Gestalt eines älteren Mannes. Sie vertraute

Frau B

Frau E

Abb. 57: Die Reise zum inneren Heiler

diesem Wesen und fragte: «Werde ich gesund?» Sie hörte ein «Ja» und erhielt einen Ring, mit dem sie immer wieder innerlich Kontakt zu diesem gütigen und weisen Mann aufnehmen kann.

Die Rückantworten der Frauen sechs Wochen und fünf Monate nach Ende der Anleitung zeigten, daß sie die Übungen als sinnvoll und hilfreich erlebten. Sie führten sie teilweise regelmäßig weiter oder nutzten sie vor allem in schwierigen Zeiten (während chemotherapeutischer Behandlungsphasen, bei deprimierenden Erfahrungen im Alltag), um sich seelisch zu stärken und Gefühlen der Hilf- und Hoffnungslosigkeit entgegenzuwirken: «Bei meinen täglichen Übungen merke ich, daß ich ruhiger werde; die Traurigkeit, die mich immer wieder überfällt, kann ich damit in den Griff bekommen.» – «Mit der Übung bekämpfe ich meine Schmerzen. Ich konnte meine Tabletteneinnahme reduzieren.» – «Ich bin ruhiger geworden und beschäftige mich mehr mit Hobbies und angenehmen Dingen.» – Viele Frauen nahmen sich mehr Zeit für sich, begannen Tagebuch zu schreiben oder malten. Einige begannen mit neuen Unternehmungen. Frau B berichtete: «Man bekommt ein ganz anderes positives Körpergefühl. Ich spüre ganz deutlich, wie ich meine Abwehrzellen aktivieren kann. Zehn Minuten Entspannung gibt mir Kraft für viele Stunden. Nach dreizehn Jahren habe ich meine Berufstätigkeit wiederaufgenommen. Ich habe neue Kontakte durch den Beruf und mehr Spaß an Unternehmungen.» Für drei verstorbene Teilnehmerinnen antworteten ihre Familienangehörigen. Aus ihren Mitteilungen geht hervor, daß die Frauen sich über ihre Erfahrungen intensiv mit ihrer Familie ausgetauscht hatten. Ein Ehemann teilte mit, daß die Gruppensitzungen seiner Frau viel gegeben und dazu beigetragen hätten, ihr die letzten Wochen vor ihrem Tod zu erleichtern.

Gesundheitsförderung bei einer HIV-Infektion

Bei einem Vortrag über Gesundheitspsychologie, zu der mich die Hamburger Aids-Hilfe eingeladen hatte, bot ich eine psychologische Anleitung zur Selbsthilfe für HIV-Infizierte an. HIV-positive und aidskranke Menschen sind überwiegend mit ungünstigen Prognosen, nebenwirkungsreichen Behandlungen wie auch sozialer Ablehnung konfrontiert. Daher sollte die Anleitung – zeitlich auf drei Gruppensitzungen begrenzt – mit Informationen und Übungen zur Förderung der psychosomatischen Widerstandskraft vertraut machen, diffuse Ängste mindern und das Vertrauen in die eigene körperliche und seelische Selbstregulation stärken. Vermittelt wurden Übungen, die sich in Seminaren zur Gesundheitsförderung und bei der Selbsthilfe von Krebskranken bewährt haben. Für die Anleitung interessierten sich zehn Männer, sieben nahmen regelmäßig teil. Sie gaben vor Beginn Auskunft über ihr Befinden, die Behandlungen, ihr Wissen hinsichtlich der HIV-Infektion wie auch über seelische Haltungen* und dokumentierten ihre Erfahrungen mit den Übungen.

Ich gehe zunächst auf (psycho-)immunologische Erkenntnisse ein, die dem Vortrag und der Anleitung zugrunde lagen, und berichte dann über die Situation der Teilnehmer und die Erfahrungen, die sie während der drei Sitzungen machten.

Nach dem heutigen Erkenntnisstand geht man davon aus, daß es immer dann zu einer Infektion mit dem *human immunodeficiency virus* (HIV) kommt, wenn ein Mensch mit einer bestimmten Menge der Viren in seinen Körperflüssigkeiten konfrontiert war. Das Testergebnis ist jedoch nicht bei allen Menschen, die

* FAPK (Koch 1981).

einem hohen oder andauernden Infektionsrisiko ausgesetzt waren, positiv. Auch ist die Latenzzeit bis zur Ausbildung von Symptomen und des Immunschwäche-Syndroms (Aids) sehr unterschiedlich. Sie schwankt zwischen wenigen Monaten und vielen Jahren.

Auch wenn ein Immunschwäche-Syndrom diagnostiziert ist, muß dies nicht mit Notwendigkeit bedeuten, daß der betroffene Mensch dahinsiecht und stirbt. Eine amerikanische Stiftung in Sausalito, die Körper-Seele-Interaktionen erforscht und ungewöhnliche Heilungen dokumentiert (und nur nach sehr strengen Kriterien anerkennt), hat über fünf Heilungen von Aids berichtet: Die Erkrankten waren HIV-positiv und hatten ein Immunschwäche-Syndrom entwickelt; dann hatten sich die Symptome zurückgebildet, und die Betroffenen waren wieder HIV-negativ geworden (zitiert in Miketta 1991).

Wie sind solche unterschiedlichen Verläufe zu erklären? Biologisch gesehen blockieren HI-Viren einen Rezeptor auf einer wichtigen Immunzelle (T4-Helferzelle) und stören damit organismische Kommunikationsprozesse. Die Viren können den Rezeptor auch als Eingangspforte in die Zelle nutzen, sich in deren Erbinformation einschreiben und die Ressourcen der Zelle für ihre eigene Reproduktion ausbeuten. Wird dieser Prozeß nicht von Überwachungsinstanzen des Körpers oder der betroffenen Immunzelle erkannt und zum Stillstand gebracht, werden infizierte Zellen zerstört und zahlreiche Viren freigegeben, die weitere Immunzellen, aber auch Hirnzellen (die den gleichen Rezeptor tragen) befallen können. Fällt durch die Infektion eine größere Zahl von Helferzellen aus und werden sie nicht ausreichend nachgebildet, wird das gesamte Abwehrsystem führerlos und schwach.* Der Körper ist nicht mehr in der Lage, mit (sonst ungefährlichen) Krankheitserregern oder auch abnormen (Krebs-) Zellen fertig zu werden. Das Eindringen der HI-Viren in Helferzellen wird durch Störungen des hormonellen Gleichgewichts

* Als kritischer Wert gilt eine Anzahl von vierhundert Helferzellen pro Milliliter Blut. Als relevanter Immunparameter wird meist auch der Quotient Helferzellen/Hemmzellen erfaßt. Ein Wert unter 1 deutet auf einen angegriffenen Immunstatus hin.

(zum Beispiel durch einen erhöhten Cortisolspiegel) begünstigt. Die Aktivierung des viralen Programms setzt eher ein, wenn die körperliche Widerstandskraft insgesamt geschwächt ist.

Candace Pert, eine führende Grundlagenforscherin auf dem Gebiet der Neuropeptide (körpereigene «Informationsstoffe», die Empfindungen und Verhalten entscheidend mitbeeinflussen), arbeitet zur Zeit an einer neuen Aids-Therapie. Sie hat entdeckt, daß ein körpereigenes Neuropeptid den Zellrezeptor blockieren kann, den das HIV benutzt, um in die Zelle einzudringen. Im Zusammenhang mit ihren Forschungen wies Pert (1991) auch darauf hin, daß verschiedene emotionale Zustände – die sich in einer unterschiedlichen Konzentration von Neuropeptiden widerspiegeln – die Empfindlichkeit beziehungsweise Resistenz gegenüber Virusinfektionen beeinflussen.

Bisher gibt es keine effektive medikamentöse Therapie für HIV-Infizierte und Aids-Kranke. Das Medikament Retrovir (AZT) kann zwar für die Dauer der Einnahme die Bildung neuer HI-Viren in befallenen Immunzellen stoppen – es hat jedoch starke Nebenwirkungen. Daher ist es von großer Bedeutung, daß Erst-, aber auch erneute Infektionen vermieden werden und daß HIV-Infizierte versuchen, ihre Widerstandskraft und Immunkompetenz zu stärken, zum Beispiel durch gesunde Ernährung (vollwertige Kost, Mineralstoffe und Vitamine), angemessene Bewegung, ausreichend Ruhe und Schlaf, Vermeidung größerer Mengen von Genußgiften (Nikotin, Alkohol), Vermeidung von Drogen oder auch zu intensiver Sonnenbestrahlung. Röntgenstrahlen und Chemotherapie wirken sich ebenfalls ungünstig aus; dies wird jedoch im Rahmen medizinischer Therapien zum Teil in Kauf genommen. Die Erkenntnisse der Psychoneuroimmunologie zeigen darüber hinaus, daß psychosoziale Faktoren einen bedeutsamen Einfluß auf die körperliche Widerstandskraft und den Immunstatus haben.

Psychoimmunologische Forschungen haben deutlich gemacht, daß das regulative Gleichgewicht zwischen Zentralnerven-, Immun- und Hormonsystem eine wichtige Voraussetzung für Gesundheit ist und vor allem unter Belastungen gestört wird, die subjektiv als unkontrollierbar empfunden werden. Solche

Belastungen und die damit verbundenen Gefühle von Angst, Hilflosigkeit und Depression können im Vorfeld einer HIV-positiv-Diagnose aufgetreten sein und eine Infektion begünstigen. Aber auch die Diagnose selbst, verbunden mit den bisher fehlenden medizinischen Therapieangeboten, stellt ein solches Ereignis dar. Es ist deshalb von großer Bedeutung, wie diese Diagnose verarbeitet wird und ob es gelingt, eine Perspektive zu finden, die Angst und Resignation überwinden hilft und das Vertrauen in die eigene Person und die Bewältigungskraft stärkt.

Verschiedene amerikanische Untersuchungen zeigen, daß der Verlauf einer HIV-Infektion und Aids-Erkrankung durch seelische Haltungen beeinflußt wird (Antoni *et al.* 1990; Solomon *et al.* 1987, 1991). Bei HIV-Infizierten wurden Zusammenhänge zwischen gutem Immunstatus und geringer Ausprägung von Angst und Depression beobachtet. HIV-Infizierte mit gutem Immunstatus zeigten ein hohes Ausmaß an *hardiness* (Widerstandskraft), das heißt, sie fühlten sich weniger entfremdet, machtlos und ausgeliefert; sie entwickelten vielmehr Verantwortungsgefühl und Vertrauen in die Wirksamkeit ihres Handelns und nahmen Lebensveränderungen als Herausforderung an. Sie waren in der Lage, eigene Interessen wahrzunehmen und klar zu verfolgen und unerwünschte Anfragen offen abzuweisen. Einige Untersuchungen ergaben, daß sich der Immunstatus von HIV-Infizierten bei Trauerprozessen nicht wie bei Gesunden verschlechtert. Aids-Kranke, die eine von den Ärzten prognostizierte Lebensdauer weit überschritten, hatten einen besseren Immunstatus als Patienten, die frühzeitig starben, und zeigten ein höheres Ausmaß an *hardiness*; Angst und Depression waren bei ihnen weniger ausgeprägt, und sie verhielten sich nicht unangemessen altruistisch in dem Sinne, daß sie anderen halfen, obwohl sie dies eigentlich gar nicht wollten.*

* Die amerikanischen Psychotherapeuten Christopher Allers und Karen Benjack stellten fest, daß HIV-Infizierte überdurchschnittlich häufig in ihrer Kindheit körperlich und sexuell mißhandelt worden waren. Sie weisen darauf hin, daß typische Folgeschäden solcher Mißhandlungen – Alkohol- und Drogenmißbrauch, Depression, Promiskuität, mangelnde Ich-Stärke, die Unfähigkeit, sich gegenüber Forderungen von Partnern zu behaupten oder

Eine deutsche Untersuchung (Bliemeister *et al.* 1992) ergab, daß sich die Bewältigungsstrategien von HIV-Infizierten mit gutem von denen mit kritischem Immunstatus (weniger als vierhundert T 4-Helferzellen pro Milliliter Blut) deutlich unterschieden. Infizierte mit gutem Immunstatus verdrängten ihre Infektion nicht, verstrickten sich aber auch nicht in Grübeleien («Warum ich?»). Sie suchten vielmehr aktiv nach krankheitsbezogener Information und nach Bewältigungsmöglichkeiten und gingen davon aus, daß sie ihren Gesundheitszustand selbst mitbeeinflussen können. Sie erlebten ihre sozialen Beziehungen als gut und ihre sexuellen Kontakte als befriedigend. Auch sprachen sie offen mit anderen Menschen über ihre Infektion. Sie suchten nach Möglichkeiten der Gesundheitsförderung und befanden sich seltener in ärztlicher Behandlung.

Eine HIV-Diagnose löst im allgemeinen Betroffenheit und angstvolle Phantasien oder Schuldgefühle aus (zum Beispiel bestraft, von anderen abgelehnt zu werden; körperliche Attraktivität zu verlieren; dahinsiechen und sterben zu müssen). Das Ausmaß von Angst und Schuldgefühlen steht auch im Zusammenhang mit dem allgemeinen Selbst- und Lebensgefühl. Die Diagnose kann bisher unterdrückte Verzweiflung und Unsicherheit über den Wert der eigenen Person aktualisieren, den Sinn bisheriger Lebensziele in Frage stellen und das vertraute Lebenskonzept sehr erschüttern. Diese Erschütterung bietet aber auch die Möglichkeit, ungünstige Haltungen zu klären, sich neu zu orientieren und zu verändern. Die vorliegenden psychoimmunologischen Erkenntnisse deuten an, daß für die innere Bewältigung einer HIV-Infektion vor allem die Überwindung von Angst, Depression, Fatalismus sowie die Stärkung von Vertrauen in den Wert der eigenen Person und die Wirksamkeit eigenen Handelns von Bedeutung ist. Dies können Betroffene unter anderem dadurch begünstigen, daß sie aktiv Informatio-

auf «safer sex» zu bestehen – das Infektionsrisiko signifikant erhöhen (*Psychologie heute* 6/92). Ute Waschulewski, die (1989) zweihundert Jugendliche zu ihrem Wissen über Aids befragte, fand bei Jugendlichen, die sexuelle Mißhandlungen angaben, ein deutlich geringeres Bewußtsein über Gefährdung und Schutzmaßnahmen.

nen zu ihrer Erkrankung sammeln, sich um gute soziale Kontakte bemühen, «Geheimnisse» klären und mitteilen, ihre eigenen Bedürfnisse zum Ausdruck bringen und die Fähigkeit üben, unerwünschte Anfragen offen abzulehnen; auch die Suche nach Entspannung und innerer Ruhe gehört dazu.

Für eine zeitlich begrenzte Anleitung HIV-Infizierter mit dem Ziel, ihr Gesundheitsverhalten zu fördern, schien es mir wichtig, zum einen Informationen darüber zu geben, wie die psychosomatische Widerstandskraft gestärkt werden kann, um diffuse Ängste zu mildern und Selbstvertrauen und positive Zukunftsbilder zu stärken, und zum anderen einfache körperbezogene und Vorstellungsübungen zu vermitteln, die Entspannung und ein positives Selbstgefühl fördern und zur Selbsthilfe im Alltag eingesetzt werden können. Erprobt und in häuslichen Übungen vertieft wurden: Vorstellungen zur Stärkung der körperlich-seelischen Widerstandskraft und zur Sensibilisierung des Körpererlebens (Reise durch den Körper); Informationen über psychoimmunologische Zusammenhänge und eine Imagination zur eigenen Immunkraft; eine Anleitung zur körperlich-seelischen Tiefenentspannung (Reise zum inneren Heiler).

Die sieben Teilnehmer waren im Mittel 31 Jahre alt; drei lebten allein, vier in einer festen Partnerschaft. Sie hatten ein eher hohes Bildungsniveau, waren beruflich erfolgreich und – bis auf Herrn E, der Frührentner war – vollzeitbeschäftigt und durch körperliche Beschwerden nur gering beeinträchtigt. Zwei Männer wußten seit drei Monaten um ihre Infektion, zwei seit sieben Monaten beziehungsweise einem Jahr, drei Teilnehmer lebten seit viereinhalb bis siebeneinhalb Jahren mit der Diagnose. Bedeutsam scheint mir, daß die beiden Männer, die am längsten um ihre Infektion wußten, über gar keine oder nur geringfügige körperliche Beschwerden berichteten. Den HIV-Test hatten die Teilnehmer überwiegend aufgrund körperlicher Veränderungen durchführen lassen. Die Mitteilung der Diagnose wurde von einigen als «brutal» und «entwürdigend» beschrieben. Fast alle fühlten sich anschließend hilflos, ausgeliefert und voller Angst. Alle Teilnehmer führten ihre Infektion auf ungeschützten Geschlechtsverkehr zurück. Sie hatten mit Freunden und engen Bekannten über ihre Diagnose gesprochen und überwiegend Zuspruch und Mitgefühl erfahren. Alle hatten sich aktiv um Information und Beratung bemüht und suchten bewußt nach Möglichkeiten zur körperlich-seelischen Stabilisierung. Fünf Teilnehmer hatten eine nebenwirkungsreiche Therapie (Retrovir) explizit abgelehnt, nahmen aber regelmäßig ärztliche Kontrolluntersuchungen wahr. Drei Teilnehmer hatten den Eindruck, daß diese Untersuchungen eher Angst und Schwäche verstärkten, und nahmen sie nicht oder unregelmäßig wahr. Nur Herr E hatte eine Chemotherapie durchführen lassen.

Die Teilnehmer waren gut über Übertragungswege und den möglichen Verlauf einer HIV-Infektion und Aids-Erkrankung informiert. Sie hatten jedoch gar keine, unklare oder auch falsche Vorstellungen über Funktion und Aufbau des Immunsystems und immunologische Auswirkungen der Infektion. Kein Teilnehmer war mit biopsychologischen und psychoimmunologischen Aspekten vertraut oder konnte die Ergebnisse ärztlicher Kontrolluntersuchungen klar interpretieren. Das heißt, die Teilnehmer wußten nicht, daß sie durch Verhaltensgewohnheiten und seelische Einstellungen zur Schwächung, aber auch zur Stärkung ihrer Immunität und zur Stabilisierung ihres Befindens beitragen können. Durch diesen Mangel an gegründeter Information waren sie auch nicht in der Lage, positive Vorstellungen und Ziele für die Zukunft zu entwickeln – was für die Überwindung von Angst und Resignation von großer Bedeutung ist. Da alle Teilnehmer sich aktiv um Informationen bemüht hatten, nehme ich an, daß (psycho-)immunologische Aspekte bei der Beratung HIV-infizierter Menschen noch nicht ausreichend berücksichtigt werden.

Alle Teilnehmer vermuteten jedoch, daß sie selbst ihr Befinden mitbeeinflussen konnten, und hofften auf eine Stabilisierung oder auch Verbesserung ihres Zustands. Bis auf die beiden Teilnehmer, die erst seit drei Monaten um ihre Infektion wußten, hatten sie auch Zusammenhänge zwischen situativen Bedingungen und ihrem Befinden wahrgenommen. Sie hatten unter anderem beobachtet, daß dieses sich bei Ärger, Schuldgefühlen, Angst, Partnerproblemen, Depression, Leistungsdruck oder zuviel Alkohol verschlechterte. Eine Verbesserung spürten sie im Zusammenhang mit langem Schlaf, befriedigenden freundschaftlichen und sexuellen Kontakten, nach konstruktiven Gesprächen, intensiven Naturerlebnissen, offenem Gefühlsausdruck und bei innerer Ruhe. Deutlich wurde jedoch auch, daß das allgemeine Lebensgefühl der Teilnehmer durch Depression, Angst und Sorgen getrübt war. Zu der Frage, wie es ihnen in drei Jahren gehen werde, offenbarten sie entweder gar keine oder eher pessimistische Vorstellungen. Ohne fundierte Informationen über konkrete Möglichkeiten, wie man das eigene Befinden positiv beeinflussen kann, ist es sehr schwer, hoffnungsvolle und gesundheitsorientierte Zukunftsbilder zu entwickeln – viele empfinden eine solche Haltung vermutlich auch als «illusionistisch» oder verrückt. Es zeigte sich auch, daß die Teilnehmer, deren psychologische Testdaten auffällig waren (geringe Fähigkeit zur realitätsgerechten Konfliktlösung, verminderter Gefühlsausdruck), kaum über hilfreiche Bewältigungsstrategien bei depressiver Verstimmung und ängstlicher Erregung verfügten. Gefährdet in dieser Hinsicht wirkte Herr D, der seine Ängste durch Drogen zu mindern versuchte. Er wußte seit einem Jahr um seine Diagnose, fühlte sich erschöpft und kraftlos und litt unter Rectumblutungen, Lymphdrüsenschwellung, Nachtschweiß, Angst und Schuldgefühlen.

Die Übung «Reise durch den Körper» sprach alle Teilnehmer an. Sie fühlten sich anschließend entspannt, belebt und innerlich berührt. Zu ihren Bildern empfanden die meisten allerdings zunächst Ablehnung oder auch Verachtung. Sie gingen jedoch bereitwillig auf meinen Vorschlag ein, die Körperzeichnung als Ausdruck persönlicher und eventuell auch kindlicher Empfindungen anzunehmen und gemeinsam zu überlegen, was jedes «Kind» braucht. In diesem Bezugsrahmen vermittelten die Teilnehmer einander sehr feinfühlige und verständnisvolle Beobachtungen für die im Bild ausgedrückten Nöte und Bedürfnisse. Häufig fehlten in den Bildern Sinnesorgane (Augen, Nase, Ohren), der Mund und die Geschlechtsmerkmale.

Abbildung 58 zeigt Herrn Ds Zeichnung zum Körpererleben. Die Darstellung ist sehr ausdrucksstark, enthält jedoch nur wenige Farben. In Händen und Füßen wurden Kälteempfindungen blau gemalt, das Herz ist rot («lebendig») ausgemalt, alles Weitere ist schwarz gezeichnet. Schwarz bedeutet für Herrn D «Tod und Mauern». Er beschrieb die im Bild dargestellten Körperempfindungen folgendermaßen: «An den Schläfen, im Kopf befindet sich eine Schraubzwinge, die Stirn ist dichtgemauert. In meinem Herzen fühle ich dieses Messer – ebenso in beiden Augen. Das Herz befindet sich in einem Panzer. Der Atem geht nicht hinunter in den Bauch. Den Unterleib konnte ich überhaupt nicht fühlen. Ich empfand mich in der Mitte zugemauert. Der Bauch ist gepanzert und zugemauert.»

Bei der Betrachtung des Bildes fallen vor allem die Messer auf, die schmerzliche Wahrnehmungen und emotionale Verletzungen andeuten. Das Herz als Sitz der Lebenskraft, der Gefühle und Liebesfähigkeit ist jedoch trotz der Verletzung rot, «lebendig» ausgemalt. Es ist von einer Mauer mit 29 Steinen (die das Lebensalter von Herrn D zum Zeitpunkt der Diagnose symbolisieren) umfaßt. Die Mauer schützt vor weiteren Verletzungen, bewirkt aber auch das Gefühl, «abgetrennt» und «versteinert» zu sein. Mit den Mauern um das Herz, im Kopf, am Zwerchfell und am Unterleib verbildlicht Herr D ein starkes Bemühen um Kontrolle von Schmerz, Bedrohung, Angst und Wut. Dieser «Körperpanzer», den Herr D als Kind entwickelt hat, um Ablehnung, Feindseligkeit und Schläge zu ertragen, schwächt ihn. Das «eingefleischte» Widerstandsmuster ist mit einer chronischen Unterdrückung persönlicher Impulse, Empfindungen und Bedürfnisse verbunden, mindert das Selbstgefühl und macht Herrn D abhängig von der Bestätigung durch andere.

Herr D war zunächst sehr traurig darüber, sich selbst so wenig spüren zu können. Sein Selbstbild zeigte ihm jedoch genau, wie Empfindungen der Hilflosigkeit und Schwäche mit der Verhaftung an eine erzwungene, festgeschraubte Einstellung, der Blokkierung vitaler Funktionen und gefühlsmäßiger Zurückhaltung verbunden sind. Zugleich aber machte es ihm deutlich, daß diese festgeschraubte Einstellung auch veränderbar ist, daß er die Körperempfindungen wieder beleben und neue Sehweisen finden kann.

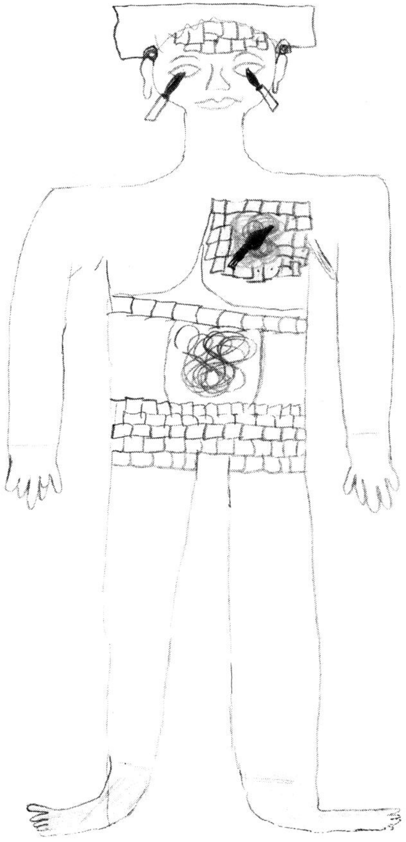

Abb. 58: Das versteinerte Herz

In der folgenden Woche führten die Teilnehmer die Übung weiter. Sie erlebten dabei, wie sich ihr Körpergefühl, die Entspannung und die innere Ruhe intensivierten. In der zweiten Sitzung informierte ich sie ausführlich über die Bedeutung und Fähigkeiten des Immunsystems und berichtete über psychoimmunologische Erkenntnisse. Diese Informationen waren den Teilnehmern sehr wichtig. Sie gaben ihnen eine Art Erlaubnis, sich ganz konkret mit Vorstellungen zu befassen, die – bis dahin unmöglich für sie – von Hoffnung getragen und auf Gesundung orientiert waren. Sie hatten zwar ein inneres Bedürfnis gespürt, auf eine Stabilisierung oder auch Verbesserung ihres Befindens zu hoffen, doch hatten sie bisher alle Informationen zum Fortschreiten der HIV-Infektion so aufgefaßt, «daß man nach einiger Zeit Aids entwickelt und unweigerlich stirbt». Diese entmutigende Information hatte alle Ansätze zu hoffnungsvollen Vorstellungen als «verrückt», «lächerlich» blockiert.

Persönliche Einfälle zur Stärkung ihrer eigenen Immunkraft erprobten die Teilnehmer anschließend bei einer Imagination zum Immunsystem. Ich leitete sie dazu an, sich die gesunde Immunfunktion vorzustellen (vgl. S. 200ff), und betonte dabei besonders die biologische Fähigkeit, Immunzellen im Knochenmark nachzubilden, die Fähigkeit der Immunzellen, zwischen «selbst» (körpereigenen Zellen) und «fremd» (körperfremden Zellen, Viren) zu unterscheiden, sowie die spezifischen Funktionen von Helfer-, Killer- und Freßzellen bei der Beseitigung von Krankheitserregern. Anhand der gemalten Vorstellungsbilder konnten anschließend die (zahlreichen) Mißverständnisse über die Arbeitsweise des Immunsystems geklärt werden.

Alle Teilnehmer führten die «Reise durch den Körper» in der folgenden Woche weiter und erprobten stärkende Vorstellungen zur Immunfunktion. Sie erlebten, wie die Entspannung, zum Teil auch das Gefühl von Kraft und Wohlbefinden zunahmen. Sie fanden unterschiedliche Bilder zur Stärkung ihrer Abwehrkraft: Licht in die Körperzellen atmen; die Körperzellen oder das Blut von «Fremdem» reinigen; die Immunzellen greifen das HI-Virus an…

Zur Veranschaulichung gebe ich die Erfahrungen von Herrn D wieder. Er berichtete in seinem Wochenprotokoll: «Tagsüber denke ich oft daran, daß helles weißes Licht meinen Körper durchflutet und alles ‹Kranke› auflöst. An der Vorstellung, daß meine Abwehrzellen in Rüstung und mit Waffen wie Lanzen, Schwertern und großen Messern in den Kampf ziehen, habe ich großen Gefallen gefunden. Ich empfinde diese Vorstellung als ermutigend und kraftvoll. Teilweise stimmt sie mich sogar glücklich. Der Gedanke, krank zu werden, ist fast weg.» Herr D sah bei der Imagination auch, wie die Immunzellen gut zusammenarbeiten. Besonders fasziniert war er von der Vorstellung, wie seine Killerzelle das HI-Virus mit vielen Messern niedersticht. Er berichtete auch, daß die Imaginationsübungen ihn in bestimmten Lebenssituationen ermutigten, «nein» zu sagen. Herr D entwickelte lebendige und klare Vorstellungen zu seiner körperlichen Abwehrkraft, und zugleich formten sich dabei Symbole, mit denen er in seinem Körperbild Schmerz und Leiden ausgedrückt hatte (die Messer), zu aktiver Verteidigungsfähigkeit um. Das heißt auch, es bildete sich eine neue Perspektive, in der aus der «festgeschraubten» passiv-erduldenden Haltung zielbewußte Selbstbehauptung wurde, die sich auch als Verhaltenskompetenz in äußeren Situationen zeigte.

Die Erfahrung von Herrn D veranschaulicht einen wichtigen Effekt heilungsorientierter Vorstellungsübungen: Indem man spezifische Fähigkeiten in der Vorstellung – in einem inneren Rollenspiel – erprobt, übt man sie auch ein und kann sie im Verhalten leichter realisieren.

In der dritten Sitzung wurde die körperbezogene Übung erneut aufgegriffen und zum Erleben der persönlichen Ruheszene, eines heilenden Bades und zu einer «Reise zum inneren Heiler» vertieft. Alle Teilnehmer waren von dieser inneren Reise sehr berührt. Sie hatten sich an ihrem Ruheort wohlig entspannt und in dem Bad eine Lösung von Schmerz, Negativität und Trauer erlebt. Sie spürten eine belebende Wirkung als «Prickeln» oder «Vibrieren von Körperzellen». Herr D fand eine «heilige Quelle» und mußte zunächst die Befürchtung überwinden, «nicht würdig» zu sein. Im Kontakt mit dem «inneren Heiler» (einem «liebevollen» und weisen Wesen) fühlten die Teilnehmer vor allem Ehrfurcht, Vertrauen, Sicherheit, Freude und Dankbarkeit – Empfindungen, die mit Angst und Depression unvereinbar sind. Für Menschen mit einer belastenden Krankheitsdiagnose kann es sehr wichtig sein zu erleben, daß ihre Fähigkeit, Vertrauen und Freude zu empfinden, nicht verschüttet ist.

Das «Wesen» erschien den Teilnehmern als weiser alter Mann, der sie ermutigte, den eingeschlagenen «Weg zum Leben» weiterzugehen und sich selbst zu vertrauen. Nach C. G. Jung (1983) erscheint die Gestalt des alten Weisen in Märchen, Träumen und Imaginationen sehr oft dann, wenn der Held sich in einer verzweifelten Situation befindet, aus der ihn nur gründliche Überlegung oder ein glücklicher Einfall befreien kann, aber aus äußeren oder inneren Gründen noch nicht in der Lage ist, diese Leistung zu vollbringen. Dann tritt die nötige Erkenntnis als personifizierter Gedanke eben in der Gestalt des weisen Alten auf. Da sie durchaus nicht bei allen Gruppen und Menschen erscheint, mit denen ich die Übung bisher durchgeführt habe, vermute ich, daß sie für diese Teilnehmer im Zusammenhang mit ihrer Frage nach Heilung eine ganz besondere Bedeutung hat.

Zwei Teilnehmern wurde in ihrer Imagination ein Schlüssel übergeben. Herrn D überreichte der innere Heiler auf die Frage, was er für sein «Steinherz» tun könne, einen Schlüssel, der genau in sein Herz paßte. Die anderen Teilnehmer erhielten eine Kugel. Auch über eine solche Vorstellung wurde mir bisher im Zusammenhang mit der Übung selten berichtet. Da sich alle Teilnehmer während der Imagination mit Fragen zur Bewältigung der HIV-Infektion beschäftigten, vermute ich, daß die Kugel – als Symbol innerer Ganzheit – eine wichtige innere Mitteilung darstellt.

Abbildung 59 veranschaulicht die Erfahrung von Herrn C, der seit sieben Monaten um seine Infektion wußte; er hatte nur geringfügige körperliche Beschwerden, und seine psychologischen Testdaten waren unauffällig.

Das Bild zeigt seinen Weg; er führt durch Blumenwiesen an einem Berghang entlang zu einem Badeplatz, der von einer Quelle gespeist wird. Nach dem «entspannenden und erfrischenden» Bad begegnete Herr C einem alten weisen Mann, der von einem Löwen begleitet wurde. Zu beiden Wesen empfand er ein starkes Vertrauen. Auf seine Frage «Kann ich mich heilen?» nickten beide. Herr C erhielt eine weiße Kristallkugel, die für ihn «Klarheit, Harmonie, Härte und Energie der Erde» symbolisierte. Er spürte «tiefes Vertrauen zur Umgebung, den Wesen und zu mir selbst».

Abb. 59: Die Reise zum inneren Heiler

Zwei Monate nach Abschluß der Gruppensitzungen antworteten sechs Teilnehmer auf eine schriftliche Nachbefragung. Sie berichteten, daß sie die «Reise durch den Körper» oder auch alle Übungen weiterführten, daß sie sich dadurch «gestärkt», «mehr in meinem Körper», «klarer», «gelassener», «offener» fühlen. Insgesamt spürten sie mehr Selbstsicherheit, Klarheit, Kraft und Hoffnung; Angst und körperliche Blockierungen hatten sich vermindert. Zum Teil erlebten sie sich in Beziehungen als offener und bei Konflikten als durchsetzungsfähiger. Herr D berichtete über einen beruflichen Aufstieg in eine Führungsposition. Herr C wurde von dem alten Weisen mit dem Löwen schrittweise zu Erinnerungen an belastende Erfahrungen geführt. Die beiden Teilnehmer, die erst wenige Monate von ihrer Infektion wußten und unsicher gewesen waren, ob sie ihren Immunstatus weiter überprüfen lassen sollten, hatten sich für eine begleitende ärztliche Kontrolle entschieden. Beide erfuhren, daß sich ihr Immunstatus positiv verändert hatte. Alle Teilnehmer bewerteten die Anleitung als hilfreich und hielten es für sinnvoll, die Informationen und Übungen über die Aids-Hilfe – also eine vertraute Institution – anzubieten.

Die Gruppe war zu klein, um weitreichende Aussagen über die Bedeutung dieses Angebots zur Selbsthilfe für HIV-Infizierte zu machen. Die folgende Beobachtung scheint mir jedoch wichtig: Die Teilnehmer machten die Erfahrung, daß sie ihr Befinden durch eigene Bemühungen positiv beeinflussen können. Dieses Selbsthilfepotential war jedoch zum Teil gebremst durch unklare, fehlende und pessimistisch getönte Auskünfte über den Verlauf einer HIV-Infektion. Den Betroffenen fiele es vermutlich sehr viel leichter, positive Zukunftsbilder und eine optimistische Einstellung zu entwickeln, wenn diese Haltung durch sachliche Information bestätigt und unterstützt würde. Die Beobachtungen zum Wissensstand der Teilnehmer zeigten, daß psychoimmunologische Erkenntnisse und ihre Bedeutung für den Umgang mit einer HIV-Infektion in der allgemeinen Beratung bisher nicht aufgegriffen werden.

Die Auseinandersetzung mit den möglichen Folgen einer HIV-Infektion oder Aids-Erkrankung ist nicht nur für Betroffene, sondern für fast alle Menschen in unserer Kultur emotional belastend. Die (überwiegend) sexuelle Übertragung des Virus rührt unterschwellige Ängste und Schuldgefühle an, die Krankheit wird unwillkürlich mit Siechtum und Tod assoziiert. Die meisten Menschen versuchen diesen Empfindungen zu entgehen, indem sie eine Auseinandersetzung mit dem Thema meiden, Hinweise auf Präventivmaßnahmen ignorieren oder ihre Angst und Ablehnung auf Betroffene projizieren. In der literarischen Verarbeitung des Themas beeindruckt vor allem der Mangel an Information, eine eher makabre «Angstlust», Ergebung vor der Macht des Virus und die Verachtung des Körpers. Hervé Guibert (1991) beschrieb in seinem vielbeachteten Schlüsselroman Symptome einer HIV-Infektion folgendermaßen: «...es ist ein Zustand von Schwäche und Ergebung, welcher dem Tier, das man in sich trug, den Käfig öffnet, dem Tier, dem ich gezwungenermaßen unumschränkte Vollmacht gebe, damit es mich verschlingt, daß ich mir lebendigen Leibes antun lassen muß, was an meinem Leichnam zu tun es sich anschickte, um ihn zu zersetzen.»

Zur Bewältigung individueller, aber auch kollektiver Ängste und Vermeidungstendenzen sind neben klaren Informationen auch bestimmte Einstellungen und Haltungen hilfreich. Die Erfahrungen der sieben HIV-Infizierten zeigen jedenfalls, daß wir sowohl Wissen, Überlegung und Intuition als auch Wohlwollen und Hilfsbereitschaft brauchen, um mit der körperlichen und seelisch-geistigen Gefährdung durch die Infektion umgehen zu lernen.

Literatur

Achterberg, J.: Die heilende Kraft der Imagination. Scherz, München 1987

Achterberg, J.; Lawlis, F.: Imagery and disease. A diagnostic tool for behavioral medicine. Champaign, Illinois 1984

Ader, R.; Felton, P.; Cohen, N. (Hg.): Psychoneuroimmunology. Academic Press, New York 1991

Ahsen, A.: Psycheye. Brandon House, New York 1977

Allebeck, P.; Hellberg, D.; Espmark, S.: Body Image – an apparatus for measuring disturbances in estimation of size and shape. *J. Psychosomatic Research*, 1976, 20, 583–589

Amann, R.: Heilende Bilder der Seele. Das Sandspiel – der schöpferische Weg der Persönlichkeitsentwicklung. Kösel, München 1989

Antoni, M.; Schneidermann, N.; Fletscher, M.; Goldstein, D.; Ironson, G.; Laperriere, A.: Psychoneuroimmunology and HIV-1. *J. consult. clinical Psychol.*, 1990, 58, 38–49

Antonovsky, A.: Unraveling the mystery of health. How people manage stress and stay well. Jossey-Bass, San Francisco 1987

Bach, S.: Spontanes Malen und Kneten im Krankenhaus. Eine kurze Einführung in Anwendung und Bedeutung. *Schweiz. Zeitschr. f. Psychol.*, 1952, 3, 206–217

Bach, S.: Spontanes Malen schwerkranker Patienten. Ein Beitrag zur psychosomatischen Medizin. *Acta Psychosomatica* 8, Geigy, Basel 1966

Bachmann, H.: Malen als Lebensspur. Klett-Cotta, Stuttgart 1988

Bandura, A.: Catecholamine secretion as a function of perceived coping self-efficacy. *J. consult. clinical Psychol.*, 1985, 53, 406–414

Barber, T.; Hahn, K.: Experimental studies in ‹hypnotic behavior›. Physiological and subjective effects of imagined pain. *J. nervous mental disease*, 1964, 139, 416–425

Bartrop, R.; Luckhurst, E.; Lazarus, L.; Kiloh, L.; Penny, R.: Depressed lymphocyte function after bereavement. *Lancet*, 1977, 1, 834–836

Baumgardt, U.: Kinderzeichnungen – Spiegel der Seele. Kreuz, Zürich 1985

Besedovsky, H.; Sorkin, E.: Network of immunoneuroendocrine interaction. *Clinical Experimental Immunology*, 1977, 27, 1–12

Besedovsky, H.; Sorkin, E.; Felix, D.; Haas, H.: Hypothalamic changes during the immune response. *Europ. J. Immunology*, 1977, 7, 323–325

Besser-Siegmund, C.: Sanfte Schmerz-Therapie mit mentalen Methoden. Econ, Düsseldorf 1989

Beutel, M.: Bewältigungsprozese bei chronischen Erkrankungen. VCH, Weinheim 1988
Birbaumer, N.; Schmidt, R.: Biologische Psychologie. Springer, Heidelberg 1990
Blechschmidt, F.: Wie beginnt das menschliche Leben. Forschungsergebnisse mit weitreichenden Folgen. Christiana, Stein 1976
Bliemeister, J.; Fey, D.; Aschenbach, G.; Köller, O.: Zum Zusammenhang zwischen psychosozialen Merkmalen und dem Gesundheitszustand HIV-Infizierter. Eine interdisziplinäre Querschnittstudie. *Klin. Psychol.*, 1992, 2, 182–196
Bois, R. du: Körper-Erleben und psychische Entwicklung. Hogrefe, Göttingen 1990
Borysenko, M.: Immune system: An overview. *Anal. Behav. Med.*, 1987, 9, 3–10
Bresler, D.; Trubo, R.: Free yourself from pain. Simon & Schuster, New York 1979
Bresler, D.: Health promotion and chronic pain. Vortrag beim Internationalen Symposion BZgA, WHO, Bad Honnef 1987
Bruch, H.: Eßstörungen. Zur Psychologie und Therapie von Übergewicht und Magersucht. Fischer, Frankfurt 1991
Büntig, W.: Selbsthilfe in der Krebsbehandlung durch Unterstützung der natürlichen Heilkräfte. *Signal*, 1, 1982
Degen, R.: Gefühle wider besseres Wissen. *Psychologie heute*, 1991, 4, 48–49
Denecke, F.; Ahrens, S.; Bühring, B.; Haag, A.; Lampartner, U.; Richter, R.; Stuhr, U.: Wie erleben sich Gesunde? *Psychotherapie, medizin. Psychol.*, 1987, 37, 156–160
Dolto, F.: Das unbewußte Bild des Körpers. Quadriga, Weinheim 1987
Draijer, N.: Die Rolle von sexuellem Mißbrauch und körperlicher Mißhandlung in der Ätiologie psychischer Störungen bei Frauen. *System Familie*, 1990, 5, 56–73
Eggers-Asmuth, I.: Krankheitsbezogene und heilungsorientierte Vorstellungsbilder von Menschen mit Krebserkrankungen. Unveröffentlichte Diplomarbeit, Universität Hamburg, 1990
Ekman, P.; Levenson, R.; Friesen, W.: Autonomic nervous system activity distinguishes between emotions. *Science*, 1983, 221, 1208–1210
Engfer, A.: Kindesmißhandlung und sexueller Mißbrauch. In: M. Markefku, B. Nauck (Hg.), Handbuch der Kindheitsforschung. Luchterhand, Neuwied, im Druck 1992
Fauman, M.: The central nervous system and the immune system. *Biolog. Psychiatry*, 1982, 17, 1459
Fichter, M.: Ätiologische Faktoren, Diagnostik und Therapie bulimischer Eßstörungen. *Klin. Psychol.*, 1991, 1, 1–21
Filipp, S.; Ferring, D.; Freudenberg, E.; Klauer, T.: Affektiv-motivationale Korrelate von Formen der Krankheitsbewältigung. Erste Ergebnisse einer Längsschnittuntersuchung mit Krebskranken. *Psychotherapie, Psychosomatik, Medizinische Psychologie*, 1988, 1, 37–42

Fisher, S.; Cleveland, S.: Body image and personality. Dover, New York 1968
Fisher, S.: Development of the body image. Hillsdale, New Jersey 1986
Freedmann, R.: Das Opfer der Venus. Vom Zwang schön zu sein. Kreuz, Zürich 1989
Fowé, I., Krankheitsbezogene Vorstellungsbilder von Kindern mit Diabetes Typ I. Diagnostische Auswertung der Gesamtgruppe. Unveröffentlichte Diplomarbeit, Universität Hamburg, 1990
Furth, G.: Die Verwendung von Zeichnungen, angefertigt in einer Lebenskrise. In: E. Kübler-Ross (Hg.), Verstehen, was Sterbende sagen wollen. Einführung in ihre symbolische Sprache. Kreuz, Stuttgart 1982
Furth, G.: The secret world of drawings. Sigo Press, Boston 1988
Gardner, G.; Olness, K.: Hypnosis and hypnotherapy with children. Grune & Stratton, New York 1981
Garfinkel, P.; Garner, D.; Moldofsky, H.; Coscina, D.; Stanger, H.: Body awareness in anorexia nervosa. Disturbances in «body-image» and «satiety». *Psychosom. Med.*, 1978, 6, 487–498
Garner, D.; Garfinkel, R.: Body image in anorexia nervosa – measurement, theory and clinical implications. *Int. J. Psychiatry and Medicine*, 1981, 11, 263–284
Gellert, E.: Children's conceptions of the content and functions of the human body. *Genetic Psychology Monographs*, 1962, 65, 293–405
Gellert, E.: What do I have inside me? How children view their bodies. In: E. Gellert (Hg.), Psychosocial aspects of pediatric care. Grune & Stratton, New York 1978
Gottschalk, L.; Welch, W.; Weiss, J.: Major depressive disorders and phagocytic function. *Psychoth., Psychosom.*, 1983, 39, 23–33
Green, E.; Green, A.: Biofeedback, eine neue Möglichkeit zu heilen. Bauer, Freiburg 1978
Griffin, F.: Stress and immunity – a unifying concept. Elsvier Science Publ. 1989
Gross, G.: Eßstörungen. Funktion und Selbsthilfeversuche aus der Sicht von Betroffenen. Unveröffentlichte Diplomarbeit, Universität Hamburg, 1982
Grossarth-Matticek, R.; Siegrist, J.; Vetter, H.: Interpersonal repression as a predictor of cancer. Soc., Sci., Med. 1982, 16, 494–498
Grossarth-Matticek, R.; Bastiaans, J.; Kanazir, D.: Psychological factors as a strong predictor of mortality form cancer, ischiaemic heart disease and stroke. *Psychosom. Res.*, 1985, 29, 167–176
Gruber, B.; Hull, N.; Hersh, S.; Dubois, F.: Immune system and psychologic changes in metastatic cancer patients with using ritualised relaxation and guided imagery. A pilot study. *Scand. J. Behav. Therapy*, 1988, 87, 25–46
Guibert, H.: Dem Freund, der mir das Leben nicht gerettet hat. Rowohlt, Reinbek 1991
Haardt, H.: Imagination des Immunsystems. Erhebung und psychodiagnostische Auswertung gezeichneter Vorstellungsbilder von HIV-negativen,

HIV-positiven und AIDS-erkrankten Menschen. Unveröffentlichte Diplomarbeit, Universität Hamburg, 1988
Hall, H.: Hypnosis and the immune system. A review with implications for cancer and the psychology of healing. *Clinic. Hypn.*, 1982, 25, 92 bis 103
Head, H.; Holmes, G.: Sensory disturbances from cerebral fessures. *Brain*, 1911/12, 34, 102–245
Helm, E.: Coping und Adaptivität. *Zeitschrift für Psychotherapie, Psychosomatik, Medizinische Psychologie*, 1988, 1, 8–18
Hennrich, B.: Krankheitsbezogene Vorstellungsbilder von Menschen mit chronischer Polyarthritis. Unveröffentlichte Diplomarbeit, Universität Hamburg, 1988
Hermann, J.; Berscher, W.; Berger, F.: Diabetes mellitus. In: T. v. Uexküll (Hg.), Psychosomatische Medizin. Urban & Schwarzenberg, München 1986
Holmes, T.; Rahe, R.: The social readjustment rating scale. *Psychosom. Res.*, 1967, 11, 213–218
Irwin, M.; Daniels, M.; Smith, T.; Bloom, E.; Weiner, H.: Impaired natural killercell activity during bereavement. *Brain, Behav., and Immunit.*, 1987, 1, 98–104
Jacobi, J.: Vom Bilderreich der Seele. Walter, Olten 1985
Janus, L.: Wie die Seele entsteht. Hoffmann & Campe, Hamburg 1991
Jasnovski, M.; Kugler, J.: Relaxation imagery and neuroimmune stimulation. *Ann. New York Acad. of Science*, 1987, 496, 722–730
Jay, S.; Elliot, Ch.; Katz, E.; Siegel, S.: Cognitive-behavioral and pharmacologic interventions for children's distress during painful medical procedures. *Consult. and Clin. Psychol.*, 1987, 5/6, 860–865
Jensen, M.: Psychobiological factors predicting the course of breast cancer. *Personality*, 1987, 55, 317–342
Johannsen, A.: Persönlichkeit und Körperschema von Patienten mit chronischen Störungen im Herz-Kreislauf- und Magen-Darm-Bereich. Springer, Heidelberg 1986
Jong-Meyer, R. de; Hubert, W.; Kirner, U.; Geyer, E.: Induktion von Angst und Freude über die Imagination biographischer Erinnerungen. *Klin. Psychol.*, 1990, 2, 83–95
Joraschky, P.: Das Körperschema und das Körper-Selbst als Regulationsprinzipien der Organismus-Umwelt-Interaktion. Minerva, München 1983
Jordan, C.; Lenington, K.: Physiological correlates of eidetic imagery and induced anxiety. *Mental Imager.*, 1979, 3, 31–42
Jourard, S.; Secord, P.: Body cathexis and personality. *Brit. J. Psychol.*, 1955, XLVI, 130–136
Jourard, S.; Secord, P.: Body-cathexis and the ideal female figure. *Abn. Soc. Psychol.*, 1966, 50, 243–246
Jung, C. G.: Psychologie und Alchemie. Walter, Olten 1979
Jung, C. G.: Die Archetypen und das kollektive Unbewußte. GW 9/1, Walter, Olten 1983

Kahn, M.; Johnes, H.: Human figure drawings as predictors of admission to a psychiatric hospital. *J. Proj. Tech.*, 1965, 29, 319–332
Kaplan, J.: A portrait of healing. *Omni*, 1989, 2, 110–112
Keleman, S.: Verkörperte Gefühle. Der anatomische Ursprung unserer Erfahrungen und Einstellungen. Kösel, München 1992 (Emotional Anatomy, Center Press, Berkeley 1985)
Keller, H.; Zech, U.: Entwicklungskonsequenzen frühen Blickkontaktverhaltens. *Acta Paedopsychiatrica*, 1991, 54, 1–8
Kiecolt-Glaser, J.; Glaser, R.: Psychological influences on immunity. *American Psychologist*, 1988, 11, 892–898
Kiecolt-Glaser, J.; Glaser, R.: Stress and immune function in humans. In: R. Ader, D. Felten, N. Cohen (Hg.), Psychoneuroimmunology. Academic Press, New York 1991
Kiener, F.: Untersuchungen zum Körperbild, Teil 1. *Klin. Psychol. und Psychoth.*, 1973, 21, 335–351
Kiepenheuer, K.: Was kranke Kinder sagen wollen. Kreuz, Stuttgart 1989
Klinger, E.: Imagery. Concepts, results and application. Plenum, New York 1981
Klinger, E.: Motivation and emotion in the flow of imagery and cognition. Vortrag, American Association for the Study of Mental Imagery, Juni 1988
Knobelsdorff, I. von: Krankheitsbezogene Vorstellungsbilder von Kindern mit Diabetes Typ I. Einzelfallstudien. Unveröffentlichte Diplomarbeit, Universität Hamburg, 1990
Kobasa, S.: Stressful life-events, personality and health. An inquiry into hardiness. *Pers. and Soc. Psychol.*, 1979, 37, 1–11
Kobasa, S., The hardy personality. Toward a social psychology of stress and health. In: J. Sanders, J. Suls (Hg.), Social psychology of health and illness. Erlbaum, Hillsdale 1982
Kobasa, S.; Maddi, S.; Courington, S.: Personality and constitution as mediators in the stress-illness relationship. *Health and Soc. Behav.*, 1981, 22, 368–378
Kobasa, S.; Maddi, S.; Kahn, C.: Hardiness and health. A prospective study. *Pers. and Soc. Psychol.*, 1982, 42, 168–177
Kobasa, S.; Maddi, S.; Pucetti, M.: Personality and exercise as helpful buffers in the stress-illness relationship. *Beh. Med.*, 1982, 391–463
Kobasa, S.; Maddi, S.; Pucetti, M.; Zola, M.: Effectiveness of hardiness and social support as resources against illness. *Psychosom. Res.*, 1985, 29, 525–533
Kobasa, S.; Pucetti, M.: Personality and social resources in stress-resistance. *Pers. and Soc. Psychol.*, 1983, 45, 830–850
Koch, K.: Fragebogen zur Abschätzung psychosomatischen Krankheitserlebens (FAPK). Beltz, Weinheim 1981
Köhler, H.: Psychologische Schmerzbewältigung bei chronischer Polyarthritis. Psychologische Dissertation, Universität Tübingen, 1982
Koppitz, E.: Die Menschendarstellung in Kinderzeichnungen und ihre psychologische Auswertung. Hippokrates, Stuttgart 1972

Kronfold, Z.; Silvia, J.; Greden, J.; Demblaski, S.; Gardner, R.; Caroll, B.: Impaired lymphocyte function in depressive illness. *Life Science*, 1988, 35, 241–247
Kropiunigg, U.; Hamilton, G.; Roth, E.; Simmel, A.: Selektive Wirkung von Persönlichkeitsmerkmalen und psychosozialem Stress auf die T-Lymphozyten-Subpopulation. *Psychoth. und Med. Psychol.*, 1989, 39, 18–25
Krusemark, U.: Krankheitsbezogene Vorstellungsbilder bei Menschen mit Multipler Sklerose. Unveröffentlichte Diplomarbeit, Universität Hamburg, 1989
Kuschel, F.: Körperbewußtsein und Körperbild von Frauen mit Bulimie. Unveröffentlichte Diplomarbeit, Universität Hamburg, 1992
Lakomy D.: Art und Effizienz des Copingverhaltens der Frau unter der Erstbedrohung eines Mamma- oder Zervixkarzinoms. *Psychoth., Psychosom., Med. Psychol.*, 1988, 1, 43–47
Lambley, P.: Psyche und Krebs. Zur Psychosomatik von Krebserkrankungen. Rowohlt, Reinbek 1991
Langer, H.; Birth, U.: Krankheitsaufklärung bei chronischer Polyarthritis. *Rheumat.*, 1988, 47, 43–51
Laudenslager, M.; Maier, St.: Coping and immunsuppression: Inescapable, not escapable shock suppresses lymphocyte proliferation. *Science*, 1983, 23, 568–570
Lazarus, R.; Folkman, S.: Stress, appraisal and coping. Springer, New York 1984
Le Doux, J.; Iwara, I.; Cicchetti, P.: Different projections of the central amygdala nucleus mediate behavioral correlates of conditioned fear. *Neuroscience*, 1988, 8, 2517–2529
Lenk, W.: Hypnotherapie bei Krebserkrankungen. In: D. Revenstorf (Hg.), Klinische Hypnose. Springer, Berlin 1991
Lerner, M.: Eine neue Kraft in der Krebstherapie. In: BZgA, Gesundheitsförderung und chronische Krankheit, Köln 1989
Lerner, R.; Karabenick, S.: Physical attractiveness, body attitudes and self concept in late adolescents. *Youth and Adolesc.*, 1974, 3/4, 307–316
LeShan, L.: «He, ich habe beschlossen, um mein Leben zu kämpfen!» Ein Gespräch mit dem Psychotherapeuten Lawrence LeShan über seine Arbeit mit Krebskranken und die Bedeutung emotionaler Faktoren für die Heilungschancen. *Psychologie heute*, 1992, 6, 32–39
Leuner, H.: Lehrbuch des Katathymen Bilderlebens. Huber, Bern 1985
Levy, S.: Emotions and the progression of cancer. *Advances*, 1984, 1, 10–15
Levy, S.: Kognitiv-behaviorale Risikofaktoren für den Verlauf von Karzinomerkrankungen. In: I. Handt, J. Wittchen (Hg.), Verhaltenstherapie in der Medizin. Springer, Berlin 1989
Liedloff, J.: Auf der Suche nach dem verlorenen Glück. Gegen die Zerstörung der Glückfähigkeit in der frühen Kindheit.
Beck, München 1989
Locke, S.; Krauss, L.; Leserman, J.; Hurst, M.; Hersel, J.; Williams, R.:

Life change stress, psychiatric symptoms and natural killercell activity. *Psychosom. Med.*, 1984, 5, 441–453
Longis, A. de; Folkman, S.; Lazarus, R.: The impact of daily stress in health and mood. Psychological and social resources as mediators. *Person. and Soc. Psychol.*, 1988, 54, 469–495
MacLean, P.: Sensory and perceptive factors in emotional functions of triune brain. In: Grenell, Gaboy (Hg.), Biological foundation in psychiatry. Reven Press, New York 1976
Maddi, S.; Hoover, H.; Kobasa, S.: Alienation and exploratory behavior. *Pers. and Soc. Psychol.*, 1982, 42, 168–177
Mahoney, E.: Subjective physical attractiveness and self-other orientations. *Psychol. Rep.*, 1978, 43, 277–278
Matz, B.: Krankheitsbezogene und heilungsorientierte Vorstellungsbilder von Frauen mit Brustkrebs. Unveröffentlichte Diplomarbeit. Universität Hamburg, 1990
Meermann, R.; Fischer, M.: Störungen des Körperschemas (Body Image) bei psychischen Krankheiten – Methodik und experimentelle Ergebnisse bei Anorexia nervosa. *Psychoth. und Med. Psychol.*, 1982, 32, 162–169
Meichenbaum, D.: Methoden der Selbstinstruktion. In: F. Kanfer, A. Goldstein (Hg.), Möglichkeiten der Verhaltensänderung. Urban & Schwarzenberg, München 1977
Miketta, G.: Netzwerk Mensch. Psychoneuroimmunologie. Trias/Thieme, Stuttgart 1991
Miltner, W.; Birbaumer, N.; Gerber, W.: Verhaltensmedizin. Springer, Berlin 1986
Moggi, F.: Sexuelle Kindesmißhandlung. Definition, Prävalenz und Folgen. *Klin. Psychol., Psychopath. und Psychoth.*, 1991, 4, 323–335
Mrazek, I.: Struktur und Entwicklung des Körperkonzeptes im Jugendalter. *Entwicklungspsychol. und Päd. Psychol.*, 1987, 1, 1–13
Muthny, F.: Freiburger Fragebogen zur Krankheitsverarbeitung (FKV). Beltz, Weinheim 1989
Naor, S.; Assuel, M.; Pecht, H.; Trainin, N.; Samuel, D.: Correlation between emotional reaction to loss of an unborn child and lymphocyte response to mitogen stimulation in woman. *Isr. J. Psychiatr. Rel. Science*, 1983, 20, 231–239
Navarro, F.: Die sieben Stufen der Gesundheit. Eine psychosomatische Sicht der Krankheit. Band I. Nexus, Frankfurt 1986
Nilsson, L.; Lindberg, I.: Phagozytosis. Boehringer, Ingelheim 1981
Nilsson, L.: Eine Reise in das Innere unseres Körpers. Das Abwehrsystem des menschlichen Organismus. Rasch & Röhrig, Hamburg 1987
Nin, Anaïs: Die Tagebücher 1966–1974. Fischer, Frankfurt 1984
Nutzinger, D.; Slunecko, T.: Körperwahrnehmung und Körperbild bei adipösen und normalgewichtigen Frauen. Ein methodischer Vergleich verschiedener Meßverfahren. *Klin. Psychol.*, 1991, 4/5, 378–388
Ohl, S.: Körperbild. Erhebung und psychodiagnostische Analyse gemalter Körperbilder nach einer körperorientierten Wahrnehmungsübung. Unveröffentlichte Diplomarbeit, Universität Hamburg, 1988

O'Leary, A.: Self-efficacy and health. *Beh. Res. and Therap.*, 1985, 4, 437–451
Olness, G.; Gardner, G.: Some guidelines for use of hypnotherapy in pediatrics. *Pediatr.*, 1978, 62, 228–232
Ornstein, R.; Thompson, R.: Unser Gehirn: das lebendige Labyrinth. Rowohlt, Reinbek 1986
Paulus, P.: Zur Erfahrung des eigenen Körpers. Beltz, Weinheim 1982
Pearsall, P.: Superimmunity. Master your emotions and improve your health. McGraw Hill, New York 1987
Peavey, B.; Lawlis, G.; Goven, A.: Biofeedback assisted relaxation. Effects on phagocytic capacity. *Bio-Feedb. and Self-Regul.*, 1985, 10, 33–47
Pelletier, K.; Herzing, D.: Psychoneuroimmunology: Toward a mind-body model. *Advances*, 1988, 5, 1–27
Peña, A. M. de la: The psychobiology of cancer. Bergin, Hadley 1982
Persky, V.; Kempthorne-Rawson, I.; Shekelle, R.: Personality and risk of cancer. 20 year follow-up of the Western Electric study. *Psychosom. Med.*, 1987, 49, 435–449
Pert, C.: The wisdom of the receptors. Neuropeptides, the emotion and bodymind. *Advances*, 1986, 3, 3–8
Pert, C.: Keys to paradise. Discoveries at the psychomolecular edge. Entwurf, Lowenstein, New York 1991
Pettingale, K.: Coping and cancer prognosis. *Psychosom. Res.*, 1984, 28, 363–364
Piaget, J.: Der Aufbau der Wirklichkeit beim Kinde. Klett, Stuttgart 1979
Poeck, K.; Orgass, E.: The concept of the body image. A critical review and some experimental results. *Cortex*, 1971, 7, 254–277
Polonsky, W.; Knapp, P.; Brown, E.; Schwartz, G.: Psychological function and bronchial asthma. *Psychosom. Med.*, 1985, 1, 77
Rajneesh, Sh.: The book of the secrets. Harper & Row, New York 1979
Rehfisch, H.; Bastei, H.; Seemann, H.: Psychologische Schmerzbehandlung bei Rheuma. Springer, Berlin 1989
Reich, W.: Charakteranalyse. Fischer, Frankfurt 1972
Riedel, I.: Bilder in Therapie, Kunst und Religion. Kreuz, Stuttgart 1988
Robertson, M.: Oncogenes and multistep cancerogenesis. *Brit. Med.*, 1983, 287, 1084–1088
Roitt, I.: Essential immunology. Blackwell, Oxford 1986
Roitt, I.; Brostoff, J.; Male, D.: Kurzes Lehrbuch der Immunologie. Thieme, Stuttgart 1987
Sacks, O.: Der Mann, der seine Frau mit einem Hut verwechselte. Rowohlt, Reinbek 1987
Sacks, O.: Der Tag, an dem mein Bein fortging. Rowohlt, Reinbek 1989 (erweiterte Fassung: Rowohlt TB, Reinbek 1992)
Salemi, H.: Zur Psychodynamik von Verarbeitungsstrategien und Befindlichkeit bei Genitalkrebsen der Frau. Doktorarbeit, Universität Wien, 1987
Schilder, P.: Das Körperschema. Springer, Berlin 1923

Schilder, P.: The image and appearance of the human body. Kegan, London 1935
Schleifer, S.; Keller, S.; Camerino, M.; Thornton, J.; Stein, M.: Suppression of lymphocyte stimulation following bereavement. *Americ. Medic. Ass.*, 1983, 250, 374–377
Schneider, J.; Smith, C.; Witcher, S.: The relationship of mental imagery to white blood cell (neutrophil) function. Experimental studies of normal subjects. Michigan State University, College of Medicine, 1983
Schuster, M.; Wickert, J.: Die nonverbale Kommunikation durch Bilder. Verlag für Angewandte Psychologie, Stuttgart 1989
Schwartz, G.; Weinberger, D.; Singer, J.: Cardiovascular differentiation of happiness, sadness, anger, and fear: Imagery and exercise. *Psychosom. Med.*, 1981, 43, 343–384
Schwarzer, R.: Gesundheitspsychologie. Hogrefe, Göttingen 1990
Secord, P.; Jourard, S.: The appraisal of body-cathexis: Body-cathexis and the self. *Consult. Psychol.*, 1953, 5, 343–347
Seiffge-Krenke, I.: Gesundheitsbezogenes Verhalten und Krankheitsbewältigung. Entwicklungspsychologische Befunde an Jugendlichen. *Sozialisationsforschung und Erziehungspsychologie*, 1989, 4, 247–263
Seitz, W.; Rausche, A.: Persönlichkeitsfragebogen für Kinder (PFK). Westermann, Braunschweig 1979
Shaffer, J.; Graves, P.; Swank, R.; Pearson, T.: Clustering of personality traits in youth and the subsequent development of cancer among physicians. *Beh. Med.*, 1987, 10, 441–447
Siegel, D.; Bloom, J.: Effects of psychosocial treatment on survival of patients with metastatic breast cancer. *Lancet*, Oktober 1989, 888–891
Simonton, O. C.; Simonton, St.: Belief systems and the management of the emotional aspects of malignancy. *Transp. Psychol.*, 1975, 7, 29–47
Simonton, O. C.; Matthews-Simonton, St.; Creighton, J.: Wieder gesund werden. Eine Anleitung zur Aktivierung der Selbstheilungskräfte für Krebspatienten und ihre Angehörigen. Rowohlt, Reinbek 1982
Solomon, G.; Temoshok, L.; O'Leary, A.; Zich, J.: An intensive psychoimmunologic study of long-surviving persons with AIDS. *Academy of Sciences*, New York 1987, 496, 647–655
Solomon, S.; Greenbeigi, J.; Pyszcynski, T.: Terror management theory of self-esteem. In: C. Snyder, D. Forsyth (Hg.), Handbook of social and clinical psychology. The health perspective. Pergamon, New York 1991
Spitz, R.: Vom Säugling zum Kleinkind. Klett-Cotta, Stuttgart 1980
Stem, H.; Staggle, G.: Predicting the onset of progression of cancer from psychological characteristics: Psychosomatic and theoretical issues. *Psychosoc. Oncol.*, 1987, 5, 35–46
Strauß, B.; Appelt, H.: Ein Fragebogen zur Beurteilung des eigenen Körpers. *Diagnostica*, 1983, 2, 145–164
Suinn, R.: Body thinking. Psychology of olympic champs. *Psychology today*, 1976, 10, 38–43
Tatchell, D., AIDS – a guide to survival. GMP-Publishers, London 1986

Tecoma, E.; Leighton, V.: Psychic distress and the immune response. *Life Sciences*, 1985, 7, 1799–1812
Teegen, F.: Ganzheitliche Gesundheit. Der sanfte Umgang mit uns selbst. Rowohlt, Reinbek 1985
Teegen, F.: Die Begegnung mit dem Schatten. Erkundungen in den Tiefenschichten des Bewußtseins. Rowohlt, Reinbek 1987
Teegen, F.; Beer, M.; Parbst, B.; Timm, S.: Sexueller Mißbrauch von Jungen und Mädchen. Psychodynamik und Bewältigungsstrategien. In: Heid, Gegenfurther, Keuken (Hg.), Sexueller Mißbrauch an Kindern und Jugendlichen. Diagnostik, Krisenintervention, Therapie. Westarp Wissenschaften, Essen 1992
Temoshok, L.; Heller, B.; Sagebiel, R.; Blois, H.; Sweet, D.; Diclemente, R.; Gold, L.: The relationship of psychosocial factors to prognostic indicators in cutaneous malignant melanom. *Psychosom. Res.*, 1985, 29, 139–153
Tönnies, S.: Inventar zur Selbstkommunikation für Erwachsene (ISE, ISEZ). Beltz, Weinheim 1986
Tomatis, A.: Der Klang des Lebens. Vorgeburtliche Kommunikation – der Anfang der seelischen Entwicklung. Rowohlt, Reinbek 1990
Tonegawa, S.: Die Moleküle des Immunsystems. In: Immunsystem. Abwehr und Selbsterkennung auf molekularem Niveau. Spektrum der Wissenschaft, Heidelberg 1987
Uexküll, T. von: Der Körperbegriff als Problem der Psychoanalyse und der somatischen Medizin. *Praxis Psychoth. und Psychosom.*, 1986, 30, 95–103
Vincent, J.: Biologie des Begehrens. Wie Gefühle entstehen. Rowohlt, Reinbek 1990
Walschburger, P.: Biopsychologische Aspekte der Gesundheit. In: R. Schwarzer (Hg.), Gesundheitspsychologie. Hogrefe, Göttingen 1990
Waschulewski, U.: Der Informationsstand von Jugendlichen zu AIDS. Ergebnisse einer Befragung von 200 Jugendlichen zu theoretischem Wissen, Sexualität, emotionaler Betroffenheit und Risikobewußtsein. Unveröffentlichte Diplomarbeit, Universität Hamburg, 1989
Weinberg, R.: A molecular basis of cancer. *Scient. American*, 1983, 5, 102
Weiner, H.: Social and psychobiological factors in autoimmune disease. In: R. Ader, D. Felten, N. Cohen (Hg.), Psychoneuroimmunology. Academic Press, New York 1991
Wiebe, D.; Moehle-McCallum, D.: Health practices and hardiness as mediators in the stress-illness relationship. *Health Psychol.*, 1986, 5, 425–438
Wittkin, H.: Psychologische Differenzierung und Formen der Pathologie. *Psyche*, 1973, 27, 555–593
Zemore, R.; Shepel, L.: Information seeking and adjustment to cancer. *Psychol. Rep.*, 1987, 60, 874
Zimmermann, M.; Seemann, H.: Der Schmerz. Springer, Berlin 1988
Zion, L.: Body concept as it relates to self-concept. *Res. Quart.*, 1965, 36, 28–33

Register

Ferner liegen von Frauke Teegen vor:

Die Begegnung mit dem Schatten
Erkundungen in den Tiefenschichten des Bewußtseins
rororo sachbuch «medizin und gesundheit» 8533

«Der Wert der hier dargestellten Erfahrungen liegt für mich vor allem darin, daß sie aufzeigen, wie der Mut zur Begegnung mit unserem Schatten – mit abgelehnten Lebenserfahrungen, Impulsen und Potentialen – neue Seh- und Verhaltensweisen, innere Heilkräfte und Reifungsimpulse freisetzt.»
Frauke Teegen

Ganzheitliche Gesundheit
Der sanfte Umgang mit uns selbst
rororo sachbuch «medizin und gesundheit» 8308

Geht unsere Medizin in Forschung und Praxis von einem unvollständigen Menschenbild aus? «Bedroht» uns eine Krankheit oder ist sie eine «Verbündete», die uns auf eine existentielle Bedrohung aufmerksam machen will? Wie können wir die «Botschaft» einer gesundheitlichen Störung verstehen lernen? Wie können wir eine Krankheit als Möglichkeit zur Selbsterfahrung und Veränderung unserer Lebensweise nutzen? – Fragen, auf die Frauke Teegen eine Antwort zu geben versucht.

Frauke Teegen / Anke Grundmann / Angelika Röhrs
Sich ändern lernen
Anleitungen zur Selbsterfahrung und Verhaltensmodifikation
rororo sachbuch 6931

Dieses Arbeitsbuch bietet ein neuartiges Programm, das von Verhaltenstherapeuten ausgearbeitet und erprobt wurde, aber ohne ihre Mithilfe anzuwenden ist. Es leitet in einfacher Form und in kleinen Schritten zu genauem Erkennen und systematischem Ändern störender Eigenarten an. Psychologisches und therapeutisches Fachwissen wird nicht vorausgesetzt, sondern in einigen Grundzügen beim Durcharbeiten des Programms vermittelt. Mit den Kenntnissen aus diesem Programm können Sie eigene Schwierigkeiten überwinden, aber auch anderen bei ihren Problemen wirksam helfen.

Rowohlt

Oliver Sacks

Awakenings – Zeit des Erwachens
Aus dem Englischen übersetzt von St. Schappo, W. Gutjahr, M. Lehmann, U. Hausmann, N. Rose, K.-H. Plottek, Martina Tichy und Klaus Henning
rororo sachbuch 8878

Oliver Sacks beschreibt in diesem Buch die Geschichte von Menschen, die an der sogenannten «Schlafkrankheit» (Encephalitis lethargica), einer schweren Gehirnkrankheit, leiden, und die schier unfaßbaren Heilungserfolge bei der Behandlung mit dem Medikament L-Dopa.

Der Mann, der seine Frau mit einem Hut verwechselte
Deutsch von Dirk van Gunsteren
rororo sachbuch 8780

Erzählt werden zwanzig Geschichten von Menschen, die aus der «Normalität» gefallen sind.

Der Tag, an dem mein Bein fortging
Deutsch von Dirk van Gunsteren
224 Seiten. Gebunden und als
rororo sachbuch 8884

«Oliver Sacks hat mit diesem Buch ein neues Genre zur Meisterschaft geführt. Es sind wahrheitsgetreue, sachkundige Horrorgeschichten aus der Welt der Medizin und Neurologie, erzählt als Stoff, aus dem Romane sind.»
Stern TV

Stumme Stimmen
Reise in die Welt der Gehörlosen
Deutsch von Dirk van Gunsteren
224 Seiten. Gebunden und als
rororo sachbuch 9198

«Ein spannendes, auf jeder Seite neu befriedigendes, bewegendes Buch... Am Ende möchte man fast dasselbe tun, was Oliver Sacks nach dem Schreiben getan hat: die Gebärdensprache lernen.»
Journal München

Rowohlt